民国经济思想研究丛书

民国时期“三农”思想研究

A Study on the Thoughts of Agriculture, Farmer and Rural in Republic of China

张 霞▸著

丛书主编 严清华 邹进文

WUHAN UNIVERSITY PRESS
武汉大学出版社

民国经济思想研究丛书

丛书主编 严清华 邹进文

民国经济思想概论

民国经济学理论发展研究

民国财政思想史研究

民国金融思想研究

民国产业经济思想研究

民国时期“三农”思想研究

民国区域开发思想研究

民国对外贸易思想研究

民国经营管理思想研究

民国会计思想研究

★ 宋黑体为已出版图书

总　序

由于研究难度及进入成本的高昂，中国经济思想史这门学科自它孕育产生约一个世纪以来，始终没有成为经济学的显学。虽经几代学人筚路蓝缕，艰辛开拓，使这门学科的研究取得了令人瞩目的成就，但其至今仍存在严重的不平衡发展。其中，民国经济思想史的研究就显得非常薄弱，基本上处于研究的空白地带。我们认为，新世纪中国经济思想史学科的发展与创新，既要有研究方法、研究视角的新突破，也要有研究领域的平衡发展，大力开展民国经济思想史的研究是新世纪中国经济思想史学界同仁所肩负的一项义不容辞的历史重任。

民国经济思想史为什么长期没有得到系统的深入研究？我们认为其主要原因是：第一，中国经济思想史的分期没有给“民国经济思想史”以明确、独立的定位。因为中国经济思想史学术界长期以研究古代为重点，对中国近代经济思想史的研究大多只到1919年，对1919—1949年经济思想史的内容不太涉及，1949年以后的内容又属于新中国经济思想史，所以使得民国经济思想史被人为地割裂开来，没有获得独立的位置。第二，因为长期以来“极左”思想对学术的干扰，学者们将民国经济思想史的研究视为学术禁区，不敢轻易涉足。第三，民国经济思想史研究本身的难度也是造成其研究不足的重要原因。因为当时西方的各种经济思潮纷纷涌入中国，出版业相当繁荣，大量经济学论著问世，令人眼花缭乱，需要花费大量时间和精力进行搜集、甄别、整理和提炼，这对一般研究者来说颇有难度。

当然，在近一个世纪中，学术界也有部分论著涉及民国经济思想史的研究，但总体看来，民国经济思想史的研究始终没有获得独立的位置，已有的研究成果还是片断的、零散的，亟待中国经济思想史学界对之进行系统、深入的探讨。

在源远流长的中国经济思想史中，民国经济思想史只是极其短暂的篇章；而且民国时期中国经济思想的内容主要是转述国外流行的经济理论，少有中国人自己的创见。那么，民国经济思想史是否不值得研究和整理？民国经济思想史在中国经济思想史中的地位是否无足轻重呢？问题并非如此简单。

首先，民国经济思想史开辟了中国经济思想史的新时代。中国经济思想在17世纪以前取得了辉煌成就，自17世纪开始西方各国市场经济体制不断完善，逐渐构建了市场经济理论。市场经济理论是人类经济思想史上的巨大进步，是人类经济思想划时代的革命。中国古代没有产生近现代意义上的市场经济体制，也没有出现近现代意义上的市场经济思想。大体肇始于清末，初步完善于民国时期的中国近代市场经济理论，虽然不是内生的，而是由外部注入，主要是靠引进西方流行的经济理论而形成的，但这些经济思想却是中国经济思想史上划时代的革命，标志着中国经济思想的一个新时代的开始。

其次，民国时期中国经济思想家们在引入西方市场经济理论的过程中，不少人非常注意与中国的经济实践相结合，并非仅仅起了“留声机的作用”。如马寅初先生在《财政学与中国财政——理论与现实》一书中对于当时流行的凯恩斯主义经济理论即做了辨析，从9个方面阐述了凯恩斯学说不适用于中国的道理。李权时等学者也明确主张要写“国货教科书”。这些经济学者对创建有中国特色的市场经济理论做了初步探索，对于中国当代经济理论的发展也具有借鉴意义。

民国时期还有一批远涉重洋留学欧美的留学生艰难求索，取得了跻身世界经济学学术之林的经济学研究成果。如张培刚1947年在美国哈佛大学的博士论文《农业与工业化》，获得了哈佛该年度的威尔士最佳论文奖并被列入哈佛经济丛书出版。该书于1951年被译成西班牙文在墨西哥出版，曾被美国和拉丁美洲的一些大学列为教材，被国际上视为发展经济学的首创著作。蒋硕杰1945年在伦敦经济学院获得博士学位，论文题目为《景气循环和边际利润的波动》，他在20世纪40年代在英国著名的《经济学》等杂志上发表多篇学术论文，特别是他的有关经济增长方面的论述被西方经济学名家所征引。费孝通1938年在英国伦敦大学获得博士学位，论文题目为《中国农民生活》，1939年在英国出版，迄20世纪80年代该书英文版已重印三次，被许多大学列为必读参考书，被英国学者称为里程碑式的著作。该书在1981年获英国皇家人类学会人类学最高奖——赫胥黎奖章。杨汝梅1926年在美国密歇根大学获得博士学位的论文题目是《无形资产论》，该论文对当时西方学术界尚无定论的许多问题提出了自己的独立见解，受到西方学术界的高度重视。

民国经济思想虽然与同时期西方发达国家经济思想相比，从整体上显得落后，但当时的学者们并非亦步亦趋地学习西方经济理论，而是试图有所创新。而且有些创新至今看来也并不过时，甚至我们今天对有些问题的研究也未必超出了20世纪

30年代学者们的水平。令人遗憾的是，中国当代许多研究市场经济理论的学者对于中国经济思想的源流并不十分清楚，他们的论著不断“重新发现”着民国时期中国经济学界早已充分讨论的问题。

再次，民国经济思想史与民国市场经济史关系紧密，不深入研究民国经济思想史就不能很好地研究民国市场经济史。民国时期中国市场经济体制的变迁是一种典型的移植性变迁。它是在学习、借鉴西方成熟经验的基础上，将西方先进制度移植、引进到中国来的。在移植过程中，由于中西经济发展水平和历史文化传统的差异，移植主体对移植客体常常发生“排异”反映，西方先进制度往往不能有效发挥其效能。民国时期为了推进中国市场经济制度的创新，理论界在充分借鉴西方近代市场经济理论的基础上，围绕中国当时的实际经济问题，展开了热烈的探讨和比较系统的研究。从一定意义上说，民国经济思想史是解剖民国经济史的重要工具。民国经济思想史学界探讨民国经济问题的成败得失对当今中国市场经济体制改革与市场经济理论创新具有非常重要的借鉴意义。

民国经济思想史研究是一项浩繁的学术工程。以一己之力，兼通中外古今，又对经济学各分支学科的概念、学说、渊源、流派等作出系统深入研究，的确难乎其难。本丛书汇集了近几年在武汉大学、中南财经政法大学经济思想史专业攻读博士学位的青年才俊和长期从事中国经济思想史学科教学和研究的学者。他们对民国经济思想史研究的功力各有高下，领悟各有长短，但作为学术开端，又各有其特色与意义。本丛书与其说是为民国经济思想史研究填补学术空白，毋宁说是探索途径，为中国经济思想史学界展现一片广阔的学术领域，以期引起学界同仁的重视，共同促进中国经济思想史学科不断向新的学术广度和高度拓展与推进。

严清华　邹进文

摘　要

“三农”问题是指农业、农村和农民问题；“三农”思想则是关于“三农”问题的理论、主张和观点。中国的“三农”问题肇始于清朝末年。鸦片战争以后，西方资本主义列强的入侵，打破了中国传统的自给自足的自然经济结构，加速了中国近代市场化的步伐，使中国经济与世界市场接轨。然而，这种接轨是帝国主义从经济上侵略中国的结果，是落后的农业国与先进的工业国的不平等接轨，是半殖民地国家与殖民国家的不平等接轨。这种不平等接轨使中国农村经济在工业化和市场化双层浪潮的冲击下逐渐走向衰败，使中国农民“田园式”的、耕织结合的、自给自足的、相对稳定的生活走向工业化、市场化的动荡，使一向强势的中国农业在工商业的膨胀性发展中逐渐成为弱势产业。正是在时代的巨变中，中国的“三农”问题逐渐产生。民国时期，随着中国工业化的加速推进，城市发展进一步优先于农村，工业发展进一步优先于农业，中国的“三农”问题进一步加剧。

伴随着中国“三农”问题的产生，中国近代的“三农”思想在清朝末年也渐开端绪。在内忧外患的中国近代，面对艰难的中国“三农”问题，中国的思想家们或从中国传统的思想宝库中寻求答案，或借鉴西方先进思想，提出了种种“三农"政策及主张，形成了异彩纷呈的"三农"思想。

研究民国时期的"三农"思想，具有重要的理论意义和实践意义。从学术思想史维度来看，本研究具有非常重要的学术创新价值。民国时期是中华经济思想文明与西方经济思想文明第一次发生碰撞与交融的历史时期，但是由于多种因素的影响，民国经济思想史的研究从总体上看起步比较晚，系统性成果比较少。这一时期的"三农"思想是民国经济思想的重要组成部分，学术界有关研究亟待深化。系统、深入研究民国时期的"三农"思想，可以丰富民国时期经济思想史的内容，填补学术研究空白。从解决中国"三农"问题的现实需要来看，本研究具有非常重要的史鉴功能。尽管现今中国的"三农"问题与中国近代相比面临着不同的制度环境和技术条件，但在许多方面仍然是中国历史上"三农"问题的延续，是中国近代农业社会向工业社会转型的历史传承。研究中国近代解决"三农"问题的经验教训，可以为当今中国"三农"问题的解决提供独特的思路。

本书主要从大历史的宏观视角，将民国时期的"三农"思想置于20世纪中国和世界农业现代化以及"三农"思想发展的宏观背景中，分析民国时期中国"三农"思想演进路径及其在中国和世界"三农"思想史中的地位，深化对民国"三农"思想史的研究，总结中国"三农"学术史的历史经验，为未来中国"三农"理论的发展及政策的完善提供历史经验。因此，本书研究主要采取史论结合法、比较研究法和多学科综合研究法进行。全书的研究框架与主要内容如下：

导论主要阐述了此研究的选题背景、意义、国内研究现状、研究思路与方法、研究框架、创新与不足等。

第一章是对"三农"理论与实践的概述。本章分别从我国“三农”问题研究综述、马克思主义经典作家的“三农”思想以及世界发达国家解决“三农”问题的经验借鉴三个内容加以论述，以便将民国时期的“三农”思想置于整个中国“三农”思想与实践的发展史中进行研究，也便于将民国时期的“三农”思想与国外经验进行比较研究。

第二章阐述我国清末农业思想的近代转型。从历史的继承与发展来讲，民国时期的“三农”思想是中国古代农业思想的发展，而近代中国“三农”思想是从清朝末年渐次发展的，本章主要研究了中国古代的农业思想及清朝末年农业思想的近代化转型。笔者认为清末农业思想的近代化转型，蕴涵着丰富的经济发展思想，推动了中国的农业近代化。

第三章至第七章是本书的重要章节，重点研究了民国时期的“三农”思想。按政治分期法，民国可以划分为两个时期：北洋政府时期（1912—1927 年）和南京国民政府时期（1927—1949 年）。

第三章主要分析了北洋政府时期的“三农”政策与思想。北洋政府在清末农业思想的影响下，制定了土地政策，提出了科技兴农、水利兴农及重视农业管理等思想。但是，由于军阀混战，缺乏强有力的中央政府，北洋政府的“三农”政策未能完全执行，也没能解救中国农民于贫困的生活之中，反而使中国的“三农”问题日益突出。其间，孙中山以救国救民为目标，在领导革命和建设中国的过程中，提出了振兴农业、富裕农民、发展农村的“三农”思想，其中农业近代化构想、发展农业的措施、农民素质的提高、农村管理建设等思想都闪耀着时代的光辉，对当代中国解决“三农”问题有着重要的启示作用。

关于南京国民政府时期的“三农”思想，本书将之划分为三种思想体系进行研究，即南京国民政府的“三农”思想、中国共产党的“三农”思想和知识分子及知识分子所组成的各社会团体的“三农”思想。

第四章研究了南京国民政府的“三农”思想。本章没有如已有研究那样对南京国民政府的农业政策进行整体研究，而是重点研究了南京国民政府总统——蒋介石，重要官员——孔祥熙和地方实力派代表——阎锡山的“三农”思想。蒋介石作为南京国民政府的总统，以孙中山先生的三民主义和中外相关文明成果为其思想的理论来源，以中国农村社会的实际情况为现实基础，再结合自己作为执政党领导人物的政治立场，形成了一套内容丰富的“三农”思想，包括土地政策思想、农村合作经济思想和废除苛捐杂税思想等。孔祥熙在南京国民政府时期曾历任工商部长、实业部长、财政部长、国民政府委员、中央银行总裁、行政院院长等职务。作为国民政府的重要官员之一，孔祥熙的经济思想在中国近代史上产生了重要的影响，其“三农”思想对中国的农民、农村、农业发展也有过积极的作用。本章第二节主要研究了孔祥熙整理田赋、减轻附加、废除苛杂、粮食统制、整理农村税制、改良农村金融制度、战时农业政策等政策和思想，并给予了简要评价，提出在评析孔祥熙的“三农”思想与政策时，一定要将之置于当时的时代背景之下，结合他作为国民政府要员的身份进行客观评价。本章第三节研究了南京国民政府地方实力派代表——阎锡山的“三农”思想，其村制思想和土地村公有思想，有别于南京中央政府的“三农”政策，具有重要的历史意义。

第五章对中国共产党在民国时期的“三农”思想进行了梳理。本章主要从中国共产党的土地政策思想，中国共产党关于农民问题的理论与政策以及中国共产党关于中国农村经济问题的思想三个方面进行研究。研究过程中主要采取了历史分期的方法，因为中国共产党关于上述三个方面的思想与政策，在不同的历史时期，根据不同的革命任务而进行着相应的调整。

第六章和第七章主要研究了民国时期知识分子及知识分子组成的各社会团体的“三农”思想。他们的共性是主要从学理的角度出发来研究中国的“三农”问题，但是他们又各具特色。本书从内容和篇章布局考虑，将之分为两章。

第六章专门论述民国时期乡村建设派的“三农”思想，其特色是具有鲜明的实践性。第一节概述了民国时期的乡村建设运动，第二节至第四节分别对民国时期乡村建设的三大模式进行了研究，即梁漱溟的“文化复兴——乡村学校化”模式、晏阳初的“平民教育——乡村科学化”模式和卢作孚的“实业民生——乡村现代化”模式。第五节分析了中国华洋义赈救灾总会的以工代赈思想和农村合作思想。

第七章主要研究“三农”学术思想，其内容分为四个部分：一是民国时期马克思主义学者的“三农”思想，本书以薛暮桥的《中国农村经济常识》为中心进行了考察，其特色是以马克思主义为指导、立足中国的国情；二是民国时期南开经济研究所关于“三农”问题的研究，其中以方显廷为代表进行考察，其特色是立足于理论的中国化；三是民国时期海外留学生的“三农”思想，其研究是以已翻译为中文的3篇博士论文（冀朝鼎的《中国历史上的基本经济区与水利事业的发展》、费孝通的《江村经济》、张培刚的《农业与工业化》）为中心进行考察，其特色是充分吸纳了当时国际上最新的理论成果和研究方法，视野开阔；四是民国时期外籍人士对中国“三农”问题的研究，以卜凯的“三农”思想为主进行了研究，其特色是以西方人的视野观察中国“三农”问题。

结语比较研究国民政府时期三种体系的"三农"思想的异同，为解决中国当前的"三农"问题提供借鉴。民国时期三种"三农"思想体系所关注的问题有许多是相似的，如他们都关注土地问题，都主张在农村广泛建立合作组织以推动农村的现代化，都注意到农民的负担问题，主张减轻农民的负担。但是，他们解决这些问题的思路和方法是有差别的。比较研究各种"三农"思想可以为解决当今中国的"三农"问题提供有益的借鉴。

目 录

导　论

一、选题背景与意义

20 世纪 80 年代后期，中国学者在总结中国社会主义现代化建设的经验和教训的过程中，依据中国特有的国情，把中国农村问题分解为农业、农村和农民问题，既分析这三者之间的关系，也研究这三者各自要解决的问题，从而提出了“三农”问题的理论，并以此作为认识实践、分析现实问题的理论框架。① 经过 20 多年的实践，“三农”理论现在已经成为中国政界和学界的共识。

中华泱泱大国，历来以农为本。农业问题、农村问题、农民问题一直都是关系国家兴亡、政权更迭的重大问题。古代中国是一个农耕文明大国，农业是强势产业，是国家税收的最主要来源，是国民经济最主要的产业，其产值占国民生产总值的 90% 以上。正是基于农业的重要地位，“重农抑商”成为中国

① 陆学艺:《“三农论”——当代中国农业、农村、农民研究》，社会科学文献出版社 2002 年版，前言。

古代经济思想的三大教条之一①，也是中国历代统治者施政的基本价值取向。中国古代农民在“士、农、工、商”的社会秩序中地位仅次于知识阶层，并不是弱势群体。中国古代乡村与城市经济社会发展的二元结构也不明显。因此，中国古代的农业问题、农村问题、农民问题与工业化、市场化条件下农业作为弱势产业、农民作为弱势群体、农村作为落后区域下的“三农”问题是不可同日而语的。换言之，中国古代不存在现今意义上的“三农”问题。

中国的“三农”问题肇始于清朝末年。鸦片战争以后，西方资本主义列强的入侵，打破了中国传统的自给自足的自然经济结构，加速了中国近代市场化的步伐，使中国经济与世界市场接轨。然而，这种接轨是帝国主义从经济上侵略中国的结果，是落后的农业国与先进的工业国的不平等接轨，是半殖民地国家与殖民国家的不平等接轨。这种不平等接轨使中国农村经济在工业化和市场化双层浪潮的冲击下逐渐走向衰败，使中国农民“田园式”的耕织结合的自给自足的相对稳定的生活走向工业化、市场化的动荡，使一向强势的中国农业在工商业的膨胀性发展中逐渐成为弱势产业。正是在时代的巨变中，中国的“三农”问题逐渐产生。民国时期，随着中国工业化的加速推进，城市发展进一步优先于农村，工业发展进一步优先于农业，中国的“三农”问题进一步加剧。同时，“三农”问题的日趋尖锐，也制约了中国的工业化和城市化的发展，使中国的近代化产生了一个致命的缺陷，即缺乏通过对农业的资本

① 另两大教条是“重义轻利”和“黜奢崇俭”。

主义改造而获得的原始积累。① 总之，人类历史上农业社会向工业社会转型规模最大、转型最艰巨的中国虽然经历了近代百年的艰难转型，但由于诸多复杂因素的影响，特别是中国社会内部的长期动荡和外部的一再侵略，这一转型并没有完成。

伴随着中国“三农”问题的产生，中国近代的“三农”思想在清朝末年也渐开端绪。在内忧外患的中国近代，面对艰难的中国“三农”问题，中国的思想家们或从中国传统的思想宝库中寻求答案，或借鉴西方先进思想，提出了种种“三农”政策主张和思想。这些政策主张和思想有的成为解决“三农”问题的救世良方而得以实施，取得了良好的效果；有的在理论上具有合理性，但囿于时代条件的局限而没有得到切实贯彻；有的由于时代和阶级的局限而失之偏颇，甚至产生了不良效果。但是它们都为解决中国的“三农”问题进行了艰辛的探索，是一份特别值得珍视的历史遗产。

现今中国的农业、农村和农民问题虽然与中国近代相比面临不同的制度环境和技术条件，但在许多方面仍然是中国历史上“三农”问题的延续，是中国近代农业社会向工业社会转型的历史传承。中国“三农”问题的复杂性和艰巨性是世界

① 从世界各国的经验来看，近代化过程中获得资本主义发展的原始积累的途径有四种：一是殖民掠夺；二是对农业的资本主义改造；三是出售资源；四是引进外资。民国时期，通过殖民掠夺、出售资源和引进外资显然是不现实的。从农业中获取工业起步所需资金，是唯一途径。可是，当时的“三农”问题已经存在，如果再从农村中取得近代化的经济资源，那么肯定会造成政治局势的不稳定及社会的动荡。所以，南京国民政府没有这样做。新中国成立后，通过工农业剪刀差，从农业中取得工业发展的资金，这也是“三农”问题更加突显的重要原因之一。参见胡胜强：《民国时期的农业问题与近代化探析》，《商业时代》，2007 年第 7 期。

上任何一个国家都不能相比的，解决当今中国的“三农”问题有必要立足于当今中国的“三农”实践，有必要借鉴异域的文明成果，也有必要回溯历史，总结中国近代解决“三农”问题的经验教训。从经济思想的角度研究中国历史上的“三农”思想可以为当今中国“三农”问题的解决提供独特的思路，对中国的“三农”实践具有非常重要的史鉴功能。

从学术思想史维度来看，本研究具有非常重要的学术创新价值。民国时期是中华经济思想文明与西方经济思想文明第一次发生碰撞与交融的历史时期，这一时期经济思想的西学东渐与东学西渐双向展开，开辟了中国经济思想发展的新时代。但是由于多种因素的影响，民国经济思想史的研究从总体上看起步比较晚，系统性成果比较少。这一时期的“三农”思想是民国经济思想的重要组成部分，学术界有关研究亟待深化。系统、深入研究民国时期的“三农”思想，可以丰富民国时期经济思想史的内容，填补学术研究空白。

二、文献综述

民国时期，围绕“三农”问题，南京国民政府、中国共产党、学术界等从不同的角度纷纷提出了各自关于“三农”的理论与政策主张，形成了异彩纷呈的“三农”思想。由于诸多因素的影响，国内学术界对民国时期“三农”思想还缺乏系统、深入的研究，国外学术界则没有有关民国“三农”思想研究的学术成果。

（一）国内研究现状

关于民国时期“三农”思想，国内已有的研究大致可以概括为以下几个方面：

（1）概述性介绍。胡寄窗（1984）在专著《中国近代经济思想史大纲》中，用了半节内容，将民国时期的农业经济思想史分为农业经济学译著、农业经济学著作和土地经济学著作这三类进行了概述，但仅仅列出了主要书目和主要代表人物。刘方健（1994）在论文《民国时期的经济研究》中，综述了民国时期的土地及农村经济问题，列举了关于土地问题和农村经济问题的部分著作和代表人物。聂志红（2008）在《民国时期的农村工业化思想》一文中，对民国学者在中国二元经济结构下探索经济发展之路的思想进行了总结，提出了农村工业化思想，并对其内涵、现实需要、组织方式等进行了阐述。

（2）人物研究。主要是对民国时期重要官员（如孙中山、蒋介石、孔祥熙、阎锡山）、著名学者（如方显廷）以及中国共产党领导人毛泽东等人的“三农”思想与政策进行研究。

在人物研究方面，对于孙中山的“三农”思想研究得比较多，但只有李丽娟和罗国辉的研究相对系统一些。李丽娟（2008）的硕士论文《试论孙中山的三农思想》，从农业观、土地思想、农民观和农村建设四个方面论述了孙中山的“三农”思想；罗国辉（2009）的《孙中山三农思想评述》，研究了孙中山“三农”思想的形成与发展过程，并从农业观、农民观和农村建设观三方面对其“三农”思想的内容进行了分析，给予了高度评价。另有一些著作和论文在研究孙中山的经济思想时部分涉及了其“三农”思想，如胡显中（1985）在专著《孙中山经济思想》中介绍孙中山先生的三民主义时涉及了民国时期的一些“三农”政策与思想；黄希源（1986）在《中国近现代农业经济史》一书中单列一节，评述了孙中山的农业经济思想，对其平均地权和耕者有其田思想进行了重点论述；林家有（1996）在著作《孙中山振兴中华思想研究》

中，对孙中山的农村和农民思想进行了述评；赵靖（1998）的《中国经济思想史述要》和黄明通、卢昌健（2006）的《孙中山经济思想——中国建设前瞻者的思考》都对孙中山的土地制度和兴农思想进行了阐述；郭剑化（1999）在《孙中山农业现代化思想研究》一文中提出，孙中山在批判地继承了中国传统农业思想的基础上，力图把中国农业推上现代化轨道，形成其“为中国谋幸福的革命学”的重要组成部分，即农业现代化思想；秦兴俊（2003）的论文《孙中山农业经济思想探析》，认为孙中山的农业经济思想集中体现在“农政有官、农务有学、耕耨有器”三个方面。

张士杰、郭海儒（2004）在论文《蒋介石的农村合作经济思想》中，对蒋介石的农村合作经济思想进行了研究，这是目前对蒋介石“三农”思想进行研究的唯一成果。

蔡志新（2007）的《孔祥熙经济思想研究》一书，专门有一章论述孔祥熙的农业经济思想；严清华、杜长征（2002）的论文《孔祥熙经济思想初探》，叶世昌、丁孝智（2006）的论文《孔祥熙的经济思想》中都在研究孔祥熙的经济思想时涉及了其“三农”思想；常平凡、武英耀、冉维龙（2003）的《孔祥熙农业思想评说》一文，从历史的角度对孔祥熙的农业思想进行了评说。

张士杰、冯泓（2002）在《陈果夫的合作经济思想及其实践》中对陈果夫的合作经济思想，尤其是农业合作思想与实践进行了研究。

李润珍、武杰（1998）的《阎锡山的经济思想对山西近代经济的影响》一文，对阎锡山以“六政三事”为中心的农业经济思想进行了简述；王勇红、梁四宝（2004）在论文《阎锡山农业经济思想及其特点》中，分析了阎锡山的农业经济思想形成的背景、实践政策，概括出其综合性、开放性和空想性三大特点。

另外，有一些著作和文章对民国时期毛泽东的“三农”思想进行了研究。赵德馨（1993）主编的《毛泽东的经济思想》一书，论述了毛泽东在新中国成立前的经济思想，其中论及其“三农”思想；法琳萍（2007）在硕士论文《论毛泽东的农业合作化思想及其现实意义》中的第二部分从四个阶段，即大革命时期、第二次国内革命战争时期、抗日战争时期、解放战争时期，论述了毛泽东农业合作化思想的形成与完善；罗庆宏（2007）的硕士论文《毛泽东农业经济思想研究》中有一部分对民主革命时期毛泽东的农业经济思想进行了研究。

（3）党派和团体研究。主要是对南京国民政府、中国共产党及其他社会团体的“三农”思想与政策进行的研究。

对中国共产党“三农”思想的研究。张家骧（1993）的《马克思主义经济学在中国的传播、运用与发展》对于中国共产党在近代各个历史时期的“三农”思想作了比较全面的评述。周志强（2003）在《中国共产党与中国农业发展道路》一书中，对中国共产党领导中国农村进行土地改革的历程及其对中国农业现代化的意义进行了论述。武力（2004）在其主编的《解决三农问题之路——中国共产党三农思想政策史》中对中国共产党的“三农”思想进行了系统的分析，其中包括民国时期中国共产党的“三农”思想及制定的一系列“三农”政策。

对南京国民政府的“三农”政策与思想的研究。刘椿（2000）在博士论文《中国近代农业现代化研究——以南京国民政府时期农业政策为重心》中对南京国民政府的农业政策思想作了研究。何莉萍（2006）《从“二五减租运动”看民国时期土地政策之实施》一文，对民国时期国民党政府的农村土地经济思想与政策进行了分析。另有几篇文章对南京国民政府的农村合作化思想进行了述评，如傅宏（2001）的《论1927—1936年南京国民政府的农村合作运动》，雷芳（2002）的硕士论文《论南京国民政府的农村合作运动》，伍福莲（2004）的《试论南京国民政府的农村合作运动》，孙少柳（2007）的硕士论文《南京国民政府的农村合作运动与乡村社会变迁研究》，仵希亮、王征兵（2008）的《民国时期合作运动的开展及其启示》。

徐畅（2004）在《1927—1949年国共两党农村合作比较研究》一文中，对南京国民政府时期中国共产党和国民党的农村合作思想及政策措施进行了比较研究，认为国民党的合作实践为台湾合作运动的成功奠定了基础，共产党的农村合作则影响了新中国的农业发展道路。

对中国华洋义赈救灾总会的“三农”思想的研究。薛毅（2008）的《中国华洋义赈救灾总会研究》一书，详细研究了华洋义赈救灾总会在中国农村开展合作事业、赈济灾民、修筑公路、建设水利工程等历史活动及其深远意义。

对乡村建设派的“三农”思想的研究。学术界对于民国时期社会团体“三农”思想的研究主要集中在乡村建设派上。早在民国时期中国共产党就对乡村建设派的改良主义取向进行了评析和批判，虽然主要是出于政治动机，但许多受社会主义影响的理论家也对乡村建设派的思想作了学理的分析。

对民国时期乡村建设运动及思想进行研究的著作，主要有朱汉国（1996）的《梁漱溟乡村建设研究》、郑大华（2000）的《民国乡村建设运动》、李德芳（2001）的《民国乡村自治问题研究》、刘重来（2007）的《卢作孚乡村建设研究》。

研究民国时期乡村建设思想的论文则比较多，笔者在中国期刊全文数据库中收集到此类论文约160篇，其中对乡村建设运动思想进行概述的有22篇，如刘旺先（2003）的硕士论文《民国时期乡村建设的现代化意义》、王芸（2007）的硕士论文《国民政府时期乡村经济建设思想研究》、王欣瑞（2007）的博士论文《现代化视野下的民国乡村建设思想研究》等。对梁漱溟的乡村建设思想进行研究的有104篇，如刘军、陈有春（2005）《论梁漱溟乡村建设理论中的农业发展思想》。对晏阳初的乡村建设思想进行研究的有14篇，如刘朝春（2007）《晏阳初的乡村建设思想及其对新农村建设的启示》。对卢作孚的乡村建设思想进行研究的有12篇，如刘重来（2000）《论卢作孚“乡村现代化”思想》。另有一些对不同乡村建设思想进行比较研究的，如李文珊（2004）《晏阳初梁漱溟乡村建设思想比较研究》、荀翠屏（2005）《卢作孚、晏阳初乡村建设思想之比较》。

（4）专题性研究。邹进文（2008）在专著《民国财政思想研究》中，对民国时期的县乡财政思想作了开拓性研究。孙智君（2007）在专著《民国产业经济思想研究》中，从“产业经济”的视角对民国时期的农业思想作了探讨。张秋雷（2004）在论文《中国农村土地经济思想研究概要》中，系统整理了1924—1949年中国农村土地经济思想，他以农村土地问题为核心，以经济思想研究为主线，整理了当时“三农”思想的发展脉络。

（二）国内研究现状评析

通过对民国时期“三农”思想的研究文献进行分析，我们可以总结出这一领域的研究存在以下特点：

（1）研究缺乏系统性。“三农”问题是农村、农业、农民问题的统称，尽管三者相互区别，各有需要重点解决的问题①，但是三者是一个相互作用、相互联系的有机整体，是一个问题的三个方面。无论在理论上还是实践中，我们都不能只考虑其中一个方面，而应以系统的、整体的观念来考察这个问题。在已有研究中，很少有将这三者统一进行考察的。另外，有关"三农"学术思想的研究非常不足。

(2) 研究缺乏深度。在已有的相关研究中，多数只是就事论事，仅仅将某一人物、某一团体的"三农"思想和政策进行归纳总结，很少将这一时期的"三农"思想放在中国整个"三农"思想史的发展进程中加以分析评价，很少从中国现代化的历程来审视民国时期的"三农"思想。

(3) 研究具有明显的时代性。综观所有关于民国时期"三农"思想的研究，最早的也是从20世纪80年代以后才开始的，大多数是在新世纪进行的，这与我国百年"三农"的发展进程相关。20世纪80年代以后，中国的"三农"问题日益突显，尤其是中国共产党提出全面实现小康社会的目标以后，"三农"问题成为当今重要的政治、经济和社会问题，成为必须解决的首要问题，于是，人们开始从民国时期、从中国近代化开端时期去研究"三农"思想。另外，从研究的结果

---

① 农民问题的本质是弱势群体的收入提高与福利改进问题，涉及征税公平不公平、就业机会是否均等、创业机会是否平等、社会福利是否平等、受教育机会是否平等、是否有自由迁居权等制度机制问题。农业问题则是一个与提供准公共产品有关的弱势产业发展问题，核心是资源如何配置、政府如何支持保护的问题。农村问题是农业问题与农民问题加总后形成的欠发达区域全面发展问题，核心是缩小城乡收入差距、促进社会经济协调发展。参见蒋乃华：《农民收入的困境与'三农'问题的逻辑——江苏视角》，《农业经济问题》，2009年第6期。

来看，关于民国时期乡村建设思想的研究是比较丰富而全面的，这与我党提出的建设社会主义新农村的政策方针相一致，人们试图借鉴历史，从民国时期的乡村建设思想中吸取经验、教训，促进社会主义新农村建设。

综上所述，目前关于民国时期“三农”思想的研究还比较零散，对此进行系统化、深入性的研究是非常有必要和有意义的。

三、本书的研究思路与方法

（一）研究思路

本书从大历史的宏观视角，将民国时期的“三农”思想置于20世纪中国和世界农业现代化以及“三农”思想发展的宏观背景中，分析民国时期中国“三农”思想演进路径及其在中国和世界“三农”思想史中的地位，深化民国“三农”思想史的研究，总结中国“三农”学术史的历史经验，为当今和未来中国“三农”理论发展及政策的完善提供历史经验。

（二）研究方法

（1）史论结合法。经济思想史作为经济学与历史学的交叉学科，具有历史学的某些特质，对经济思想史的分析首先必须“求真”，因此必须高度重视对经济思想的史料的挖掘。本书广泛收集民国时期“三农”思想的著作、论文，特别注意利用档案资料和报刊资料，使有关研究建立在扎实的史料基础之上。经济思想史又是经济学的分支学科，必须运用有关经济理论对历史上的“三农”思想进行评析，研究其成败得失。本书将利用经济学理论，特别是发展经济学的理论对民国时期各种“三农”思想的学术价值和现实价值做出深入分析。

（2）比较研究法。本书将充分运用比较研究的方法深化对民国时期的“三农”思想的研究：一是将中国的“三农”问题和“三农”思想放在世界“三农”问题和“三农”思想的历史长河中加以分析，特别注意比较中国的“三农”问题和“三农”思想与先进的工业化国家的“三农”问题和“三农”思想，从中观察民国时期中国的“三农”问题和“三农”思想的特点及发展。二是注重从不同的政治和社会团体出发来比较研究民国时期的“三农”思想。民国时期，作为执政党的中国国民党及其国民政府、作为国民党对立面的中国共产党以及广大学术界人士，在解决“三农”问题时的出发点是不同的，因此在具体的政策措施上也有所不同，从而形成了不同的“三农”思想主张。本书在系统研究上述三种类型的“三农”思想的基础上，着力对三种类型的“三农”思想进行比较研究。

（3）多学科综合研究法。“三农”问题是一个涉及经济、政治、社会、历史、文化等诸多领域的综合性问题，在本书的研究过程中，笔者吸收和采用了诸多学科的研究方法。

四、总体框架、创新与不足

（一）总体框架

根据上述研究思路和研究方法，本书主要由四个部分构成：

第一部分是关于“三农”理论和实践的概述。本书首先对我国“三农”问题的研究进行综述，对“三农”问题的核心内容、形成原因、解决办法、研究理论及研究意义等进行了阐述，以此勾勒我国“三农”问题的轮廓。要解决我国目前的“三农”问题，除了从我国实际出发制定相关政策措施以外，还有必要借鉴历史和国外的经验，因此，在这一部分笔者还对马克思主义经典作家（马克思、恩格斯、列宁等）的“三农”思想以及世界发达国家和地区在工业化初期解决“三农”问题的经验教训进行了总结，以便将民国时期的“三农”思想置于整个世界的“三农”思想与实践的发展史中进行研究，也便于将民国时期的“三农”思想与国外经验进行比较研究。

第二部分研究清末农业思想的近代转型。中国“三农”问题的出现，始于清朝末年。中国延续了几千年的传统农业在清朝末年由于国门打开带来的外部冲击及中国社会内部工业化和市场化的展开而开始了近代化的嬗变。由于政治、经济、文化等的制约，清末农业近代化步履蹒跚，为了廓清农业近代化的障碍，清末思想家主要从农产品的商品化、农村劳动力的转移、农业机械化、农学人才的培养等方面探讨“三农”问题，开启了民国时期中国“三农”思想之“源”。

第三部分是本书的主体部分，系统、全面地分析了民国时期的“三农”思想。关于民国时期的“三农”思想，本书将之分为北洋政府时期和南京国民政府时期两个阶段。其中，南京国民政府时期的“三农”思想分三个体系：一是南京国民政府及其重要人物的“三农”思想；二是中国共产党在民国时期的“三农”思想；三是知识分子及知识分子所组成的各社会团体的“三农”思想。对于第三种体系，又根据其不同的特点，将之分为乡村建设派的“三农”思想和“三农”学术思想。因此，本部分由五章构成。

一是北洋政府时期的“三农”思想。主要介绍北洋政府的“二农”政策、思想和孙中山的“三农”思想。

二是南京国民政府的“三农”思想。国民党作为当时的执政党，其制定的“三农”政策都是从执政的需要，从巩固政权的需要出发，其“三农”思想的理论来源主要是孙中山的“三民主义”和中外相关文明成果。本书主要研究和分析了国民政府总统蒋介石、重要官员孔祥熙及地方军阀代表阎锡山的“三农”思想。

三是中国共产党在民国时期的“三农”思想。中国共产党自建党到新中国成立，一直将农村作为革命根据地，其“三农”思想是随着革命的需要而产生并随着革命目标的不同而有所变化的，本书从三个方面对此进行研究：中国农村经济问题的思想、中国农民问题的思想和土地政策思想。

四是乡村建设派的“三农”思想。包括梁漱溟、晏阳初、卢作孚的“三农”思想和中国华洋义赈救灾总会的以工代赈思想和农村合作思想，其特点是具有鲜明的实践性。

五是“三农”学术思想。民国时期的知识分子十分关注“三农”问题，他们更多地是从学理的取向出发研究中国的“三农”问题。本书将“三农”学术思想分为四个部分：一是马克思主义学者的“三农”思想，本书以薛暮桥的《中国农村经济常识》为中心进行了考察，其特色是马克思主义的中国化；二是民国时期南开经济研究所关于“三农”问题的研究，其中以方显廷为代表进行考察，其特色是立足于西方理论的中国化；三是民国时期海外留学生的“三农”思想，其研究是以已翻译为中文的3篇博士论文（冀朝鼎的《中国历史上的基本经济区与水利事业的发展》、费孝通的《江村经济》、张培刚的《农业与工业化》）为中心进行考察，其特色是充分吸纳了当时国际上最新的理论成果和研究方法，视野开阔；四是民国时期外籍人士对中国“三农”问题的研究，以卜凯的“三农”思想为个案进行了研究，其特色是以西方人的视角观察中国“三农”问题。

第四部分是结语，比较研究上述三种体系的“三农”思想的异同，为解决中国当前的“三农”问题提供借鉴。民国时期三种“三农”思想体系所关注的问题有许多是相似的，如他们都关注土地问题，都主张在农村广泛建立合作组织以推动农村的现代化，都注意到农民的负担问题，主张减轻农民的负担。但是，他们解决这些问题的思路和方法是有差别的。中国共产党和中国国民党都主张通过自上而下的方式建立合作组织，强调政府在建立合作组织中的强制性作用，其不同之处在于中国共产党强调通过合作组织改变农村的产权关系，中国国民党则主张维持农村既有的产权关系。而一部分知识分子（如华洋义赈会）则强调合作组织建立的自发性，认为社会与国家应当只给予协助。当今中国的许多“三农”问题是民国时期“三农”问题的历史延续和展开，深入比较研究民国时期各种“三农”思想可以为当今“三农”问题提供许多有现实借鉴意义的东西。

（二）创新之处

本书的创新主要有以下四点：

一是选题创新。如前所述，目前国内外对于民国时期的经济思想研究于近年才开始，尚没有关于民国时期“三农”思想的系统性研究，所以本书最大的创新之处就在于选题的创新。

二是研究视角的创新。目前，国内学者对民国时期“三农”问题的研究，都只是立足于某一点，对农业、农村或农民问题分别进行研究，而本书借助20世纪80年代学术界提出的“三农”理论框架对民国时期的“三农”思想进行系统研究，研究视角创新。

三是研究方法的创新。以往的研究多是采用历史分期、政治分期的方法，将民国时期经济思想划分为民国初期、国民政府前期、抗日战争时期、国民政府后期等四个阶段进行研究。本书不再采用这种历史分期的方法，而是将民国时期的“三农”思想划分为三个体系，并对之进行比较研究，这在民国“三农”思想史研究中尚属首例。

四是研究内容的创新。民国时期，由于工业化而引发的一系列“三农”问题，不仅成为政府和国内学者关注的重要问题，而且成为当时许多海外留学生特别关注的领域，他们的硕士或博士论文选择了中国“三农”问题来进行研究。但在已有的研究中，还没有人涉及民国时期海外留学生的“三农”思想，本书则填补了这一空白，不仅收集了民国时期中国留学生在国外以“三农”问题为研究对象进行博士论文撰写的资料，而且解读了已翻译为中文的3篇博士论文。

本书尚存在着一些不足，比如对于国民政府时期三种体系的“三农”思想的比较研究还不够深入和全面；笔者力图对民国时期的“三农”思想进行全面而系统的研究和评述，但是在对“三农”思想的研究中详于“述”而略于“论”，评述方面尚待加强；有关“三农”思想的史料浩繁，笔者受精力所限难免有所遗漏。

第一章
“三农”理论与实践概述

“三农”问题，即农村、农业、农民问题，是在中国社会经济的发展过程中形成的，它既是现实的问题，也是历史的产物。中国作为一个传统的农业大国，在几千年的封建社会里，农村、农业、农民问题就已然存在。到了20世纪80年代，随着中国改革开放的日益深化，随着现代化事业的逐步推进，“三农”问题愈发突出，成为国内理论界讨论的重点问题，也成为我国社会主义现代化建设事业实践中的一个关键问题。

党和政府一直致力于解决“三农”问题，一直将解决“三农”问题视为工作重点，从2004年到2010年，中共中央连续七个“一号文件”的主题都是解决“三农”问题。早在1998年冬，中共十五届三中全会通过的农业和农村问题决定中就曾指出：“农业、农村和农民问题是关系到改革开放和现代化建设的重大问题。没有农村的稳定就没有全国的稳定，没有农民的小康，就没有全国人民的小康，没有农业的现代化就没有整个国民经济的现代化。”① 要解决“三农”问题，必须正确认识并分析它产生的原因，然后再对症下药。对此，学术

① 《中共中央关于农业和农村若干重大问题的决定》，人民出版社1998年版，第1页。

界、政府工作部门及社会各界人士纷纷进行了探讨，下面首先对我国“三农”问题的研究进行总结。

第一节 “三农”问题研究综述

关于“三农”问题，各专家学者、政府要员从不同角度进行了研究。笔者主要从“三农”问题的核心内容、形成原因、解决办法、研究的理论变迁及研究意义等五方面进行梳理，以概括我国现代学者主要的“三农”思想。

一、“三农”问题的核心内容

“三农”问题的核心是农民问题，是农民收入少、负担重、生活贫困的问题。中国的问题在根本上就是农民问题，农民问题是中国的一个基本战略问题，而非战术问题。农民是我国人口构成的主体，也是社会构成的主体，农民是立国的基础，是中国现代化发展中不可缺少、不能忽视的重要力量。因此，必须了解农民的生存处境，理解农民，研究农民的现实需要和发展愿望，制定相关的农村政策，促进农民收入的增加、生活水平的提高。中国农民的问题解决了，其他问题也就比较容易解决。

那么，中国农民问题的核心又是什么呢？20世纪的农民问题是土地问题，而当今的农民问题则是就业问题。温铁军在一篇文章中引用了这样一组数据①：农村劳动就业人口将近6亿，而根据劳动力与土地的正常配比，农业只需要1亿劳动

① 温铁军：《中国的问题根本上是农民问题》，《大家思考学习月刊》，2007年第1期。

力，而乡镇企业能解决大概1.4亿农民的就业问题，仍然有3.6亿农村剩余劳动力。农村剩余劳动力开始向城市流动，但城市能容纳的也仅1亿人左右，剩余部分仍处于隐性失业之中。所以，农民的就业问题成为当今农民问题的核心。

二、“三农”问题形成的原因

（1）基本国情说。吴敬琏认为“三农”问题的根源在于中国农村人口过多，资源匮乏。① 农村人口和农村剩余劳动力过多，人均占有资源尤其是土地资源过少，因而土地报酬递减，农业生产率提高缓慢而成本却增长太快，这就使得农民收入难以增加。温铁军也认为基本国情矛盾，即高度紧张的人地关系是“三农”问题的根源之一。②

（2）二元结构说。周批改认为我国“三农”问题产生的根源在于我国存在的城乡二元经济结构。③ 他指出，从20世纪50年代中期开始形成的城乡有别的“二元”管理体制，人为地从政治、经济和文化等方面把中国社会分割为城市和乡村两块，实行工农、城乡区别对待，阻碍了农民收入的提高，阻碍了农民的流动，阻碍了农民现代化观念的培育，这些导致了我国“三农”问题的加剧。另外，陆学艺也认为，在计划经济体制下，为适应当时的短缺经济而实行“城乡分治，一国两策”的体制，牺牲了农民的利益，把农民限制在农村，长

① 吴敬琏：《农村剩余劳动力转移与“三农”问题》，《宏观经济研究》，2002年第6期。

② 温铁军：《“三农问题”的症结在于两个基本矛盾》，《群言》，2002年第6期。

③ 周批改：《二元体制与“三农三化”——关于中国三农发展的宏观思路》，《湘潭大学社会科学学报》，2002年第4期。

此以往，压抑和打击了农民的积极性，限制了农业的增产，阻碍了农村的发展，导致了当今严重的“三农”问题。①

（3）等级制度说。林光彬认为，“三农”问题产生的根源是社会等级制度，即不管是城乡二元制度还是重工业优先发展战略，其实质都是按照社会等级高低决定发展的优先顺序。②“三农”问题是历史上长期积累的社会等级制度的制度惯性、思维惯性和路径依赖在人口增加情况下在当代延续的结果，其本质是不平等制度下低等级农民负担过重的问题。③

（4）政府管制说。陶然、刘明兴和张晓山持这种观点。陶然认为政府管制扭曲了宏观价格信号，导致基层经济落后，陷入管理—贫困—腐败的循环，于是农民负担出现了相对于收入的累进性。④ 而张晓山则从政府调控的国民收入分配的角度来分析“三农”问题产生的原因。⑤ 他认为，长期以来，我国税收与国民收入再分配在城乡之间存在着很大的差距。改革开放以前，为了完成重工业的跨越式发展从而实现工业化，我国国民收入的分配格局主要向重工业倾斜；改革开放后，为了使城市尽早实现现代化，我国国民收入的分配格局主要向城市倾

① 陆学艺：《走出城乡分制，一国两策的困境》，《读书》，2000 年第 5 期。

② 林光彬：《社会等级制度与“三农”问题》，《读书》，2002 年第 2 期。

③ 林光彬：《社会等级制度与乡村财政危机》，《社会科学战线》，2003 年第 1 期。

④ 陶然、刘明兴：《农民负担、政府管制与财政体制改革》，《经济研究》，2003 年第 4 期。

⑤ 张晓山、崔红志：《三农问题根在扭曲的国民收入分配格局》，《中国改革》，2001 年第 8 期。

斜。这样一种扭曲的分配格局，对农村、农业和农民是非常不公平的，从而导致了当今的“三农”问题。

（5）认识偏差说。张厚安、徐勇认为，“三农”问题产生的原因是人们对农业、农村和农民问题的认识出现了偏差。随着现代化的发展，工业在国民经济中的比重愈来愈大，农业在经济发展和社会财富增长中的地位和作用逐步减弱，于是，人们就开始否定农业的基础地位，甚至忽视和轻视农业；同时，在现代化进程中，只强调农业对工业的支持作用，却忽视了对农业自身的保护和支持，对于农业发展面临的问题也认识不足。①

（6）政治体制说。李昌平认为农村政治体制改革的滞后是中国“三农”问题的根源所在，政治体制改革滞后的一个严重后果是农村基层政府机构人员膨胀，支出增加，从而导致农民的税费负担加重。② 林凌则认为农民没有自己的组织，缺少利益代表，从而在市场经济中处于弱势地位，而其根本原因也在于我国的政治体制问题。③

（7）公共产品供给不足说。王国华指出阻碍农民增收和农村经济发展的根本原因在于改革开放以来农村公共产品供给不足，造成农村公共产品供给与需求失衡。户籍制度、剪刀差、财税金融制度等的城市偏向也带来了农村公共产品的供需

---

① 张厚安、徐勇：《中国农村政治稳定与发展》，武汉出版社 1995 年版，序言。

② 李昌平：《回报农民尊重农民依靠农民》，《东方》，2002 年第 8 期。

③ 林凌：《谁来代表农民的利益?》，《经济管理文摘》，2004 年第 4 期。

失衡。①

（8）分工抑制说。刘明宇认为“三农”问题产生的根本原因是市场化分工遭遇了制度性抑制。分工受阻使多数人不得不成为农民，从事农业。②

（9）就业不足说。陈锡文认为“三农”问题的实质在于农民收入增长问题，而收入增长困难的深层原因在于农村就业不充分。③ 温铁军也支持这种观点。

三、“三农”问题的解决办法

有人认为，农村、农业、农民问题既相互联系，又相互区别，各自有需要解决的重点问题和相应的解决措施。农民问题的本质是弱势群体的收入如何提高与福利如何改进问题，涉及征税公平不公平、就业机会是否均等、创业机会是否平等、社会福利是否平等、受教育机会是否平等、是否有自由迁居权等制度机制问题。农业问题则是一个与提供准公共产品有关的弱势产业发展问题，核心是资源如何配置、政府如何支持保护的问题。农村问题是农业问题与农民问题加总后形成的欠发达区域全面发展问题，核心是缩小城乡收入差距、促进社会经济协调发展。④

① 王国华：《农村公共产品供给与农民收入问题研究》，《中央财经大学学报》，2004 年第 1 期。

② 刘明宇：《分工抑制与农民的制度性贫困》，《农业经济问题》，2004 年第 2 期。

③ 陈锡文：《试析新阶段的农业、农村和农民问题》，《宏观经济研究》，2001 年第 11 期。

④ 蒋乃华：《农民收入的困境与“三农”问题的逻辑——江苏视角》，《农业经济问题》，2009 年第 6 期。

然而，更多的学者是将农村、农业、农民问题统一起来，认为农业兴则农民富则农村稳，于是提出了各种解决“三农”问题的路径，总结起来有以下几个方面：

一是实行城乡统筹，推进城镇化。为了实现这一目标，专家学者提出了一系列措施，如统一城乡户籍制度。许经勇、张一力认为加快城镇化进程，实行城乡统筹发展，是我国从根本上解决“三农”问题，即建设现代农业、发展农村经济、增加农民收入所必需的基本条件。①

二是实行乡村政治改革。“三农”问题不仅是一个经济问题，而且是一个严重的政治问题，因此，解决“三农”问题的根本出路在于实行乡村政治改革，不仅要精简乡镇机构，而且要改变现有农村治理方式，使农民获得社会发展的话语权，获得与强势阶层对话的权利，为此，要进行农民组织创新，建立代表农民利益的政治表达组织。

三是加强农业及农村的基础设施建设，增加农民收入。林毅夫提出，影响我国农民消费水平的不是收入水平，而是基础设施不足限制了广大农民消费意愿的实现，因此要加强农村的基础设施建设，这样既可以为农民提高消费水平提供条件，还可以在农村地区创造更多的就业机会，增加农民的收入。他还认为以积极的财政政策来加快农村基础设施建设是启动国内需求、消除过剩生产能力最有效的措施，也是当前实现农村劳动力就业、农村产业结构调整、增加农民收入的首要

① 许经勇、张一力：《我国农业发展新阶段的“三农问题”透析》，《学术研究》，2003年第5期。

政策。①

四是进行农业税制改革，取消农业税及农业特产税。这一问题目前已基本解决。

五是坚持以人为本，给予农民国民待遇。“三农”问题的核心是农民问题，所以必须以人为本，从制度和体制上解决农民的身份歧视和社会地位问题，尊重和保护农民的自主权，给予农民同等的民主政治权利、赋税权利、国民财富占有权利、自由迁徙权利等，给予农民同等的国民待遇。

四、“三农”研究的理论变迁

由于不同时期的“三农”问题面临的重点不同，指导“三农”实践的基本思想也就不同，采取的农村发展战略也有区别。从 1978 年至今，我国“三农”研究的理论基础大致有四个：新古典经济学、刘易斯城乡二元经济结构的发展经济学、新制度经济学以及迈克尔·托达罗的城乡协调发展理论。②

（一）新古典经济学理论

1978—1992 年，我国“三农”问题主要是粮食安全问题，这一阶段的主要任务是如何增加粮食产量，满足中国的粮食需求。这一阶段的农业发展思想主要受新古典经济学的影响。新古典经济学认为，要增加粮食生产，就必须增加生产要素的投

① 林毅夫：《三农问题与我国农村的未来发展》，《农业经济问题》，2003 年第 1 期。

② 彭智勇、王文龙：《“三农”研究的理论变迁及其方法论探讨》，《农业经济》，2007 年第 11 期。

入，同时理顺价格，刺激农民的生产积极性。在这一理论的指导下，我国政府放松对农业生产的直接管制，增加市场调节的比重，同时稳定农民的收益权，激发农民的劳动积极性。1978—1984年，农业产量增加了67%，基本解决了中国的粮食短缺问题。但是同时，也是受新古典经济学理论的影响，我国农业产业化经营受到市场的制约，导致了农民增产不增收的局面。随着改革的深化，城市化建设的推进，城乡收入差距越来越大，农民生活水平下降，农民开始大批地、无序地涌入城市，从而带来了一系列的社会问题。要解决这一问题，就得增加农民的收入，于是，“三农”问题的重点由粮食安全问题转到农民增收问题上。

（二）刘易斯城乡二元经济结构的发展经济学理论

发展经济学理论认为，中国农业发展停滞的根本原因是农民过多，市民过少。农民过多不仅造成供过于求，使很多农民基本上成为边际过剩人口，对农业生产基本没有什么贡献，还阻碍了农业规模化、产业化的实现。为了增加农民的收入，该理论认为应该减少农民，增加市民，这就必须加速工业化和城市化建设。于是，从1992年起，我国开始推行小城镇化建设，大力发展乡镇企业，大力发展第三产业。这些举措在一定程度上增加了农民的收入。但是，由于中国工业化进程缓慢，产业区域聚集明显，加之乡镇企业本身存在的低效率、低质量问题等，导致乡镇企业难以长期发展下去。乡镇企业衰落，小城镇建设就失去了依托，从而缺乏财政来源。这导致第三产业失去了服务对象，最终也未能发展下去。另外，中国农民迅速涌入城市后，由于数量过大、素质偏低，加之与城市居民的收入差距，导致了诸多社会群体性事件的发生，影响了社会稳定。

（三）新制度经济学理论

新制度经济学理论认为，农民贫困的基本原因是农民缺乏权利，没有组织性，因而在交易中处于不利地位。为此，该理论主张土地私有，要求在明晰产权、保障产权的基础上推进土地的规模化、产业化经营；主张村民自治，建立农民组织，改善农民的弱势地位，使之有能力与市场力量抗衡；主张废除城乡二元的户籍制度，促进城乡劳动力自由流动。在此理论的影响下，我国实行土地流转承包制度，在一定程度上实现了土地的规模化和产业化经营。但是，由于我国社会保障制度很不健全，二元分割依然存在，土地依然是农民规避生存风险的基本保证。所以，在缺乏配套改革的情况下，土地私有化并不一定会带来规模化经营，反而可能带来一系列的社会问题。同时，农村经济发展还比较落后，村民之间缺乏共同的利益基础，要组织农民，实现村民自治，所需成本太高，故而中国村民自治进展也比较缓慢。日渐淡化的户籍制度，越来越大的城乡收入差距，导致流动农民的数量越来越多，这不仅带来了城市交通、治安、住房、就业等问题，同时也带来了农业凋敝、粮食安全问题。这一系列问题都将影响到社会的稳定与发展。

（四）托达罗的城乡人口流动理论

托达罗的城乡人口流动理论认为，农民的过度流动与城乡差距大小以及城市就业率高低有关。城市就业率高，城市化发展较快而导致的农民流动是健康的；但是在就业率低的情况下，由于城乡收入差距过大而导致的农民流动则会带来诸多问题。目前，我国农民过度流动主要是缘于城乡收入差距过大，因此，要减少农民的过度流动，保持城乡的和谐发展，保障粮食的安全问题，就必须提高农民收入。而要提高农民收入，有两个途径：减负、增收。在此理论指导下，我国全面免除了农业税，实现了农村免费九年义务教育，逐步完善农村社会保障体系，提高农产品价格，实行农业补贴，完善了农村的基础设施等等。这些政策措施的实行，使得农民收入有了一定提高。但是，从长期来看，减负的空间已很小，增收的能力也有限，如何才能从根本上解决农民的收入问题，如何才能真正缓解我国的“三农”问题，还需在理论和实践上进行新的思考与探索。

五、解决“三农”问题的重要意义

一是现代化的需要。在现代化背景下，如果将农业、农村和农民问题抛弃在现代化进程之外，任其自然萎缩、衰败，就会使现代化失去稳定的基础和强大的动力，尤其是在中国这样一个传统的农业大国，一个发展中的大国。“三农”问题不仅是单纯的农业、农村和农民问题，还关系到中国的工业化、城市化、共同富裕、可持续发展以及以人为本等一系列社会发展的重大问题，“三农”问题的解决之日，就是中国现代化实现之时。当前，我国正处于现代化建设的关键时期，能否抓住机遇、深化认识、妥善处理现代化进程中产生的农业、农村和农民方面的新情况、新矛盾、新问题，是对中国共产党能否领导中华民族实现伟大复兴的一次严峻考验。因此，必须深刻认识到农业、农村、农民问题的长期性和紧迫性，正确处理和解决好“三农”问题。

二是全面建设小康社会的需要。我国要全面建设小康社会，其重点和难点都在农村。其一是全国近 13 亿人口，62%以上在农村，占绝大多数；其二是当前国民经济发展的突出矛盾是农民收入增长缓慢，农村要完成实现小康的任务十分艰巨；其三是我国城市与农村发展差距、东西部农村之间的差距在拉大。农村能否如期完成建设小康社会的各项任务，对全国来说举足轻重，所以必须高度重视农村小康建设，采取切实有效的举措，逐步完成全面建设小康社会的各项任务。①

在导论里曾提到，我国作为一个传统的农业大国，在古代几乎所有的问题都可归结为“三农”问题，而只有到了近代，中国开始走向工业化以后，农业与工业的划分、农村和城市的区别、农民和城市居民的差异才使得“三农”问题作为一个居住地域、从事产业、主体身份三位一体的问题而日益突显出来，并逐渐发展演变，成为当今社会主义事业发展的瓶颈。要解决今天的“三农”问题，我们可以借鉴马克思主义“三农”思想以及国外资本主义国家在工业化初期解决“三农”问题的经验教训，再结合中国的具体国情，制定相应的政策与措施。

第二节　马克思主义经典作家的“三农”思想

一、马克思、恩格斯的“三农”思想

马克思、恩格斯从基本问题入手，奠定了“三农”研究的理论经典。对于资本主义生产方式下农民的贫困、小农经济的发展难题、工业化与农业、农业与资本积累、城市化与农民等一系列基本问题，他们都给予了长期的关注和研究，形成了

① 韩长赋：《解决“三农”问题是全面建设小康社会的重大任务》，《十六大报告辅导读本》，人民出版社 2002 年版，第 138 页。

丰富的“三农”思想①，其主要内容可以概括为以下四个方面：

（一）农业基础论

马克思、恩格斯特别强调农业在国民经济中的基础地位，他们认为农业生产是人类生存和创造历史的首要条件。“我们首先应当确定一切人类生存的第一个前提，也就是一切历史的第一个前提，这个前提是：人们为了能够创造历史，必须能够生活。……首先就需要吃喝住穿以及其他一些东西。因此第一个历史活动就是生产满足这些需要的资料，即生产物质生活本身……人们单是为了能够生活就必须每日每时去完成它，现在和几千年前都是这样”。②

马克思还曾经指出，超过劳动者个人需要的农业劳动生产率，是一切社会的基础；农业的一定发展阶段，不管是本国的还是外国的，是资本发展的基础；农业劳动不仅对于农业领域本身的剩余劳动来说是自然基础，而且对于其他一切劳动部门之变成独立劳动部门，从而对于这些部门中创造的剩余价值来说，也是自然基础。马克思不仅强调农业的基础地位，而且认为市场经济也必须建立在农业高度发展的生产力基础之上，没有现代化的农业，就没有现代化的市场经济。

对于农业的特征，马克思指出，农业是“经济的再生产过程，不管它的特殊的社会性质如何，在这个部门（农业）

---

① 张玉香：《关于马克思主义“三农”理论发展与实践的思考》，《理论前沿》，2007 年第 15 期。

② 《马克思恩格斯选集》第一卷，人民出版社 1995 年版，第 78 ~ 79 页。

内，总是同一个自然的再生产过程交织在一起"。① 这为我们认识农业的多重风险，加大对农业的支持保护指明了方向。

（二）农民改造论

马克思、恩格斯认为，要实现农业的社会主义转变，不仅要变革土地所有制方式和土地经营方式，还要对农业生产的主体农民进行社会主义的改造。具体原则和思路，恩格斯在《法德农民问题》一文中进行了详细的阐述。对于小农的改造，既不能帮助资本主义经济去剥削压榨小农，也不能支持小农去保护个体经济。当然，在资本家与小农的关系上，无产阶级政党应该站在小农一边，当无产阶级取得政权后，也不能剥夺小农，而应该通过示范作用，帮助他们过渡到农业合作社生产。对于中农和大农的改造，既不能阻止其衰落，更不能许诺他们长期进行雇佣经营，也应建议他们组织成合作社，逐渐消除雇佣劳动。对于大土地所有者，则应该把他们的土地收回交给原来耕种这些土地的农业工人，组成合作社使用。

另外，马克思还十分重视农民的自主产权，认为只有当农民获得自由支配属于自己所有的劳动力和劳动条件的权利时，才能得到充分发展，才能显示出他的全部力量。这为解决"三农"问题，构建城乡和谐发展提供了重要的指导思想。

（三）城乡一体论

马克思、恩格斯立足于全人类的自由发展，提出了城乡一体化的思想。他们认为，人的自由发展的前提条件，首先是消灭旧的分工。这种分工的基础是城乡差别、工农差别、脑力劳动和体力劳动差别。在马克思和恩格斯看来，城市和乡村分离

① 《马克思恩格斯全集》第24卷，人民出版社1972年版，第398～399页。

自身是充满了内在矛盾的，第一次大分工，即城市和乡村的分离，立即使农村人口陷于数千年的愚昧状况，破坏了农村居民的精神发展的基础和城市居民体力发展的基础。由于劳动被分割了，人也被分割了。而这样的分工又局限了劳动者的发展，束缚了劳动者的能力。为了人的自由的全面的发展，必须消灭以上三大差别，消除旧的分工。消灭城乡差别，实现城乡一体化，是工业生产和农业生产共同的需要，是城市工人健康的需要，也是农民从孤立愚昧状态中挣脱出来的需要。正如恩格斯在《共产主义原理》中说的：“通过消除旧的分工，进行生产教育、变换工种、共同享受大家创造出来的福利，以及城乡的融合，使社会全体成员的才能能得到全面的发展”。①

需要指出的是，马克思、恩格斯的城乡一体化思想，不是要把乡村都变为城市，更不是将城市都变为乡村，而是要实现城乡互补。所谓的互补就是在保留各自特点的情况下，通过统筹协调，资源重组，消除各种不平等现象，这对于我国目前解决“三农”问题具有重要的指导意义。

（四）其他“三农”思想

在社会再生产理论中，马克思强调两大部类（生产资料和消费资料）生产比例的协调和均衡的观点，这对于我们进一步认识工农业关系，推进以工补农、以城带乡，保持合理的经济结构，具有重要的指导意义。

此外，马克思对于农业工人的转变，以及农村劳动力向城市的转化，也进行了系统论述和分析，这对于认识当前农村劳动力转移和农民工问题具有重要的价值。

① 《马克思恩格斯全集》第 4 卷，人民出版社 1958 年版，第 371 页。

二、列宁的“三农”思想与政策

列宁对农业、农村、农民问题是十分关切的，其“三农”思想在战时共产主义政策和新经济政策中得到充分的体现。

（一）余粮收集制——战时共产主义政策

十月革命胜利后，苏维埃政府把工作重心转移到经济建设上。但是，国内外敌对势力却对苏维埃国家发动了大规模的武装进攻。为了使全国经济转上战时轨道，动员国内一切资源，保证战时需要，苏维埃政府实行了以余粮收集制为主的战时共产主义政策。

在农村实行余粮收集制，由政府规定农民消费所需的谷物量、牲畜饲料量以及种子量，多余部分上交国家。最初，根据收成情况给各产粮区分摊任务，并规定贫农不收、中农适量收、富农多收的原则，后来，逐步扩大征集范围，按县、乡、村和农户摊派，强行征收全部余粮和某些农副产品。

余粮收集制的实施，对于苏维埃国家掌握国家经济命脉，使国民经济首先为战争服务，保证前线粮食的供给，保证后方城市居民生活的最低需求起到了重要的作用。但是，它也有一定的弊端，因为它脱离了当时的生产力发展水平，忽视了广大农民的特点和需要，损害了中农和贫农的物质利益，长期实行的话，必然阻碍农业生产力的发展，威胁到工农联盟的巩固。所以，列宁在总结了战时共产主义政策的历史教训后，决定废止这一制度。

（二）粮食税——新经济政策

余粮收集制大大地挫伤了农民的积极性，使农业生产受到了阻碍，于是列宁提出用粮食税来代替余粮收集制。在实行粮食税之初，列宁不主张自由贸易，提出用农民的剩余农产品和国家的工业产品进行物物交换。但是，由于农民更乐意将自己多余的粮食和农产品投入市场，进行自由贸易，后来列宁也改变了原有主张，鼓励商品交换。他认识到，在一个小农占人口绝大多数的国家，要改造小农的整个心理和习惯，决不是短期内可以实现的。解决小农问题，只有用两个东西来满足小农的要求：第一，需要有一定的周转自由，需要给小私有主一定的经营自由。第二，需要供应商品和产品。如果没有什么可以周转，那还算什么周转自由；如果没有什么可以交易，那还算什么贸易自由，就会成为空头支票；而阶级是不能从空头支票得到满足的，只有用物质的东西才能满足它的要求。因此，用粮食税来代替余粮收集制，而这种代替是与缴完粮税之后的自由贸易，至少是与地方经济流转中的自由贸易相联系的。

粮食税的实行，使农民的某些需要得到了满足，不仅改善了农民的生活状况，调动了农民的生产积极性，而且推动了整个农业的发展，为国民经济建设提供了坚实的物质基础。

从余粮收集制到粮食税的转变，从两者实施后的不同效果，我们不难看出，农业政策的制定与执行，如果违背了大多数农民的意愿，损害了大多数农民的利益，那么它终将会被淘汰。这对于我们今天解决“三农”问题有着重要的启示和借鉴意义。正如列宁在评价新经济政策时所说的：“新经济政策的全部意义就在于要找到我们用很大的力量才能建立起来的那种新经济同农民经济的结合点。”①

（三）农业合作化思想

列宁在深入研究国内革命战争时期的工农关系和农民经济的现状后，指出农民经济不能再照老样了维持下去，他指出，

① 列宁：《论新经济政策》，人民出版社 1992 年版，第 152 页。

农民不是社会主义者。如果把农民当作社会主义者来制定我们的社会主义计划，那就是把这种计划建立在沙子上。因此，他提出对小农经济进行改造，引导农民走社会主义合作化道路。

列宁的农业合作化思想中，坚持农民自愿原则。他在《论合作社》一文中，把实行自愿原则看作合作社健康发展的关键。“奖励参加合作社流转的农民，这种方式无疑是正确的，但同时应该检查农民参加的情况，检查参加的自觉性及其质量——这就是问题的关键所在。”① 为此，他指出在创办农业合作社时，不仅要结合农民的长远利益，更重要的还要考虑农民目前的切身要求，让农民在受益的前提下自愿地参加合作社，任何强制性的行为都必然适得其反。

同时，列宁指出，建立农村合作化，不仅仅是一个单纯的经济改造工程，而且还是一场文化革命。“没有一场文化革命，要完全合作化是不可能的”② 要在愚昧落后的土地上培养文明的合作社会制度，就必须彻底改造文化土壤和文化传统。因此，要在农民中进行文化工作。只有具备了必要的物质和文化条件，农村合作社才有牢固的基础，才能得到健康的发展。

而当合作社在私人资本的冲击下力量被削弱时，列宁采取了诸多措施来稳定和发展合作社，比如建立合作社的领导机构，用经济手段增强合作社同私人资本作斗争的能力，等等。这些举措，不仅保证了农村社会的稳定，而且找到了无产阶级与其同盟军农民之间联系的正确方法，巩固了国家的政权，这对于我国解决农民问题也有着重要的借鉴意义。

---

① 《列宁全集》第43卷，人民出版社1987年版，第363页。

② 《列宁选集》第4卷，人民出版社1995年版，第773页。

第三节 世界发达国家“三农”问题的经验借鉴

与世界其他国家相比，中国的“三农”问题更加突出，主要有两个方面的原因：其一是“三农”问题产生的外生性。我们知道，中国的“三农”问题是在近代化进程中出现的，而中国的近代化是在几千年的封建统治基础上，是被西方列强入侵后，在其坚船利炮及先进技术的攻击下被动地开始的。落后的工业，无力解决近代化过程中一起迸发出来的“三农”问题。而西方国家的工业化是内生的、渐次展开的；随之出现的“三农”问题也在工业化的进程中被逐步解决了。所以，中国的“三农”问题较之西方国家尤其突出。其二，近代中国人口占全世界人口的20%以上，而其中农业人口又占中国人口的90%，在工业化过程中出现的农村剩余劳动力数量也是世界其他国家所不可比拟的。要解决如此庞大的农村剩余劳动力问题，其困难可想而知，这也导致了中国的“三农”问题比其他国家更加突出。

尽管如此，世界发达国家在工业化初期解决“三农”问题的经验教训仍然值得我们借鉴。发达国家在工业化初期出现的“三农”问题中最突出的是农民问题，包括失地农民的安置和农村剩余劳动力的转移。下文主要总结了英国、美国及日本解决农村剩余劳动力方面的经验，这些经验可以作为我国解决“三农”问题的借鉴。

一、英国

在人类历史上被称为“羊吃人”运动的英国圈地运动，在牺牲了广大农民利益的条件下，积累了大量的原始资本，为英国资本主义生产方式的产生和发展提供了廉价的雇佣劳动力，同时，也为英国的工业革命准备了条件。

在工业革命以前，为了限制失地农民到处流浪，英国政府颁布了血腥法令，严惩进城的失地农民；后来采取救济的方式，强迫有劳动能力的人去工厂工作，同时还组织大规模的海外移民，不断开发新的殖民地以安置这些失地农民。随着工业化的展开，工业需要更多的劳动力，于是大量失地农民移居城市，这又进一步促进了英国的工业化和城市化建设。到19世纪中叶，英国的失地农民问题已基本得到解决，分析其经验，主要有以下三点：

一是重视权力：加强政府干预。在英国农村剩余劳动力转移过程中，政府干预是非常有效的。通过立法、制定政策来引导农村剩余劳动力的转移，有利于解决转移过程中出现的一系列社会问题。

二是重视拉力：加快工业化和城市化建设。在经济发展前期，是以工业发展解决农村剩余劳动力问题；而在后期，则主要靠第三产业来吸纳农村剩余劳动力。英国在农村剩余劳动力的转移初期，主要是在圈地运动中被迫转向毛纺织工业；工业革命后，产业结构发生变化，迅速发展的二、三产业需要不断补充新的劳动力，于是推动了农村剩余劳动力向城镇和二、三产业流动，也促进了城市化的发展，农村剩余劳动力在20世纪50年代前主要转入工矿业和建筑业，50年代后主要转入第三产业。

三是重视推力：推动发展农业现代化和产业化。英国在农业现代化过程中，实行农业的产业化经营，为农村剩余劳动力成功转移做出了贡献。在20世纪50年代以前，农村剩余劳动力的转移主要与城市化相关，由农村转入城市；但是在50年代以后，则更多地趋向于在农村内部转移。而英国的农工综合体为农村剩余劳动力在农村内部转移提供了条件。农工综合体的部门分为3类——农业前导部门、直接从事农业生产的部门和农业后续部门，这些部门都有利于农村剩余劳动力在农村内部的转移。

二、美国

美国地广人稀，劳动力资源十分稀缺，在工业化过程中并不存在农村剩余劳动力的问题，其工业是在同农业争夺劳动力的过程中发展起来的。尽管如此，美国农村劳动力向非农产业转移的一些特点对于我国解决“三农”问题仍然具有一定的借鉴意义。

第一个特点是转移的自发性和自由性。

美国农村劳动力转移模式为自由迁徙模式，没有政府的政策扶持，也没有相关的法律保护，美国农村劳动力向非农产业转移是自发和自由的。①

第二个特点是工业化、城市化和非农化同步发展。

美国农村劳动力向非农产业转移历时150年左右，于20世纪70年代基本完成（1820—1970年），而美国的工业化、城市化也是在同一时期内完成的。一方面，工业化对劳动力产生了强烈的需求；另一方面，农业生产率的提高释放了更多的农业劳动力；加之城市生活对农民的吸引力，使得农民愿意从农业转移到非农产业。这样，美国农村剩余劳动力转移就走出了一条工业化、城市化和非农化同步的发展道路。

---

① 史保金：《发达国家农村剩余劳动力转移模式及对我国的启示》，《商业研究》，2006年第16期。

第三个特点是交通革命和农业革命扮演重要角色。

交通运输业的繁荣和发展不仅吸纳了大量劳动力，而且降低了农村劳动力的转移成本，使农村剩余劳动力的自由迁移更加方便。19世纪末20世纪初，由美国联邦政府修筑的通往西部的昆布兰大道，对于早期的西部开发起了一定的作用，而这次西进运动在美国农村劳动力转移过程中也具有十分重要的意义。

美国早期的农业革命集中在机械化和扩大土地面积方面，20世纪50年代以后才走向了真正意义上的现代产业化道路，实行集约经营。首先体现在农场的性质和规模上，商业化农场的数量大增，显示了强大的竞争力。其次表现在农业化的高科技含量上。再次，农业的产前、产中和产后的配套服务自20世纪50年代以来也有了重大进展。农业现代化使农业生产力提高的幅度居各行业之首，从业人员大幅度下降，到1970年，农业人口仅占全国人口的4.8%，美国步入城市化高度发达的国家行列。

三、日本

日本耕地较少，农村劳动力资源也十分丰富。从日本明治维新实行土地制度改革后，就出现了大批失地农民。而在这一时期，日本出现了城市创办企业的高潮，所以大量的失地农民便开始流入城市，农民问题并不严重。但是，经过两次世界大战，日本的经济发展缓慢，城市对劳动力的需求减少，加上大批转业军人，使得农村剩余劳动力不断增加。第二次世界大战以后，日本经济高速增长，农村剩余劳动力迅速进入工业领域。日本农村剩余劳动力的转移大约用了30年的时间（日本农业就业人口占总就业人口的比重，1947年为54.2%，1955年为40.2%，1975年为13.9%，1997年为5.2%）。总结其经验，可以概括为以下五点：

（1）政府扶持。政府的扶持是日本农村剩余劳动力转移的成功经验之一。政府将农村剩余劳动力转移纳入国家经济社会协调发展的规划之中，成为转移的动力；同时，政府制定规划，通过立法和政策引导促进农村剩余劳动力的成功转移。

（2）农业深化。调整农业产业结构，拉长农业产业链，并鼓励农户兼业。这是实现农户逐步向非农产业转移的有效过渡形式，在就地转移农村劳动力的同时，培养了农民的务工技能和市场意识。

（3）农村进步。加强农业基础设施建设、推进农村城市化建设，促进农村的社会化进程，有效缩短农村与城市的距离，这些都大力促进了农村剩余劳动力的转移。

（4）产业升级。日本政府一方面通过发展劳动密集型工业，为农村剩余劳动力转移提供稳定的就业通道，另一方面，迅速推进工业化和发展城市第三产业，大量吸收从农业中分离出来的剩余劳动力，第三产业成为吸引农村剩余劳动力转移的主要渠道，1985 年日本第三产业就业人口占总人口的比例上升到 57.5%，到 1990 年则超过了 60%。

（5）教育为本。保证教育事业的发展意味着人力资本投资的加大和劳动力素质的提高，有利于培养农村剩余劳动力对于非农就业的适应性，是农村剩余劳动力成功转移所不可缺少的内在条件。

第二章
清末农业思想的近代转型

中国是一个有五千年文明史的农耕文明大国，是世界栽培作物起源中心之一。中国以精耕细作为特色的农业技术，在全世界领先长达两千年之久。与中国古代农耕文明的高度繁荣相适应，中国古代也创造过辉煌的农业思想成就，成为博大精深的中国古代思想的重要组成部分。

直到清朝后期，西方近代化机械、电气、化工发展到一定水平之后，以机械化、电气化和化肥使用为特色的近代农业兴起，又有了与之相适应的近代化农业教育和管理体系，特别是农业中资本主义经营方式的广泛采用，中国农业才失去世界领先地位，中国农业思想也开始落后于西方。西方传统农业向近代农业转型时期正逢中国受西方列强冲击，一步步被拖入全球化体系的晚清时期。西方传统农业向近代农业快速转型的时候，正值中国向西方发达国家派出外交使臣之时，当时一批外交使臣带着外交使命漂洋过海，在异国他乡进行外交活动，这些外交使臣有机会亲眼目睹欧美处于向近代转型时期的农业，他们看到了近代农业具有的巨大优越性，对西方近代农业产生了浓厚的兴趣，并开始对中国传统农业及其向近代农业转型等问题进行思考。从此，中国开启了传统农业思想向近代农业思想的近代转型历程。下文遵循历史与逻辑的一致性，首先概述了中国古代的农业思想，再研究清末农业思想的近代转型。

第一节　我国古代的农业思想

中国自古是一个农业大国，历史上曾有过辉煌的农耕文明。在中国的古代是没有今天所谓的“三农”问题的，但是作为一个农业国家，古代关于国家治理的一些思想与政策，即农业思想对于解决当今的“三农”问题也有着重要的借鉴意义。①

中国古代农业思想的核心就是农本思想，其含义有二：一是说农业是治国安邦的根本大计；二是讲农业和工商业相比居于首要位置。我国最早的农本思想记录于《书·洪范》中：“洪范八，食为政首。”战国时期的思想家商鞅也倡导农本思想，他认为农业之所以重要在于它是社会财富的主要来源与战争的物质基础。后来在《管子》中，农本思想则被更加全面地进行了论证，它认为农业不仅在经济上是国富民足的根本，在政治上是长治久安的根本，而且在军事上也是战胜守固的根本。随后的历代政治家、思想家都坚持和发展着农本思想，并创造了诸如“文景之治”、“贞观之治”这样的辉煌。在农本思想总体原则的指导下，中国古代关于农业问题的思想和政策可以概括为以下三点：

一、善待农民土地问题是治国安邦第一要务

土地是农民的命根子，直接关系农民生存利益的核心所

① 江世民：《辨晰历史，借鉴历史——古代处置“三农”问题综述》，《理论经纬》，2003年第11期。

在，也是社会矛盾和阶级斗争的焦点。所以，历代统治者把解决农民土地问题作为执政的第一要务。

原始社会后期的夏代，实施土地氏族所有制，家族分种，家族向氏族公社交纳公费。

奴隶社会的殷代，实施国有化土地制，社会结构从氏族公社演变为农村公社，以国家名义把土地分配给各公社，公社分配给各家族使用，由家庭向国家缴纳税赋，适应了财产私有制的社会形式。

封建社会的西周王朝，由于册封诸侯和分级赐爵制度，土地也随权力、爵位被私人占有，形成大批的贵族地主，农民向贵族地主交纳劳动地租，并承担徭役和贡纳。

总体趋势是：由公有制逐步变为私有制，由统一经营逐步变为分散经营；既适合于生产力发展的规律，也迎合了人们对私有理念的追求。

封建社会，每个朝代都对土地占有制度和土地占有形式进行了不断的探索和磨合。秦朝的"名田制"、唐朝的"均田制"、北宋的"方田法"、南宋的"经界法"、明朝的"两田制"、清朝的"更名田"等，都是统治阶级从自身的利益出发，适当结合惠民的需求而做出的规定。

二、调节生产关系是农业和农村经济发展的推动力

生产关系一定要适应生产力的发展。历史上的各代统治者，为了推动农业和农村经济的发展，时常通过上层建筑的力量来调整生产关系。他们认识到发展农村经济的重要性后，就把帮助农民安居乐业作为一项重大任务，提出许多抚农扶农的政策法规。历史上的惠民政策与措施可以概括为以下十点：降低税赋；减轻徭役；分田予民；兴修水利；奖励耕桑；赠送农

资；发放低贷；赈济灾害；传授科技；抑商兴农。

然而，封建社会的扶农富农政策，多半是在王朝第一代或前几代发生，随着形势的好转，许多后继者则会摒弃农业，掠夺农村，压榨农民，把扶农富农政策变为坑农害农的手段。于是，农民起义运动此起彼伏，王朝一代一代地更迭着，形成了中国古代社会兴衰的周期。

三、兴修水利是抓住农业命脉之所在

中国版图辽阔，自然条件也极其复杂，致命地威胁着农业和农民生活的就是水患，于是在中国历史上各朝君主都把治水当成巩固政权、发展农业、稳定民心的重要朝政之一。众所周知的夏禹治水，秦始皇组织开凿汴河，李冰父子的都江堰水利工程，都是中国古代社会早期的重大水利工程。盛唐时期制定了水利灌溉法规——《水部式》，并兴修水利工程 200 多处。这些既是古代统治者治国方面的需要，同时也直接造福于千万人民。

第二节 清末农业思想的内容

随着中国传统农业思想向近代农业思想的近代化转型，在清朝末年也形成了丰富的农业思想。

一、农业地位论

在中国的传统社会，农业是最重要的经济部门，其他一切生产部门都要在维护农业生产的主导地位的前提下安排自己的生产。与这种经济结构相适应，“重本抑末”成为中国传统经济思想的三大教条之一，中国古代的思想家、政治家无一例外

地把农业视为国之本、命之脉。在社会经济内部，国家通过抑商而重农，有效地维持着自给自足的自然经济模式。

1840 年的鸦片战争，给对外部世界深闭固拒的清王朝以巨大的冲击，以工商文明立国的英国的炮舰粉碎了以农耕文明立国的清王朝的武装力量，冲破了天朝闭关自守的经济大门。随着中国被纳入世界资本主义市场及农本经济与市场经济的剧烈冲撞，农本商末的产业结构开始失衡，工商业在整个经济体系中的比重呈现不断上升的趋势，以农业为本位的社会不断向以工商业为本位的社会转型。

社会经济结构的转型必然引起经济观念和经济思想的嬗变，中国农业经济思想意识领域出现了第一次前所未有的大变化。中国人开始用一种全新的视野看待农业在整个国民经济中的地位，“重本抑末”这条运行数千年不变的中国经济思想主线终于在鸦片战争的炮声中缓慢偏离故道。一批出国留学、出使欧美或阅读西书的知识分子开始对传统的重农抑商思想表示怀疑，他们从各个角度论述效法西方、抛弃以农立国的传统实现以工商立国的必要性，从而形成一种新的社会经济思潮。

1867—1870 年游历英国，直接观察、了解过英国经济社会的中国早期资产阶级改良派代表人物王韬（1828—1897）在 19 世纪 70 年代一改以前重农抑商观点，开始反对重本抑末的观念，主张以商为“国本”。他说：“迂拘之士动谓朝廷宜闭言利之门，而不尚理财之说。中国自古以来重农而轻商，贵谷而贱金，农为本富而商为末富。如行泰西之法，是舍本而务末也……如是天下何由而治？盖富强即治之本也。”① “泰西诸

① 王韬：《兴利》，《园文录外编》卷二，中华书局 1959 年版，第 45 页。

国以通商为国本，商之所致，兵亦至焉”。① 王韬认为，中国只有师法泰西，恃商为国本，才能使中国日臻富强。中国古代史上亦有不少有识之士没有重本抑末观念，认识到商业与农业和手工业等产业应并行发展，但从来没有人将商业凌驾于农业之上。王韬这一论点是中国传统农业地位论的颠覆性观点，具有经济思想的原创性，他之所以能从一个全新的视角观察农业的地位，得益于他对 19 世纪 60 年代英国社会经济的直接观察。

1889—1894 年出使英、法、意、比四国的大臣薛福成（1838—1894）把商业作为发展国民经济的中心环节，提出“商握四民之纲”的论点：“盖有商则士可行其所学而学益精，农可通其所植而植益盛，工可售其所作而作益勤，是握四民之纲者商也。此其理为从前九州之内所未知，六经之内所未讲。”② 这里，薛福成抛弃了传统的视农业为国民经济中心的观点，强调了商业发展优先于农业发展，并指出这是中国传统观念中所没有的新事物、新知识，要求人们去了解它、认识它，并按照这个道理行事。

虽然没有出国经历，但担任过洋行买办、长期从事洋务企业经营管理的郑观应指出，中国长期以来，是“以农立国”，故有农“本”商“末”之说，但当今社会形势发生了根本变化，不能再因循守旧，“袭崇本抑末之旧说”③，而必须“振

① 王韬：《遣使》，《园文录外编》卷二，中华书局 1959 年版，第 56 页。

② 薛福成：《英吉利用商务辟荒地说》，《庸庵海外文编》卷三，光绪辛丑年上海书局，第 1 页。

③ 郑观应：《商务二》，《盛世危言》三编卷一，光绪二十四年图书集成局，第 2 页。

兴商务”“以自强”。他说：“中国以农立国，外洋以商立国。农之利，本也，商之利，末也，此尽人而能言之也。古之时，小民各安生业，老死不相往来，故粟布交易而止矣。今也不然，各国并兼，各图利己，借商以强国，借兵以卫商……欲制西人以自强，莫如振兴商务，安得谓商务为末务哉！”①

博览群书、广涉西学的陈炽（？—1899）受到亚当·斯密的《国民财富的原因和性质的研究》一书的启示，于1896年撰写了经济专著《续富国策》一书。他虽然非常重视农业生产，甚至认为“商之本在农”，但他从国家财政的角度论述必须重视商业的发展。他说：“制国用者必出于商”②，“夫中国旧制，崇本抑末，重农而轻商。今日厘税两宗，数与地丁相埒，京协各饷，挹注所资，假使无商，何能有税，民力竭矣，国计随之”。③ 这里，陈炽主要着眼于税源的重要性来说明重本抑末的危害。

清朝末年，亦有不少人在不怀疑工商业的重要性的前提下认为工商业的发展必须以农业为依托。如陈炽认识到工商业的原料必须由农业提供，只有农业兴盛发达，工商业才能随之发达，他指出：“商之本在农，农事兴则百物蕃而利源可浚也。”④ 1896年，以罗振玉为首的沪籍绅商在颁布农学会章程

① 郑观应：《商务》，《盛世危言》初编卷三，光绪二十四年图书集成局，第9页。

② 陈炽：《商务》，《庸书》外编卷上，光绪丁酉宁氏重校本，第18页。

③ 陈炽：《商部》，《庸书》外编卷上，光绪丁酉宁氏重校本，第12页。

④ 陈炽：《创立商部说》，《陈炽集》，中华书局1997年版，第232页。

时就称“农实为工商之本”。① 1898 年 4 月张之洞在上奏中称富国之道“不外乎农工商三事，而农尤为中国之根本”。② 同月，张之洞在《劝学篇》中对农、工、商之间的相互依存关系作了进一步阐述：“大抵农、工、商三事，互相表里，互相钩贯，农瘠则病工，工钝则病商，工商聋瞽则病农，三者交病，不可为国也。”③ 张謇认为“立国之本不在商也，在乎工与农，而农为尤要。盖农不生则工无所作，工不作则商无所鬻。相因之势，事所固然”。④ 梁启超亦认为“劝商固今之急图也，然闻之万国商务赢绌之率，则恒视出口土货之多寡为差，工艺不兴，而欲讲商务，土产不盛而欲振工艺，是犹割弃臂胫而养其指趾，虽有圣药，终必溃裂”。⑤

以上观点虽然也突出了农业的基础地位，但此时的“以农为本”与传统的“农本”观念已大异其趣。历代封建统治者重视发展农业，只是为了巩固其赖以生存的经济基础，即维护农业和手工业相结合的自然经济，而且是与抑商困商结合在一起。清末时期，政府也重视并倡导改良农业，但它并非推崇传统的小农生产方式，而是从农业为工业提供原料，并使工业能为商业提供货源的角度来论述农业在整个国民经济中的地位和作用，因而这一时期的重农政策在很大程度上已不再与抑商

① 见《知新报》1897 年 4 月第 13 册。

② 张之洞：《设立农务工艺学堂暨劝工劝所折》，《张文襄公奏稿》卷二十九，第 26 页。

③ 张之洞：《劝学篇下》，《张文襄公全集》卷二百零三，第 34 页。

④ 张謇：《请兴农会奏》，《张季子九录·实业录》卷一，中华书局 1931 年版，第 6 页。

⑤ 梁启超：《饮冰室合集》（第一卷），中华书局 1989 年版，第 130 页。

困商相结合，而是与劝工兴商联系在一起，成为发展工商业的措施之一，这是中国传统农本理论在新的历史时期的创造性转化。

二、农业发展论

近代农业社会生产要素和技术条件长期以来缺少明显的变化，是一种静态的、循环流转的社会，难以产生扩张经济的客观条件。在此静态社会中，缺乏使生产资料占有者不断扩大再生产规模的强大动力，整个社会具有技术水平低下，墨守成规，分散狭隘等缺点，生产力的提高非常缓慢，因而被称为“特殊类型的经济均衡状态”。① 古代农业经济只有缓慢的增长，而没有实质性的发展。② 中国古代虽然形成了一整套管理、经营农业的经济思想，但这些思想如薄税敛论、农业丰歉循环论、平粜平籴论、均输平准论、屯田论、尽地利论、农战论等，都只能维持小农经济的正常运行或推动农业生产的缓慢增长，而不能促进小农经济的发展。换言之，中国古代只有农业经济增长思想而没有农业经济发展思想。

鸦片战争以后，中国农业经济开始脱离原来封闭、自我循环的状态，开始纳入全球体系，成为全球经济的一部分；自给

① ［美］西奥多·W. 舒尔茨：《改造传统农业》，商务印书馆 1999 年版，第 24 页。

② 按照发展经济学的解释，“经济增长指更多的产出，经济发展不仅指更多的产出，还指和以前相比产出的种类有所不同以及产品生产和分配所依赖的技术和体制安排上的变革。增长意味着以更多的投入或更高的效率去获得更多的产出。发展的含义则不只这些，它还意味着产出结构的变化以及生产过程中各种投入量分布的变化。”参见谭崇台主编：《发展经济学》，山西经济出版社 2000 年版，第 5 页。

自足的自然经济开始转变为以市场为导向的农业经济，农业经济领域的资源配置越来越受到市场机制的影响；随着工业化和市场化的展开，农业经济结束了原来在整个经济结构中占绝对优势的地位，其在国民经济中所占的比重越来越低且越来越依赖于工业经济和商业经济。这一切从根本上改变了中国农业经济的发展环境和历史命运，农业经济不仅面临增长问题，而且存在发展问题。清末一批开风气之先的早期思想家开始摆脱传统的农业经济思想思路，对早期农业近代化发展问题作了初步探索。

（一）农业经营论

中国古代亦存在丰富的农业经营思想，如北魏时期著名的农学家贾思勰所著的《齐民要术》一书，对农业经营的对象、管理规律和管理方法等作了全面论述，但该书论述的只是地主阶级的家庭经济管理思想。清末较早认识到必须改变中国传统农业经营方式，建议采用西方近代资本主义农业经营方式的思想家是陈炽。他介绍了西欧农业中两种资本主义经营方式，一种是英国采用较多的方式，即资本主义大农场经营。他说："多田之翁，拥膏腴动数百顷，乃讲求农学，耕耘培壅收获，均参新法，用新机，瘠者皆腴，荒者皆熟。一人之力足抵五十人之工，一亩之收足抵五十亩之获。又广开水利，教民广植桑棉、葡萄、咖啡、烟叶等树，于是农民亦大富足，以与工商相敌，而农具之精良甲于天下矣。由其田主皆富人，故于农业之中，亦能推陈出新，收长袖善舞之效也。"① 陈炽这里介绍了英国资本主义大农场采用机器生产为市场提供工业原料进行经

① 陈炽：《讲求农学说》，《续富国策》卷一，光绪丁酉慎记书庄石印本，第13页。

济作物生产的情况。另一种是法国农业中较多采用的方式，即在小块的土地上进行集约化的经营。陈炽写道：“多田者不过六百亩，少或数亩，无力购置机器，君臣上下专以兴水利、广种树为功，葡萄酿酒为国之大利……人有葡萄三亩已足小康，五亩则中人以上之产矣，田少功勤，国亦大富。”① 这里，农业生产没有采用机器，而是采用以商品化为特征的农业集约化方式经营。

在介绍西欧农业经营方式的基础上，陈炽主张，中国随着近代工商业的发展必须借鉴欧洲经验，改变传统的农业经营方式，采用大机器生产或采取集约化的经营方式。他说：“中国于此诚宜兼收并采，择善而从。如南北各省，乡里之富人有拥田数千亩、数万亩者，宜劝令考求培壅收获新法，购买机器，俾用力少而见功多。”至于“只有数亩、数十亩之田”者，“则宜仿法国之法，因地制宜，令各种有利之树或畜牧之类，而又为之广开水道，多辟利源，则贫者亦富矣”。② 陈炽的上述主张实质上是鼓励地主向农业资本家转化，把封建的小农经济纳入近代资本主义轨道。

清朝末年，正是在思想家的大力提倡下，资本主义性质的农业经营开始出现并得到初步发展。19 世纪末 20 世纪初，一些企业家鉴于欧美各国分别通过机械化大规模的农业经营进入农业近代化阶段，开始学习西方农业经营方式，探求以农业大规模经营——农垦公司来实现中国的农业近代化。如 1901 年

---

① 陈炽：《讲求农学说》，《续富国策》卷一，光绪丁酉慎记书庄石印本，第 13 页。

② 陈炽：《讲求农学说》，《续富国策》卷一，光绪丁酉慎记书庄石印本，第 13 页。

张謇在通海地区创设通海垦牧股份有限公司，之后，国内许多官僚、绅士、商人纷纷集股购地，成立公司，从事农业经营。截至1912年，各省申报注册的农垦公司达到171家，已缴资本635.2万元。①

除了探讨农业经营方式变革外，清末许多思想家还从农产品商品化的角度论述农业发展问题。清朝末年，一方面随着中国经济日益纳入西方殖民经济体系，农产品（如丝、茶等）成为西方近代工业的重要原料来源；另一方面随着中国本国的纺织、面粉、缫丝、卷烟、榨油、制糖等以农产品为原料的轻工业部门的发展和铁路、航运等近代运输业的兴起，农产品的商品化大大提高，几乎所有的农产品都被卷入商品市场，一些交通比较发达的地区还逐步出现了若干农业专门化区域。清末不少思想家认识到当时中国农业发展的这种趋势，主张通过大力发展农业经济作物，增加农民收入，提高农业生产效率。如陈炽比较了江西、台湾两地樟脑生产成本，认为江西应大力发展樟脑生产，台湾的樟脑"每百斤为一石，值洋五十元"，"每石抽隘勇费八元，落地税八元，子口出口税六元，工食杂费约十二元，每石实赢洋十六七元不等"；而江西则"既无生番，不须隘勇，税收不重，工食又廉，售价五十元，当净得三十余元之利"。② 此外陈炽还建议广泛种植咖啡、葡萄、棉花、茶叶、烟草、甘蔗、竹子及橡胶等经济作物，以增加农业效益。洋务大臣张之洞和刘坤一也高度重视农业经济作物的生

① 许涤新、吴承明：《新民主主义革命时期的中国资本主义》，人民出版社1993年版，第346页。

② 陈炽：《讲求农学说》，《续富国策》卷一，光绪丁酉慎记书庄石印本，第13页。

产，他们在1901年向朝廷所作的会奏中，要求地方官绅劝导、奖励经济作物的生产，“每县设一劝农局，邀集各乡绅董来局讲求，凡谷、果、桑、棉、林木、畜牧等事，择其与本地相宜者，种之养之，向来不得法者改易之，贫民无力者助之资本，种养得法者赏以酒肉花红。数年之后，行之有效，绅董得奖”。①

为了推进农产品的商品化，清末地方官员还注意举办全国性和地区性的商品博览会展览、推销农副产品。早在1898年张之洞就在汉口成立商务公所，建“宽敞明洁之屋”，将湖北全省各州县的名产、土特产运来“分别陈列，标明出产地方，价值成本”，招徕中外商人参观订货。当时参展的商品有湖北各地的许多农产品如牛皮、麻、菜油、棉花、木耳、桐油、蓝靛、药材等，同时还邀请有阅历的行商坐商开展座谈、研究，比较物产之精细，考究生产方法，以提高产品质量，扩大销售，占领市场。② 1902年张之洞又在武昌饬令设立规模宏大的两湖劝业场，内设3个主体展厅，其中之一为“天产内品场”，陈列湖南、湖北两省天然土产。1909年湖广总督陈夔龙又在武昌组织了“武汉劝业奖进会”，以更大的规模组织农产品和其他工业品的展览和销售。当年的《竹枝词》在描述武汉劝业奖进会的盛况时写道：“平湖门外会场开，引得游人络绎来，新建圆门真特别，苍松翠柏扎成堆。”“陆有肩舆水有

① 张之洞：《遵旨筹议变法谨拟采用西法十一条折》，《张文襄公全集》卷五十四，奏议。

② 皮明庥、邹进文：《武汉通史》（晚清卷），武汉出版社2006年版，第304页。

舟，呼朋约伴往遨游，群言百物新奇甚，煞费经营与觅搜。”①其他地区的地方官员也注意通过博览会的形式推进农产品的商品化，如两江总督端方于1910年在南京举办了全国性的南洋劝业会。

（二）农业管理体制论

一个封闭、停滞、规模庞大的自给自足的封建农业经济体向纳入全球体系的、与市场紧密结合的近代资本主义农业的转型，除了充分发挥市场机制的作用外，还应发挥国家的有效干预作用，与此相适应，必须进行政府职能的转换与政府机构的重塑。中国古代虽然是一个以农业为绝对主要产业的国家，但由于古代农业是以一家一户为生产单位的自然经济，清代国家并没有专门的农业行政管理机构，只有礼、户、吏、兵、刑、工六部，农业事宜由户部派员兼理。

针对上述状况，清末思想家们主张仿效西方，建立专门的近代农业管理机构，推动各项农业政策的贯彻执行。早期改良派代表人物郑观应在1893年刊行的《盛世危言》一书中指出“泰西农政皆设农部总揽大纲”，他认为中国应从行政管理机构和人员配置上“参仿西法”，“专派户部侍郎一员综理农事”。② 这里，郑观应鉴于当时进行行政体制改革时机未完全成熟及他认识水平的局限，仅仅提出了过渡性的改良建议。1901年，张之洞和刘坤一在会奏中明确提出“专设一农政大臣”，“掌考求督课农务之事宜，立衙门，颁印信，作额缺，

① 皮明庥、邹进文：《武汉通史》（晚清卷），武汉出版社2006年版，第305页。

② 《郑观应集》（上册），上海人民出版社1982年版，第735～738页。

不宜令他官兼之”。① 次年，山西巡抚岑春煊、直隶总督袁世凯也强调注意务农“专部统之”。② 在朝野人士的大力呼吁下，1903年，清政府在中央设立专门性的产业行政管理机构——商部，下设保惠、平均、通艺、会计四司，其中“平均司”专门管理与农业有关的开垦、农务、蚕桑、水利、树艺、畜牧等事务，地方各省设立商务局。从此中国产生了筹划近代农业的从中央到地方的管理机构，为农业近代化提供了制度保证。1906年清政府进一步“厘定官制”，商部改为农工商部，“平均司”改为“农务司”，专司农政。各省的商务局更名为农工商务局。

农业为弱势产业，为提高农业资源配置效率，降低生产和经营过程中因市场化带来的不确定性风险和交易费用，设立介于政府与农民之间的中间组织——农会是必要的，西方农业近代化过程中农会发挥了极为重要的作用。清末不少思想家认识到农会组织对推动农村社会和农业发展具有重要作用，他们大力鼓吹在中国设立农会。早在1890年，孙中山就把设立农会作为改良农业的措施之一：“鼓励农民，如泰西兴农之会，为之先导。”③ 1896—1898年张謇撰写了《农会议》、《请兴农会折》等文献，建议政府学习英美等国，在各省设立农会。1896年罗振玉等人还在上海创办了近代中国第一个研究农业问题的民间组织——农学社。正是在各方面力量的推动下，1907年

① 张之洞：《遵旨筹议变法谨拟采用西法十一条折》，《张文襄公全集》卷五十四，奏议。

② 廖一中、罗其容编：《袁世凯奏议》(中册)，天津古籍出版社1987年版，第852页。

③ 《孙中山全集》(第一卷)，中华书局1981年版，第2页。

清政府农工商部颁布了《农务会试办章程》，规定各省设总会，府州县设分会，乡镇村落市集酌设分所，1910年，还设立了全国农务联合会。清末农务会与当时管理农业方面的政府机构共同构成近代农务行政和准行政系统，在开办农业学堂和农事试验场，调查农业状况，规划、劝导农业改良，与官府统筹抗灾救灾等方面发挥了较大的作用。

（三）农业劳动力转移论

在世界历史上，农业社会向工业社会的转型过程实际上是农村人口转为城市人口的过程，也是农业领域劳动力不断向工商业领域转移的过程。在西方社会，这一结构的转换是经历了几百年自然发展的过程而完成的，虽然付出了巨大的社会成本，但代价相对较小。清朝末年中国社会结构的上述转型不是经济内部自然发展的结果，而是在外力的压迫下开始的，缺少必要的适应期，社会转型对劳动力的结构性过剩造成巨大冲击。鸦片战争以后，随着机器生产方式在中国的推广，社会上出现了大量的失业人口，如西方机器纺织品的大量输入和中国棉纺织业的兴起，造成中国吸纳巨量劳动力（主要是妇女）的棉纺手工业的瓦解，成千上万的妇女失去工作；近代航运和铁路的兴起使许多传统运输领域的劳动力失去生计。对此，许多顽固派人士以“机器夺民生计”为立论依据反对在中国推广机器生产，以缓解劳动力的过剩。而清末富有远见的人士则立足工商文明社会，以开阔的视野探讨农业劳动力的转移问题，他们提出了许多有价值的观点。

一是通过推广机器生产方式吸纳劳动力。19世纪70年代末，薛福成先后撰写《创开中国铁路议》和《代李伯相议请试办铁路疏》，指出铁路不仅不会夺人生计，而且还会扩民生计。他说：“有铁路一二千里，而民之依以谋生者，当不下数十万人。况煤铁等矿由此大开，贫民之自食其力者，更不可数计。此皆扩民生计之明证也。”① 19 世纪 90 年代薛福成出使欧洲以后，对农业剩余劳动力向工矿业部门转移的认识更加明确。他认为欧洲人口密度高于中国，而土地不如中国肥沃，但人民生活富裕，关键在于讲究科学，用机器生产，“西洋以善用机器为养民之法，中国以屏除机器为养民之法……自是中国之民非但不能自食其力，且知用力之无益，亦遂不自食其力”。② 另一改良思想家陈炽则从西方国家工人对机器由激烈反对到积极拥护的事实中，感受到机器生产对促进劳动力就业的良好前景。他说：“彼国（西方国家）机器初兴，其手工之人，亦欲竭手足之劳与之争利，心尽气绝，无可为生，乃改而入厂工作。其始也，用得工资三四元或五六元耳。入厂以后，技艺之高者，月得数十元数百元，即至愚极钝者，亦可得七八元或十数元。向以数十数百作工者，加至数千数万人而止。”他正是从西方机器生产促进劳动力就业的历史中得出中国大力发展机器生产以促进就业的结论：“使中国各行省工厂大开，则千万穷民立可饱食暖衣，安室家而养妻子。向日之手工糊口者，亦各免艰难困苦，忧冻啼饥，咸得享豫大丰亨之福也。”③

二是通过对外开放、引进外资吸纳劳动力。如清末洋务思想家钟天纬认为，中国开放程度越高，开放的通商口岸越多，人民的就业机会就越多。他说：“增设子口愈多，需人亦愈

① 《薛福成选集》，上海人民出版社 1987 年版，第 138 页。

② 《薛福成选集》，上海人民出版社 1987 年版，第 420～421 页。

③ 周建波：《洋务运动与中国早期现代化思想》，山东人民出版社 2001 年版，第 239 页。

众。如广东一口易而为五口通商，各省佣工舟子骤增数百万。及长江开埠，凡在上海食力者未见其减，而各埠雇募者反见其多。”鉴此，他认为若在“内地骤开数十埠”，则“食力者必增数万人”。① 张之洞也认为外国在华投资设厂和从事贸易活动能吸纳中国劳动力，扩大中国的就业市场。如在谈到在华外资企业时，他指出，“洋厂所在，其一切物料必取之中国，工匠必取之中国，转移闲民必资之中国”。② 为此，张之洞主张“开门通商”，扩大对外开放的程度，他在其主政的两湖地区主动开放武昌和岳阳为通商口岸。

三是通过向外移民解决农村剩余劳动力的就业问题。清朝末年，美国正在推进西部大开发，需要大量劳工。经历 18 世纪末 19 世纪初的独立战争取得独立的拉丁美洲国家如巴西、墨西哥等国因经济发展也缺乏劳动力。针对中国劳动力严重剩余而国际上有些地方劳动力需求旺盛的情况，清末一批具有国际视野的人士适应当时初步全球化背景下生产要素在国际市场自由流动的趋势，抛弃传统小农经济视野的限制，开始从整个世界，从国际劳动力市场的角度观察问题，提出了向外移民解决农村剩余劳动力就业的建议。如薛福成主张“今欲为吾民广浚利源，莫如准赴异域佣工”。他还通过对当时国际上劳动力市场的分析，提出了向巴西、墨西哥移民的主张。他说，非洲“鸿荒未尽辟，瘴气未尽除，华人愿往者尚寡”，而美国、秘鲁、澳洲、荷兰、西班牙所属诸岛皆有驱逐或虐待华工之

① 周建波：《洋务运动与中国早期现代化思想》，山东人民出版社 2001 年版，第 238 ~ 239 页。

② 张之洞：《华商用机器制货请从缓加税并请改存储关栈章程折》，《张文襄公全集》卷五十四，奏议。

政，惟“方今美洲初辟，地广人稀招徕远氓，不遗余力……且无苛待远人之政”，故向巴西、墨西哥移民最合适。①

向国外输出劳工，需要与世界各国不同的政治法律制度、不同的民族文化传统发生关系，因此必须签订有关国际条约来保护本国劳工的权益。薛福成鉴于当时因中国国力衰弱、国际地位不高而导致美国等国在经济发展过程中大量招募华工，一旦国内经济形势变化又驱逐劳工的教训，建议乘巴西、墨西哥两国使者来华请求招工之际，与这两个国家签订有关协定，“或佣工、或贸易、或艺植、或开矿，设立领事馆，以保护而约束之。并与之订立专条，彼既招我华民，力垦荒土，功成之后，当始终优待，毋许如美国设谋驱逐”②，使“华民适彼国者，苟获赡身家，蒙乐利，往返自如，出入无禁”，“务使人人有自主之权，去留久暂，悉从其便”。③

此外，清末不少思想家还主张通过向东北的吉林、黑龙江，北部的热河、河套，西北的科布多、新疆，西南的四川、云南、贵州，东南的台湾、琼州等地移民，这样既巩固了边疆，又缓解了内地剩余劳动力的就业问题。

（四）科技兴农论

西方近代农业实际上是指以文艺复兴之后兴起的西方近代科学为基础和指导的农业科学体系，外加资本主义体制下的农业机构与经营管理体系。应该说，近代科学技术对传统农业向近代农业的转型起了非常重要的作用，科学技术在农业中的广

① 本段引文参见《薛福成选集》，上海人民出版社 1987 年版，第 366 页。

② 《薛福成选集》，上海人民出版社 1987 年版，第 366 页。

③ 《薛福成选集》，上海人民出版社 1987 年版，第 472～473 页。

泛运用，使欧洲农业开始由手工作业变为机械作业，由经验向理论过渡。中国传统农业已有许多傲视全球的技术发明，对农业文明史做出过巨大的贡献，但中国古代的农业技术发明是民间的一种自发的行为，而且技术演进的步伐缓慢，长期处于停滞状态。中国古代的思想家也很少从科学技术进步的角度提出推进农业生产发展问题。中国人认识、引进和传播西方近代农业科学技术，是从清朝末年开始的。清末派往欧美的外交官及洋务、改良思想家在他们的见闻、日记及著作中有许多关于西方科学技术在农业生产中的运用的内容，如耕作方法、农业机械、作物品种、农业科技推广和奖励、农业教育等。

王韬认识到“有铁以制造机器，可推之于耕织两事。或以为足以病农工，不知事半功倍，地利得尽，而人工得广，富国之机权舆于此”。① 薛福成认为，科学技术的使用能在最大限度上开发土地潜能，他说：“西人于艺植之法，畜牧之方，农田水利之益，讲求至精，厥产已颇胜于膏腴之地。”② 谭嗣同认识到西方农业之所以发达，主要在于广泛运用科学技术，他说，西方农业，“贵有学也，地学审形势，水学御旱潦，动植学辨物性，化学察品质，汽机学济人力，光学论光色，电学助光热，有农之学，获十倍于无学之农”。他预言将来“地球之治必视农学为进退”。③ 陈炽对近代农业科技问题的探讨更加全面，他针对中国农民“安常习故，不愿变通，又恐舍旧

① 王韬：《代上广州府冯太守书》，《园文录外编》卷十，中华书局1959年版，第308页。

② 《薛福成选集》，上海人民出版社1987年版，第367页。

③ 周振甫：《谭嗣同文选注》，中华书局1981年版，第17页。

图新，利未形而害已见"的保守落后心理，主张大力进行科技知识的普及教育，他要求"翻译各国农学，取其宜于中国凿凿可行者"，"汇为一篇"，以用作农学教育。他从保护生态环境的角度来探讨植树造林问题。他指出西北地区由于毁林严重，"以致千里赤地，一望童山，旱潦为灾，风沙扑面，而地则源泉枯竭"。为了避免生态环境的进一步恶化，他呼吁开展植树造林，"岁岁增种树株，自城而乡，自近而远，自郊而野，自薮而泽，自平地而高山。先就土地所宜，取其易活，然后增种有利之树，以辟利源"。他还从生物学角度分析果树培育的意义，强调水果生产不仅能获得可观的经济收益，而且可以改善食物结构，促进身体健康。他说："百果之鲜汁，大益人身"，多食水果能使人"精神焕然，血行愈速，旧时淤塞之管，一律疏通，耳目聪明，倍于平日"。他建议"广植果木，人皆节减食物，多进鲜果，培养人身"。① 以上带有现代科技思维的思想既增进了人们的科技知识，又令人信服地论证了植树造林和发展果树种植的意义。

当时的新闻界也批评中国农业科技的落后，如《科学世界》认为"我中国固素称以农立国者也，而何以农作物之产业，远不逮欧美……曰是无理科故，今夫土壤学、肥料学、家畜饲养学，植物病理学，固农家最要之学科，而缺一不可者也"，"我国虽有四万万人民，但是不重视科学发明，不用新的科学技术，而单靠一手一足的辛苦劳作，要想富强是万万不

① 本段陈炽的有关论述参见钟祥财：《中国农业思想史》，上海社会科学出版社 1997 年版，第 442～443 页。

能办到的”。① 《预备立宪官话报》发表评论指出：“中国农工两业吃亏在不能改良，只是死守着老法子，农业只靠天的，工匠造的器具，总是老样子。”②

科技兴农必须依赖具有近代农学知识的人才，而人才的培养依赖于教育。因此，近代农业教育特别是农业职业教育非常重要，受到当时诸多人士的重视，其中张之洞既是农业教育的早期启蒙思想家，又是中国近代农业教育实践的早期开拓者。张之洞认为农民的愚比惰更可怕：“昔之农患惰，今之农患拙，惰则人有遗力，所遗者一二，拙则地有遗利，所遗者七八。”要补拙，就必须使农民掌握近代农业科技，而这必须通过教育来实现，因为“化学非农夫所能解，机器非农家所能办；宜设农务学堂，以劝农学”。③ 1898年，张之洞在武昌延请美国人布里尔，购西式农具佳种，创办湖北农务学堂，讲授种植、畜牧、茶务、蚕务等内容，开中国近代农学教育之先河。学堂开学时举行隆重典礼，张之洞亲自参加，他在训词中勉励师生“手脑并用，知行合一”。他还亲自为学堂写一副对联刊制于学堂大门口，“凡民俊秀皆入学，天下大利必归农”。继湖北农务学堂之后，全国各地农务学堂如雨后春笋般出现。据统计，迄1909年，全国已有高等农业学堂5所，中等农业学堂31所，初等农业学堂59所，招生人数6028人。至辛亥革命前夕农业学堂总数进一步增加到250所。农学教育的发展

① 丁守和：《辛亥革命时期期刊介绍》第1册，人民出版社1982年版，第290页。

② 丁守和：《辛亥革命时期期刊介绍》第3册，人民出版社1982年版，第322页。

③ 赵靖、易梦虹：《中国近代经济思想资料选辑》（中册），中华书局1982年版，第221页。

打破了中国几千年农业与教育绝缘的状况，促进了传统农业向知识型农业的转化。农务学堂培养的现代农业人才，在开启民智、传播新知、沟通乡村社会与外部世界的联系等方面发挥了巨大的作用。

清朝末年科技兴农产生了一定的实际成效，如引进了包括棉花、小麦、水稻、花生、烟草、禽畜、林木等在内的优良品种；采用了从欧美各国输入的洋犁、马耙、刈草器等农业机械；近代农药、化肥及先进的农产品加工方法等也开始得到运用。

第三节　清末农业近代化思想述评

清末早期农业近代化思想是产生和发展时期的中国经济发展思想的重要组成部分，它不仅开创了中国农业经济思想的新时代，在世界经济思想史特别是发展经济思想史上也作出了划时代的贡献。

发展经济学“主要研究贫穷落后的农业国家或发展中国家如何实现工业化和现代化的问题”。① 中国是世界发展经济学的创始国，作为一种理论体系，中国的发展经济学形成于20世纪三四十年代，其标志性成果是张培刚1945年完成的博士论文《农业与工业化》。② 其实，清末农业近代化思想中早就蕴涵着丰富的经济发展思想，如在工农业关系方面，清末思

① 张培刚：《新发展经济学》，河南人民出版社1992年版，第2页。

② 有关中国发展经济学的形成及其世界地位参见叶世昌：《中国发展经济学的形成》，《复旦学报》，2000年第4期；李向民：《论中国发展经济学的世界地位》，《复旦学报》，1994年第2期。

想家已摆脱传统的农业与工商业独立的观点，认识到农业与工商业之间存在相互依存的关系，主张工农业协调发展。在农业发展方面，清末思想家非常关注农业的技术进步，把农业机械化视为农业发展的关键因素；为了与西方列强展开“商战”，清末思想家主张大力发展商品化农业，扩大农产品出口和实现某些农产品的进口替代；为了向传统农业注入新技术以改造传统农业，清末思想家还把推进农业教育的发展置于优先地位，重视对农民的正规教育和职业教育，创办了大批农业学堂；清末思想家注意到了农业在工业化中的作用，如他们普遍认识到近代工业的发展有赖农业提供原料，有的思想家甚至注意到了农业对工商业部门的要素贡献——向工商业部门提供劳动力，提出了各种转移农村劳动力的设想；清末思想家还注意到了农业近代化过程中的制度变革问题，介绍了西方近代农业经营体制，并主张对政府体制进行改革，以充分发挥政府在农业近代化中的作用。

清末以前西方古典主义经济学家如亚当·斯密、李嘉图和穆勒等人虽然也从广义上研究了经济发展问题，但这些先发的先进国家的经济学家所面临的经济发展环境与后发的后进国家是根本不同的。如先发国家的发展是一种诱致性的变迁，经历了一个比较漫长的自然演进过程，而且先发国家开启工业化和现代化时在国际上就处于经济和社会发展的领先态势，而后发国家的发展是一种典型的移植性变迁，是在其本身尚不具备工业化的条件下，由于被动纳入全球体系而不得不以西方为示范走上工业化的道路，工业化对固有的社会结构形成巨大的冲击力；再如从工业化的资本积累的条件看，先发国家基本上都是殖民地宗主国，可以通过对殖民地进行肆无忌惮的掠夺来积累工业化过程中的原始资本。可见，虽然西方古典主义经济学家也研究过经济发展问题，但他们的研究只能是先发国家的发展经济思想，他们当时没有顾及殖民地附属国的经济发展问题（甚至认为殖民地附属国的经济发展是对其本国经济发展的损害），因此不可能为19世纪下半叶的落后国家的经济发展提供发展思想。

19世纪末，除了欧洲和北美的工业化国家之外，几乎所有的国家都沦为殖民地附属国，这些国家“由于丧失了政治上的独立性，他们已无权设计本国的未来，唯一希冀的是宗主国在掠夺本国农工血汗时多留下点份额。加之被殖民国家大多教育程度差，政治腐败、社会动乱频仍，更不可能提出独立发展本国经济的主张和措施”。①

清末思想家们能在农业发展领域独创发展中国家的经济发展思想并非偶然，而是各种内外因素发挥作用的结果。从外部因素来看，西方国家19世纪农业现代化的实践为中国思想家提供了学习的样板，启发了他们改造中国传统农业的思路。清末思想家大多到过当时正处于农业近代化进程中的欧美国家，对西方农业近代化的成就有直观感受，他们提出的农业发展思想都是以西方当时的近代农业为参照的，没有这个外在条件，当时的思想家不可能凭空产生经济发展思想。从内部因素看，中国社会本身有发展农业、推进农业近代化的动力。首先，当时的中国殖民地程度尚不深，基本上是一个主权独立国家，还有权力设计自己的未来；其次，当时的中国由于经济逐渐被纳入全球化体系，加之本国洋务运动的展开，工业化和市场化的进程从根本上改变了农业发展的宏观环境，传统农业成为中国

① 李向民：《论中国发展经济学的世界地位》，《复旦学报》，1994年第2期。

迈向工商文明社会的巨大障碍，加快传统农业的改造成为摆在中国人面前的紧迫课题，这是农业近代化思想产生的重要动力。

清末农业近代化思想对清末农业近代化的实践也产生了巨大的推动作用。清朝末年延续了几千年的中国传统农业开始了近代化的嬗变，开始了蹒跚的近代化历程：现代科学技术开始在农业领域推广；农学教育培养了一大批农业专门人才；农业的机械化开始起步；农产品的商品化程度开始提高；农会组织带来的乡村社会分化和自治程度有所提高；资本主义的农业经营方式开始出现。这一切都加速了近代因素向乡村社会的浸润，改变着乡土中国的社会面貌。但是，由于中国是一个具有几千年悠久历史的农耕文明古国，中国社会形成了一整套与农耕文明相适应的政治、经济、文化乃至风俗习惯结构，对农业近代化构成了巨大的制约力量，使农业近代化举步维艰。农业近代化不可能单兵独进，它有赖于中国政治近代化、工业化、市场化、科学技术及教育近代化的同步推进，从整体上看，清末农业近代化仅开端绪，为继起的中华民国留下了艰巨的历史任务。

清末农业近代化思想对晚清社会国人的价值观念的转型起了促进的作用，对民国时期农业思想的现代化也产生了巨大影响，成为民国现代“三农”思想的胚胎，具有重要的思想史价值。当然，由于时代的局限，清末农业近代化思想还存在某些误区和盲区，如他们对土地制度和土地改革重视不够，对农村金融和税制改革问题没有引起注意，这些问题后来成为民国思想家们关注的重点。

第三章 北洋政府时期的"三农"思想

1911年辛亥革命推翻了清王朝的统治，但是胜利的果实被心怀帝制的袁世凯所夺取了。袁世凯于1912年成立了北洋政府，中华民国进入北洋军阀统治时期，直到1927年南京国民政府的成立。

北洋政府时期，尤其是袁世凯死后，各地军阀割地为王。为了争夺地盘，各派军阀纷纷寻找帝国主义做靠山，相互倾轧，连年混战，使得中华大地哀鸿遍野；为了获取战争军费，各派军阀更是残酷地剥削人民，使得中华大地民不聊生。为拯救全国人民于水深火热之中，社会各团体纷纷起而革命，孙中山领导的国民党开始北伐，中国共产党自1921年成立后也投入革命。为了巩固自己的政权，北洋政府还是努力制定各项治国方略，包括一些"三农"政策。尽管这些政策措施并未解决中国当时的"三农"问题，但是，其中的经验教训仍然值得我们借鉴。

在北洋政府的统治下，中国农村经济日益衰败，中国农民生活日益困苦，为了解救广大中国人民于水深火热之中，孙中山领导革命党进行第二次革命。在领导革命和经济建设的过程中，孙中山继承中国传统农本思想的优良传统，吸收西方国家发展经济的先进理论和经验，提出了振兴农业、富裕农民、发展农村的一系列“三农”政策，形成了丰富的“三农”思想。孙中山的“三农”思想，不仅为南京国民政府时期的“三农”政策与思想奠定了基础，同时也为中国共产党的“三农”政策与思想提供了借鉴。

第一节 北洋政府的“三农”思想与政策

北洋政府视农业为国民经济及其他部门赖以发展的基础，十分重视农业的发展。清末农业近代化思想对北洋政府的农业思想与政策产生了重要的影响，其农业经营思想、农业管理体制思想、农业劳动力转移思想及科技兴农思想等都在北洋政府时期得到了延续和发展。

一、农业管理思想

北洋政府高度重视农业管理，在短短十几年的时间就对中央农业管理机构设置进行了三次改革，形成了一套从中央到地方比较完备的农业管理机构体系，为农业政策的实施提供了制度上的保障。

袁世凯上任之初就讲道：“民国成立，宜以实业为先务，故分农林、工商两部，以尽协助、提倡之义。”① 于是，北洋政府于1912年8月成立了农林部，“由农林总长管理农务、水利、山林、畜牧、蚕业、水产、垦殖事务，监督所辖各官署”。②

---

① 章伯锋、李宗一主编：《北洋军阀》第二卷，武汉出版社1990年版，第1353页。

② 北洋《政府公报》，1912年8月9日第101号。

1913年，农林部和工商部合并成立农商部，下设总务厅、矿政局、农林司、工商司和渔牧司。其中，农林司和渔牧司共同管理农业事务。农林司负责农业、林业的保护、监督、奖励、改良，农产物、蚕丝，耕地整理、水利，气候测验，天灾、虫害的预防善后，官有荒地处分，官有林、保安林，狩猎，农会和农业、林业团体，万国农会，考察外国农业，其他关于农林的一切事项；渔牧司负责水产监督、保护，渔业监督、保护，渔业团体，牧畜改良、种畜检查及兽疫，其他关于水产、牧畜的一切事项。

1927年，张作霖就任陆海军大元帅后，成立了农工部，下设总务厅、农林司、渔牧司、工务司、水利司。农林司和渔牧司的工作内容基本不变，但涉及农业事务的管理部门增加了一个，即水利司，负责规定水利行政计划及审查报告，勘察及讨论水道，审核测量计划及办理测绘，规划沿岸垦辟，处理其他关于水利的一切事项。

从中央农业管理机构的设置及变迁中，我们可以看到，北洋政府是非常重视农业管理的，不仅设置相关机构，而且明确各机构的具体工作内容；不仅考虑到农林牧渔等事业的管理，而且还重视对农业生产至关重要的水利事业的建设。

北洋政府除了在中央设置上述农业管理机构外，还设置了一些农业科研机构和农事试验场。北洋政府于1916年设置的中央农事实验场是在清朝末年开办的农事试验场的基础上发展起来的，可见，清末农业思想对北洋政府的影响是深远的。另外，“农商部为谋全国实业之发展，设立劝业委员会”①，并于1915年6月颁布了《劝业委员会章程》。劝业委员会主要负责

① 《东方杂志》第12卷，第7号，法令，第15页。

征集、陈列国内外各项工艺及原料，并对改良、发明者给予奖励，这在一定程度上也促进了农业的发展。同年，农业部还设立了农林传习所，以普及农业知识、宣传农业改良为目的。

在中央农业管理机构的统辖之下，省级、道级、县级三级农业管理机构得到相应设置，形成了一套从中央到地方较为完备的农业管理体系，对北洋政府时期农业的发展提供了制度的保障。

二、土地政策思想

土地是农民赖以生存的根本，也是政府实行各项农业政策的基础。北洋政府也根据当时的现实需要，实行了相关的土地政策。

（一）清丈土地，确定产权

1914 年北洋政府颁布了《清丈地亩令文》，设立经界局，专事土地丈量工作。土地清丈后，相应地确定土地产权，实现土地私有化，并按产权征收土地税。这一政策的实施，加速了土地私有化进程，大部分官田迅速变为私产，对于征税起到了一定的积极作用，但是，也带来了消极的影响。各地方为争夺土地而产生了各种纠纷，于是，北洋政府最终又废除了清丈田亩的政策。

（二）鼓励垦荒，扩大耕地

北洋政府为了扩大耕地面积，促进农业发展，大力提倡开垦荒地，并制定了相关的奖励措施。

北洋政府首先提倡把官有土地放给私人开垦，并先后制定、颁发了《国有荒地承垦条例》、《国有荒地承垦条例实施细则》、《修正国有荒地承垦条例》及《边荒承垦条例》等，规定凡江海山林新涨及废旧无主未经开垦之荒地，直隶、东北、川滇等各省边荒地，除政府有特别使用外，均准人们承垦，并优惠地价，提前竣垦者再减收地价，以资鼓励。这些条例还规定了承垦的条件以及承垦权的继承和转移等。另外，北洋政府还颁布了《农商部奖章规则》，规定“承垦大宗荒地，依限或提前竣垦者，其竣垦亩数在3000亩以上”① 可以给予奖励。

垦荒条例公布后，不少地区设立了垦殖局，办理清丈放垦工作，这促进了北洋政府农业耕地的开垦，增加了国家的耕地面积，提高了农产品产量。如东北地区1912—1921年10年间“连续不断来自各省并在满洲定居下来的移民，已经开垦了从前人迹未到过的地区”。南部的江苏地区，在民国初年“200英里沿岸之地，相继开垦，成立公司”。② 以粮食作物为例，1914—1918年播种面积为88353.6万亩，而1924—1929年播种面积达到117806.8万亩。随着粮食播种面积的增加，粮食产量也有了提高，其增长幅度甚至超过了播种面积的增长幅度。1914—1929年，粮食种植面积增长33.3%，粮食总产量增长近37%。③

（三）保育农业，奖励经济作物生产

北洋政府认识到农业是弱势的基础产业，需要政府加以扶持。农商部于1914年4月11日颁布了《植棉制糖牧羊奖励条例》，规定：凡扩充植棉者，每亩奖银二角；凡改良植棉者，

① 《东方杂志》第12卷，第9号，法令，第1~2页。

② 章有义：《中国近代农业史资料》第二辑，三联书店1957年版，第656~669页。

③ 许道夫编：《近代农业生产贸易统计资料》，上海人民出版社1983年版，第338页。

每亩奖银三角；蔗田每亩补助蔗苗银三角，肥料银六角，甜菜田每亩补助甜菜种银一角，肥料银三角；牧场改良羊种者，每百头奖银三十元。① 该条例的贯彻较显著地体现在扩充改良植棉方面。民国初年中国聘请了周伯逊氏为顾问，于河北正定、江苏南通、湖北武昌及北平等地设立实验场，采购美棉籽种，比较试验后，劝种推广。糖业方面，北洋政府规定福建、广东等省为植蔗区域，直隶、山西、东三省为试验甜菜区域，设立糖业委员会，派员赴台湾、爪哇、福建、四川、湖北、江西各产糖区实地调查。

（四）统一田赋，增加税收

田赋是国家财政收入的主要来源，北洋政府为了扩大财政收入，统一田赋征收标准、征收附加税、整理屯田，这一系列政策的实施，增加了政府的收入，但也加重了农民的负担。

北洋政府认为地亩混淆，不利于地租征收，于是进行了田赋改革。“民国元年，谋征税统一方法，下令各省，凡征收地租改两为元，币制未颁布以前，元两之换算法，由财政部酌定公布之。嗣后据各省报告，有改用银元征收者，有银两征收者，有元两并用者，然各省遵照部令，以元为征收标准者，实居大半，将来定能划一也。”② 这一政策有利于田租的征收。另外，北洋政府为了增加财政收入，除了名目繁多的田赋（包括地丁、漕粮、租课、差徭、垦务、杂赋等）之外，还征收附加税。1916 年“附加税竟达 7883670 元之巨”③，这虽然

① 黄逸平、虞宝棠主编：《北洋政府时期经济》，上海社会科学出版社 1995 年版，第 8 页。

② 《中国年鉴》第 1 回，商务印书馆 1924 年版，第 506～507 页。

③ 《中国年鉴》第 1 回，商务印书馆 1924 年版，第 507 页。

增加了财政收入，但也加重了农民的负担，加剧了农民的贫困化。

三、科技兴农思想

北洋政府为了促进农业的发展，继续推行清末的科技兴农论，大力发展农业教育和科研工作，并从农作物选种、农副产品的生产等诸多方面进行农业的改良。

（一）农业教育

北洋政府设立专门教育机构对农业教育进行管理，曾先后颁布“壬子癸丑学制”和“壬戌学制”，形成了从初级、中级到高级较为完备的农业教育体系。另外，北洋政府时期的农业留学生教育也是农业教育的一个组成部分。民国时期，利用各国退还的庚子赔款培养留学生是留学教育的一个重要项目，从1909年到1920年共派出农科留美学生就达74人。①

北洋政府创办的各高等农业学校不仅注重人才的培养，而且注重农业科研的发展。1914年金陵大学美籍教授丙思娄在南京附近农田中采取小麦单穗，进行纯系选育，经过7、8年试验，育成“金大26号”，这是我国育成的最早的一个作物良种。从1919年起南高师农科开始对水稻进行试验，1924年育成“改良江宁洋籼”和“改良东莞白”两个改良品种。广东农业专门学校也在1920年开始进行水稻育种。东南大学还在20年代育出“小白花”、“青茎鸡脚棉”和第一个棉花杂交种“过氏棉”。这些品种的培育促进了农业的发展。

---

① 包平、王利华：《略述中国近代农业教育体系的创立（1897—1937）》，《中国农史》，2002年第4期。

（二）农业改良

首先，选用优良品种。为了提高农作物种子的质量，北洋政府先后颁布了《征集稻麦种规则》、《选种办法》、《农作物选种规则令》等，以此规范选种，促进种植业的发展。另外，北洋政府还积极引进国外优良品种，如“民国七年，北京农商部自美国输入大批脱字棉及郎字棉种，次年由各省实业厅分给农民种植，九年又自朝鲜输入美国王棉，亦复分发种植”①，还从德国、爪哇分别引进甜菜和甘蔗种子。优良品种的引进和推广，在一定程度上促进了农业的发展。

其次，种植经济作物。北洋政府为了促进农村经济的发展，改善农民的生活状况，大力提倡种植各种经济作物，如棉花、茶叶、大豆等。当时的农商部长张謇特别重视植棉，并且认为“人民生产力薄弱，非奖励无以诱起其殖利之心”，② 于是制定各种奖励办法来鼓励人们种植经济作物。这一举措增加了农民的收入，改善了农民的生活，也在一定程度上促进了农业的发展和农村产业结构的变迁。

从1904—1933年各农作物播种面积占耕地面积百分比的变动分析，经济作物的播种面积大大增加，经济作物在农业生产中所占的比例越来越高③，使农村产业结构有所变化，促进了农村经济的发展。同时，经济作物的广泛种植，也提高了农村经济的商品化程度。

---

① 章有义：《中国近代农业史资料》第二辑，三联书店1957年版，第178页。

② 马万明、王思明、李群：《论张謇科教兴农及倡导棉铁主义的实践》，《南京农业大学学报》，2002年第1期。

③ 王萍：《北洋政府时期的农业政策》（硕士论文），2005年。

最后，改良蚕丝行业。北洋政府高度重视蚕丝业的改良和管理。在一战时期，政府号召民间大力发展蚕丝业，下令要求“县知事为亲民之官，苟能提倡指导，不难克日程功。希迅饬产丝各县，传论乡民，或派员分赴各乡，广行劝导，务使饲蚕各户，安心饲养，并力求推广，以期制丝原料逐渐增加，将来输出旺盛，生产日裕，国课商业，亦交受其益”，① 同时，还创办一些新的机构对蚕丝业进行宣传、改良和管理，如山东省立蚕业劝业场、省立模范蚕业讲习所等。这些机构宣传蚕业教育，对蚕农进行技术指导，对蚕丝进行改良，取得了一定的成绩，推动了蚕丝业的现代化。

四、水利兴农思想

中国古代农业思想中就特别强调水利对于农业发展的重要作用，毛泽东也曾指出“水利是农业的命脉”。② 北洋政府也非常重视水利事业的发展，不仅设立专门的水利机构，而且还建立专门的水利学校以培养水利人才；从中央到地方都重视兴修水利，农田灌溉甚至出现了电力灌溉这一现代化的尝试，在促进水利事业发展的同时，也促进了农业的进步。

1914 年，北洋政府成立全国水利局，由张謇担任第一任总裁，统管全国水利事业。张謇上任后深感责任重大、工程繁巨，于是上书大总统要求成立水利委员会。1917 年成立顺直水利委员会，主持海河规划治理；1920 年成立督办苏州太湖水利工程局，管理太湖地区江苏境内 23 县、浙江境内 16 县的

① 章有义：《中国近代农业史资料》第二辑，三联书店 1957 年版，第 174 ~ 175 页。

② 《毛泽东选集》第 1 卷，人民出版社 1991 年版，第 286 页。

河道和湖区水利事项；1922年成立扬子江水道整理委员会，隶属内务部，主持扬子江水道整理；1927年成立太湖水利工程处，与原苏州太湖水利工程局合并，直接受中央政府监督。这些水利机构的设立，对于水利事业的建设和管理起到了积极的作用。

另外，北洋政府还建立专门的水利学校以培养水利专业人才。1915年，北洋政府成立测绘学校，定名为河海工程测绘养成所，以培养河海工程之测绘人才为宗旨，注重学生的道德思想和身体健康的培养，既教授学生河海工程所需之学理技术，也注重学生实地之练习。同年，黄炎培、沈恩孚在南京开办了河海工程专门学校，成为我国第一个水利高等教育学府。水利学校的建立，促进了北洋政府时期水利事业专业化程度的提高。

北洋政府虽然制定了一系列农业政策，但是并没有从根本上解决农业问题。主要原因有三：一是缺乏稳定的社会环境。北洋政府时期，军阀混战，政权更迭，社会环境极端恶劣，不利于各项政策的实施。二是自然灾害的破坏。1912—1928年，中国先后多次发生较大的自然灾害，如1912年湘赣闽粤的水灾；1914年四川、江苏的地震，河北的水灾，赣豫皖的旱灾，云南的地震；1920年陕豫冀鲁晋五省的大旱灾，全国五分之二人口成为灾民。① 三是农业政策本身的缺陷。如土地政策没有从根本上改变封建土地所有制，而且为了保护统治阶级的利益还造成严重的土地兼并，使广大农民失去土地、流离失所；北洋政府各军阀为了筹集战争军费，征收各种附加税，"从1912年到1928年，田赋正税的公开税率，河北昌黎增长了

① 王萍：《北洋政府时期的农业政策》（硕士论文），2005年。

53.3%，山东莱州增长了47.2%，江苏江宁增长了36.6%，浙江嘉善增长20.2%”。① 税赋增长速度惊人，加重了农民的负担，使农民生活更加贫困。

第二节　孙中山的“三农”思想

近代以来中国农业远远落后于世界，产生了严重的“三农”问题。孙中山以救国救民为终生奋斗之目标，因此在领导革命和建设中国的过程中，他深入思考，提出了许多解决“三农”问题的政策主张，形成了丰富的“三农”思想，其中农业近代化构想、发展农业的措施、农民素质的提高、农村管理建设等思想都闪耀着时代的光辉，对当代中国解决“三农”问题有着重要的启示。

一、孙中山“三农”思想的形成和发展

孙中山于1866年出生在广东的一个普通农民家庭。家境贫寒、自幼参加农业劳动，使得孙中山对农民的痛苦境遇和要求有深刻的了解和切身的感受。看到清朝统治者贪赃枉法、欺压人民，孙中山非常不满，并且逐渐认识到要保护农民，改善农民的生活，就得发展农业。后来，孙中山的兄长孙眉在美国旧金山因开办农场而使生活好转，使得孙中山坚信发展农业是可以富裕的，因此他更加重视农业的发展。1879年孙中山到美国投奔兄长，首次接触西方文化，学习西方文明。在学习过程中他对中国的落后感触更深，立志要进行改革。18岁的孙

① 王熙、杨小佛主编：《陈翰笙文集》，复旦大学出版社1985年版，第17页。

中山回国后，正值国内改良之风盛行之时，“振兴实业”、“富国强兵”的呼声甚高。孙中山结合自身的经历和学习到的西方文明，提出农业是治国之本，要富国强兵，首先应振兴农业、富国养民，并于19世纪90年代初，先后写成《农功》、《上李鸿章书》等文章，阐述其发展农业、改善民生的思想。这些思想成为孙中山早期“三农”思想的重要组成部分。其时的思想多基于改良农业、发展农业经济的考虑，还没有深入到土地问题和农民政治境遇等领域。

19世纪90年代末，孙中山在伦敦脱险暂留欧洲期间，大量阅读了有关中外农业、经济和文化方面的书籍，首次提出了民生主义的思想。他是这样讲的：“伦敦脱险后，则暂留欧洲，以实行考察其政治风俗……两年之中所见所闻，殊多心得，始知徒致国家富强，民权发达……予欲为一劳永逸之计，乃采取民生主义。”① 受欧美国家经济学家著作及思想的影响，尤其是美国经济学家亨利·乔治学说的影响，孙中山开始研究土地问题。1902年，他在日本与章太炎等人谈论土地问题时，指出贫富不均是社会之害，因而提出了按人口分配土地的想法。在结合中国历代土地制度和当时土地现状之后，孙中山提出了“土地国有”和“耕者有其田”的思想。1903年，孙中山首次提出“平均地权”的口号。1906年，孙中山在《民报》创刊周年庆祝大会上发表演说，详尽地阐述了“平均地权”的主张，标志着其土地思想的系统化。

辛亥革命后，孙中山从大局出发，辞去大总统职务，可是北洋政府为了维护其统治阶级的利益，对内欺压人民，对外出卖国家主权，使得中华大地民不聊生。于是，孙中山开始领导

① 甘乃光：《中山全书》上卷，新文化书社1928年版，第16页。

第二次革命。在中国革命的过程中，苏俄及中国共产党的影响和帮助，使孙中山的思想观念逐渐改变，他重新分析了中国国内各阶级状况，提出了打倒帝国主义、推翻军阀，联俄、联共、扶助农工的政策，这一思想标志着孙中山对中国农民问题有了新的认识。他开始重视农民，认为农民是革命的动力之一，革命的事业得由民众发起亦由民众成之，“中国以农立国，全国各阶级所受痛苦，以农民为尤甚”①，国家应该分田地给农民，并资助农民以发展农业。自此，孙中山新的农民观开始形成。

二、孙中山“三农”思想的内容

孙中山因出身农民，幼年在农村生活，“早知稼穑之艰难”，所以从小就同情农民的疾苦，历来就重视“三农”问题的解决。在革命和建设的过程中，他提出了振兴农业、富裕农民、发展农村的“三农”思想。下文主要从其农业思想、农民思想及农村建设思想三方面加以研究。

（一）农业思想

农业是国民经济的基础，农业的强大是整个经济强大的前提和基础。孙中山对中国农业的落后面貌深有感触，因此提出振兴农业的思想。

1. 振兴农业思想

孙中山把解决农业问题作为其民生主义的重要内容之一，“建设之首要在民生。故对于全国人民之食衣住行四大需要，政府当与人民协力，共谋农业之发展，以足民食”。② 他把农

① 《孙中山全集》第9卷，中华书局1986年版，第120页。

② 《孙中山全集》第9卷，中华书局1986年版，第126页。

业兴衰看作决定国家前途命运的重要因素之一。

如何振兴农业呢？孙中山提出的第一条就是科技兴农。他主张学习西方先进的农业科学技术，包括两个方面：一是生物科技的学习，如农业土壤学，农家之植物学、动物学，以及利用光、电等物理学知识对农作物生长进行调控等；二是农业机械化，孙中山在广泛考察了西方各国的农业后，提出“如果用机器来耕田，生产上至少可以多加一倍，费用可以减轻十倍或百倍。向来用人工生产，可以养四万万人，若是用机器生产便可以养八万万人”，因此，孙中山主张在中国创建农业机械制造厂。

而要科技兴农，就得发展教育。于是，孙中山提出要大力发展农业教育，设立农村学校，并对之进行指导，“先立一兴学之会，以总理其事。每户百家，设男女蒙馆各一所，其费随地筹之，不给则总会捐助。又于邑城设大学馆一所，选蒙馆聪颖子弟入之，其费通邑合筹”。① 同时，为了防止农业科技与农民脱节，孙中山还提出要普及农业科技。他学习西方推广科技的措施，先设农师学堂一所，选好学博物之士课之，三年有成，然后派往各省分设学堂，以课农家聪颖子弟。又每省设立农艺博览会一所，与学堂相表里，广集各方之物产，时与老农相互考证。

孙中山兴农思想的主旨是兴办新式农业，并将之视为治国之“大本”。所谓新式农业就是要利用先进的科学技术来发展农业生产，提高生产效率。因此，孙中山主张引进欧美等先进国家的农业技术、方法和设备来改造中国的传统农业，发展近代农业以发展中国农业生产力。他所提出设立农政学堂、兴办

① 《孙中山全集》第1卷，中华书局1981年版，第2页。

农学，运用近代农业科学技术发展农业以解除人地矛盾所造成的饥荒现象，至今仍闪烁着真理的光芒，激励我们要站在当今世界现代农业发展的前沿，以宽广的世界眼光，积极引进并消化吸收世界农业高科技和先进方法。同时，孙中山所提倡的近代农业思想体系也是非常完整的，包括建立科学的农业管理体制；发展农业教育，培养农业科技人才，提高农民的素质；应用西方先进农业科技与方法，以实现农业的增产等，这些思想对于当今解决“三农”问题具有重要的启示和激励作用。

2. 土地政策思想

土地是农业生产不可缺少的资源，是生民养民之源，要振兴农业，必须解决土地问题。孙中山在吸取中国古代天下为公和大同思想，借鉴中国古代农民起义中的土地思想，融合欧美经济发展的经验和教训的基础上，结合中国当时的实际情况，提出了“平均地权”、“耕者有其田”等土地政策思想。

“平均地权”是辛亥革命时期孙中山提倡民生主义、预防社会革命的重要主张，是解决中国土地问题的重要措施，其内容根据亨利·乔治的单税法理论，设想通过征收地价来控制全国土地，进而实现土地的资本主义国有。为了推行平均地权政策，孙中山相继提出了核定全国土地价格、照地价纳税、土地涨价充公和照地价收买地主土地等措施。孙中山认为平均地权实行后，有三个方面的优势：一是可以杜绝少数人垄断土地的现象，政府在兴办公共事业的时候就不愁地皮问题；二是不会侵犯原来土地所有者的利益，因为上涨价格才归公，地主原来应得的不会有所损失；三是通过收地租可以使国家富强起来。由此可以看出，孙中山是同情广大劳动人民的，他提出照地价纳税，实质是想减轻农民的负担、改善农民的生活状况，因为“贵地收税多，贱地收税少。贵地必在繁盛之处，其地多为富人所有，多取之而不为虐。贱地必在穷乡僻壤，多为贫人所有，故非轻取不可”。① 同时，也说明他关心土地问题是为了解决资本主义经济发展对地皮的需要。然而，平均地权的实施却是不利于资本主义发展的，因为在资本主义社会中，土地的所有权归属于地主，使用权归属于农业资本家，资本主义农业经营的前提就是土地使用权和所有权的分离。而按照平均地权理论，土地实行公有、使用权进行平均的话，是不能发展资本主义农业的。由此可见，孙中山的平均地权理论和思想已经超越了资产阶级革命的范畴。

“耕者有其田”是孙中山民生主义所追求的最终目标，“至于将来民生主义真是达到目的，农民问题真是完全解决，是要‘耕者有其田’，那才算是我们对于农民问题的最终结果”。② 1924年8月，孙中山发表了以“耕者有其田”为主旨的演讲，标志着这一思想的形成。他把“耕者有其田”视为解决农民痛苦的根本办法，说：“我们现在革命，要仿效俄国这种公平办法，也要耕者有其田，才算是彻底的革命；如果耕者没有田地，每年还是要纳田租，那还是不彻底的革命。”③ 耕者有其田是在平均地权的基础上实行的土地政策，因为平均地权把土地收归国有，耕者有其田则是把收归国有的土地分配给广大农民所有。但是，孙中山对中国农村土地占有状况及社会分层的认识比较模糊，因此，他并没有提出详细具体的措施，只是粗略地谈到两种方法，即国家授田和贷田。

从“平均地权”到“耕者有其田”，标志着孙中山由关注

① 《孙中山全集》第2卷，中华书局1982年版，第320页。
② 《孙中山全集》第9卷，中华书局1986年版，第399页。
③ 《孙中山全集》第10卷，中华书局1986年版，第556页。

资本主义经济发展所需的土地问题的解决转变到关注农民土地问题的解决，这是其革命思想的重大发展。其土地思想为后世解决农民土地问题提供了经验和教训，中国共产党的民主革命纲领和南京国民政府的施政方针，都有许多对其借鉴之处。

（二）农民思想

在中国这样一个农业大国，农民一直是社会变革的主力军，中国革命的实质就是农民革命。孙中山也是农民出身，因此对于旧中国农民存在的各种困难和问题都感同身受，从小就立志要解救农民于困苦之中。在其领导中国革命和建设的过程中，对于农民问题形成了以下思想：

1. 恤农亲农思想

孙中山认为：“中国以农立国，而全国各阶级所受痛苦，以农民为尤甚。”① 尤其在资本主义列强、封建地主阶级等对农民进行残酷压榨之下，农民的生活境况更加悲惨，“凡业耕种者无不迭受摧残，到处田土荒芜，铤而走险，民不得安其业。间有饮苦经营，操耒耜以从役于畎之中者，无不筋穷力竭”。② 于是，孙中山在民国初年就下令由中央内务部“咨行各省都督，饬下所司，劳来农民，严加保护。其有耕种之具不给者，公田由地方公款、私田由各田主设法资助，俟秋成后讲数取偿。各有司当知此事为国计民生所系，务当实力体行，不得以虚文塞责”。③ 孙中山在广州任大元帅期间，也经常亲切地接见当地农民，与农民交流农业科技，向农民传授先进的耕作技术和农业知识。

① 《孙中山全集》第9卷，中华书局1986年版，第120页。
② 《孙中山全集》第9卷，中华书局1986年版，第595~596页。
③ 《孙中山全集》第2卷，中华书局1982年版，第234页。

孙中山体恤农民之苦，亲切对待农民，力图解决农民之困苦，"实行三民主义，今日第一件事便留心到农民，便是要救济这种农民痛苦，要把农民的地位抬高，并且要把农民在从前所受官吏和商人的痛苦，都要消除"。①

2. 依靠农民思想

作为民族资产阶级的代表，孙中山一开始是轻视农民阶级的，认为农民对国事漠不关心，对自己的命运也麻木不仁。他体恤农民、关心农民，完全是出于对农民的同情，并未把农民作为政治力量来加以重视。十月革命及"五四"运动以后，孙中山在苏俄和中国共产党的帮助下，意识到人民群众对于革命胜败的重要性，指出"革命行动，欠缺人民心力，无异无源之水，无根之木"。② 而在广大人民群众中，农民则是国民革命的重要力量，"农民是我们中国人民之中的最大多数，如果农民不来参加革命，就是我们革命没有基础"。③ 所以，在国共合作后，孙中山开始实行"扶助农工"的政策，采取了许多有力措施发动农民群众运动，进行革命。

为了让农民阶级真正成为国民革命的基础，孙中山提出要团结农民、组织农民、使农民成为强大而不可忽视的整体。具体的措施有三条，一是成立农民协会，给予农民协会罢免官吏、监督地方行政事务、管理税收等权力，允许农民协会的代表参加各地方或中央政府的农务会议、讨论各种农业问题等。二是组织农民自卫军，用农民自己的武装组织来维护农民的利益。三是加强农民与政府的联合，提高农民的地位，使农民真

① 《孙中山全集》第10卷，中华书局1986年版，第464页。
② 《孙中山全集》第8卷，中华书局1986年版，第431页。
③ 《孙中山全集》第10卷，中华书局1986年版，第555页。

正成为国家的主人翁。为了促进农民运动，发挥农民在国民革命中的基础作用，孙中山还非常重视在农民中发展党员，提出"对于农夫、工人要求参加国民党，相与为不断之努力，以促国民革命运动之进行"。①

（三）农村建设思想

农村是农业社会的基层单位，是农民聚居的生存环境，也是农业生产的外在环境。农村的情况直接反映了社会的发展和社会的结构，也体现着统治者治理农村和制定农民政策的具体效果。中国近代的农村，在帝国主义、封建主义及土豪劣绅的共同盘剥下，呈现出一片衰败景象。孙中山为振兴国家，从发展资本主义经济及稳定社会的角度，提出了自己的农村建设思想。

1. 实行农村自治

孙中山认为近代中国农村之所以落后其根源是封建宗法制度对农村的统治，这种封建的宗法制度，使族权与政权相结合，加强了土豪劣绅在农村中的专制统治。要想实现民权主义，就必须在农村中实现自治。孙中山还通过中国自古就有的自治传统进一步论证了在我国近代农村实行自治的可行性，他说："我们中国人不是不能自治的，也不是没有自治的"，"自古以来，中国就有乡村自治的存在"。② 同时，孙中山还对自治的范围以及自治机关的设立进行了详细的阐述。他主张将一个县的全部农村组织成一个地方自治的基本单位，以提高政治效率和管理效率；主张所在自治地域中"不论土著或寄居，悉以现居是地者为准，一律造册列入自治之团体，悉尽义务，

---

① 《孙中山全集》第9卷，中华书局1986年版，第121页。

② 《孙中山全集》第6卷，中华书局1983年版，第528页。

同享权利”;① 主张自治机关的组织包括立法机关和执行机关，其中粮食管理局应成为首要机构；主张乡村自治必须本着民主原则进行。

2. 城乡协调发展

孙中山还主张在农业发展中实现农、工、商业共同发展。孙中山认为农业加工业、农产品贸易应迅速发展。他主张在经济作物种植区设立新式加工厂，以机器代手工，生产费可大减，品质亦可改良。农作物中经济作物的广泛生产、出口，可以带动工业、商业的迅速发展，并能使这些经济作物生产区域迅速工业化、城镇化，进而带动附近农村的迅速发展，缩短城乡间差距。农工商协调发展会促使城市发展带动农村发展，实现城乡一体化。因此孙中山多次强调三者要协调发展，“实业之发展，使农村经济得以改良，而劳动农民之生计有改善之可能”，而且“农工业之发达，使农民之购买力增加，商业始有繁盛之动机”。②

3. 加强农村基础设施建设

近代中国农村的基础设施建设基本处于瘫痪之中，严重危害了农村正常的生产和生活秩序。孙中山认为农村占据了中国国土的大量面积，是占中国绝大多数人口的农民生活的环境，必须设法维持农村的正常秩序，因此他提出加强农村基础设施建设的主张，并且进行了一系列的实践活动。他于 1883 年自檀香山返乡后，向乡中百姓及士绅详细介绍西方关于乡政管理的知识，并被推举为“宿老议员”。村中的自治乡政之事多采用孙中山的说法，“如道路修改，入夜街道燃灯，及为防御盗

① 《孙中山全集》第 5 卷，中华书局 1983 年版，第 220 页。
② 《孙中山全集》第 11 卷，中华书局 1986 年版，第 77 页。

贼设壮丁夜警团，顺次更代，此等壮丁均须持枪等事是也”。①

三、孙中山“三农”思想述评

孙中山继承中国传统农本思想的优良传统，广泛吸收西方国家经济发展中的先进理论和经验，结合当时中国农村的实际情况，形成了自己独到的“三农”思想。

孙中山的农业、农民及农村建设思想，尤其是发展现代化农业思想、土地政策思想及重视农民思想等，对于解决当今中国的“三农”问题有着非常重要的借鉴意义。但是，由于孙中山代表的是民族资产阶级的利益，因而其“三农”政策与思想也具有一定的阶级局限性和历史局限性。

从阶级局限性来看，孙中山“三农”思想的提出归根结底是为发展资本主义而服务的，最终目的是促进资本主义发展，结果却导致了贫富分化，激化了阶级矛盾。比如平均地权思想，平均地权突破了土地私有制的限制，使资本家对土地的经营有了最大的自由，也改变了地主与农民之间统治和被统治的关系。这一方面使工商业资本家容易插足于地主与农民之间来发展农业；另一方面，小农经济加速分化，获益较多的农民成为农业资本家。因而，平均地权不仅没有改变资本剥削雇佣劳动的资本主义性质，相反还加快了它的发展。这一进程必将加速农民的破产，使资产阶级与农民阶级矛盾尖锐化，孙中山的农业思想即使实施了，也只是在一定程度上减轻农民负担，而不可能真正使农民独立、富裕。

又如农民思想，尽管孙中山也恤农亲农、重视农民在民主革命中的重要作用，但是其作为资产阶级的代表，具有这一阶

① 《孙中山全集》第1卷，中华书局1981年版，第548页。

级的通病，即轻视农民阶级。孙中山最初也认为农民是毫无知识和觉悟的阶层，对国事漠不关心；后来在苏俄和中国共产党的影响下，孙中山的思想开始发生变化，逐渐意识到农民在国民革命中的重要性。即便如此，孙中山仍然认为农民阶级自己是不可能成为革命的主力军的，必须依靠政府的组织；农民在政府的指导下才能进行革命工作，获得经济和政治上的真正独立和自由，“农民如果利用政府的帮助去实行结团体，就可以恢复自己的地位，谋自己的幸福”。① 另外，孙中山还对农民参与武装斗争后可能发生的社会冲突感到极度担心，他同情农民，但又为他们感到无奈，甚至害怕把农民动员起来，最后也是把希望寄托于政府，试图利用国家权威来解决这种矛盾。

再如土地分配问题，孙中山认为中国农民是全国各阶级中所受痛苦最深的，要改变农民的生活境况，必须由国家给农民土地及生产资料，于是他提出利用平均地权把土地收归国有，然后再实行耕者有其田，和平地解决土地问题。采取和平方法的主要目的也是维护地主阶级及资产阶级的利益。

从历史局限性来看，孙中山的“三农”思想虽然是革命的，但是其具体方式却是改良的。孙中山没有清晰意识到中国革命所处的历史阶段，也没有意识到在没有完成反帝反封建的历史任务、没有实现民族独立和国家民主富强的历史条件下，其“三农”思想与政策是难以实现的。

综上所述，孙中山毕生都关注着贫穷农民的生活，力求改变中国农业落后的面貌，把农业的发展与振兴中华这一崇高目的紧密结合起来，在不断探索和思考农业发展问题的过程中，逐步形成了比较完整的“三农”思想。由于受到当时历史条

① 《孙中山全集》第10卷，中华书局1986年版，第463页。

件的限制，孙中山的“三农”思想并没能得到很好的贯彻落实。但是，孙中山指出土地问题是解决“三农”问题的关键，只有满足了农民的土地要求，才能更好地解决“三农”问题；要把农业作为经济实体来发展，要尊重农业发展的自身规律，真正把农民作为经济个体，把农业作为一种产业来对待，努力创造市场经济的制度环境；政府对农业的支持，主要不在于提供多少便利条件供其发展，而是提高农民的政治地位和国民待遇，消除压在农民身上的种种不合理的负担，改善农村的社会治理环境，培养农民的市场意识和经济意识。这些都是孙中山在为解决“三农”问题的探索过程中的思想结晶，对我们解决“三农”问题有重要的启示。

第四章
南京国民政府的“三农”思想

1927年，蒋介石在南京成立国民政府（又称南京国民政府），直到1949年，其一直是中华民国的最高行政机关。南京国民政府成立以后，以实业计划为重点，制定了一系列的农业政策，使得中国农业曾有过短暂的复苏。但1929年世界经济危机后，各帝国主义加速向中国倾销农产品，沉重地打击了中国的农村经济，使之陷入衰败之中。农为百业之本，农业经济危机影响到了整个社会经济，国民政府也认识到“中国农业危机日趋严重化，实已使整个国民经济濒于总崩溃的前夜，怎样挽救农业危机以奠定国本，这是当前最迫切最重大的问题”。① 因此，南京国民政府制定和实施了一系列振兴农业的政策和措施，形成了丰富的“三农”思想。本章没有如以往研究那样对南京国民政府的农业政策进行研究②，而是重点研究了南京国民政府总统——蒋介石、重要官员——孔祥熙和地

① 中国文化建设协会编：《抗战十年前之中国》，文海出版社有限公司1974年版，第207页。

② 这类研究有宗玉梅：《抗战前南京国民政府农业建设述评》，《洛阳师专学报》，1998年第3期；郭从杰、陈雷：《南京国民政府的农业推广政策（1927—1937）》（硕士论文）；张海荣：《论南京国民政府的农业科技改良》，《邢台师范高专学报》，2001年第4期。

方实力派代表——阎锡山的“三农”思想。

第一节　蒋介石的“三农”思想

“三农”问题是在现代化背景下提出来的一个社会改造和发展的问题。中国自19世纪60年代晚清启动现代化进程以来，农业、农村和农民就一直在衰败和危机中挣扎。20世纪二三十年代国民党统治时期，不仅没能遏制农村衰败、克服农村危机，反而全面激化了自晚清以来乡村社会中所凸显出的全部矛盾，酿成了20世纪上半期农村空前的社会与政治大动荡。日益严重的“三农”问题引起了社会各界的广泛关注，各界人士都试图寻找治病的良方。作为执政党的领导人，蒋介石自然也非常重视三农问题。他以孙中山先生的三民主义和中外相关文明成果为思想的理论来源，以中国农村社会的实际情况为现实基础，再结合自己作为执政党领导人物的政治立场，形成了一套内容丰富的“三农”思想。这些思想无论是对是错，都在民国时期产生了非常重要的影响，不研究蒋介石的相关思想就很难准确把握民国时期的农村、农业和农民问题。由于诸多复杂原因，对于蒋介石的“三农”思想学术界少有相关研究成果面世。① 本书仅就蒋介石的土地政策思想、农村合作经济思想和废除苛捐杂税思想等三个方面略抒管见。

一、土地政策思想

农村土地问题是资产阶级民主革命的中心内容，是传统农

① 有关蒋介石“三农”思想方面的研究成果目前仅有张士杰、郭海儒的论文《蒋介石的农村合作经济思想》，《民国档案》，2004年第4期。

业社会向现代工业社会转型的关键之所在，也是国民党和共产党两党合作斗争的一个最敏感的问题。作为国民党的领导人，蒋介石对土地问题及土地政策的重要性进行了诸多阐述。

蒋介石指出，“经济的要素，是劳力、土地、资本三种，其中土地尤为民生的基础”；“土地与国家和国民经济的关系，非常重大。对于土地的处理差不多历来就是政治上的中心问题，处理的政策和方法得当与否，对于国家的隆替、经济的盛衰以至政治的成败，都有极大的影响”①；“所以政治人员如果不研究土地，则一切政治经济之设施，必不能有所成功。现在中国除极少数地区外，一般都可说是有土地而无地政，因此一切政治经济的建设和发展，根本上感到绝大的困难。所以今后政府一方面要极力推行地政，达到平均地权的目的；一方面又须指导与扶助人民改良土地，使能增加生产”。②

1941 年，蒋介石在出席第三次全国财政会议的讲话中提出：“我以为我国今日政治经济与社会政策，最迫切而需要解决的，莫过于土地问题。……我们的土地与粮食问题如能圆满解决，则其他政治、军事与财政、经济及社会问题，都可以得到根本的解决。但是粮食还是出之于土地，所以土地问题，实为一切问题中之根本问题。必须土地政策能够推行，土地问题获得真正解决，然后我们三民主义革命的理想，才能全部贯彻，而目前抗战建国的大业，才能得到最后的成功。”③

---

① 《总统　蒋公思想言论总集》第三卷，中国国民党中央委员会党史委员会，1984 年，第 24 页。

② 《总统　蒋公思想言论总集》第三卷，中国国民党中央委员会党史委员会，1984 年，第 30 页。

③ 《总统　蒋公思想言论总集》第十八卷，中国国民党中央委员会党史委员会，1984 年，第 222 页。

蒋介石认为中国是一个“最古的农业国家”，“从前时代一切生活必要品的需要，可以闭关自给”，但现在“连米、麦、砂糖、棉花、棉纱、烟草等等，纯粹农产品或粗制品，近年竟完全仰仗国外供给”，“决不是我国土地古腴而今瘠”，“其中原因，固然一半是战事不息，贻害农民，不能安居乐业所致；一半也是土地制度不良”。因此，中国要“参酌古今中外的成规，来创造一种新的土地制度”。①

蒋介石着眼于农工、农商关系来解决土地问题。他反对历史上用暴力革命的方式来解决土地问题的方法，认为“如果不从农工农商关系单是用暴力平均分配土地，土地纵令可以平均分配，很短的时间以后，便会再起不均的现象。今天贫农杀富人，明天贫农有了一点积蓄，岂不又成了富人”。蒋介石指出，由于中国的商业资本总是向土地投资，“商业越是繁荣，土地也越是集中，商业资本不流到工业方面去，却不断地流向地价方面去”，这样既对农业发展不利，也阻碍工业化的进程，所以“土地政策要从平均地价着手，就是不许商业资本流向土地方面来，亦就是要使土地买卖不复成为投资的对象。有钱的人对土地买卖既不愿投资，则不平均的地权可以平均，而已平均的地权不会再趋不平。在这个政策施行之同时，国家更实行各种方法，周转商业资本，调剂农产价格，改良农业技术，增进农民生活，土地问题一定可以得到根本的解决”。②

蒋介石土地制度的核心思想来源于孙中山的民生主义，甚

① 《总统　蒋公思想言论总集》第十卷，中国国民党中央委员会党史委员会，1984 年，第 667 ~ 668 页。

② 《总统　蒋公思想言论总集》第五卷，中国国民党中央委员会党史委员会，1984 年，第 28 ~ 30 页。

至其具体方案都几乎与孙中山民生主义的土地政策如出一辙。蒋介石认为，"总理在民生主义中揭示的两大原则，就是平均地权和节制资本。总理在解释平均地权时说：平均地权之法，一是照价征税，二是土地国有。并听其自定地价纳税，但以土地国有权以限制之。还说：二者相为因果，双方并进，不患其不能平均。又说：贵地必在繁盛之处，其地多为富人所有，多取之而不为虐，贱地必在穷乡僻壤，多为贫人所有，故非轻取不可。又说：要耕者有其田，那才算是我们对于农民问题的最终结果"。①

那么，蒋介石究竟要建立一种怎样的新的土地制度呢？与孙中山一样，蒋介石也认为应以和平渐进的方法，一步一步达到"耕者有其田"。具体内容包括以下几个方面：

一是土地国有。土地国有的目的是平均地权，但是在土地占有相对平均的正常情况下土地国有却不必将土地真正收归国家所有。"惟地不必尽归国有，收取其需用之地，斯亦可矣。""土地国有之法，不必要收归国有，若修道路，若辟市场，其所必须之田园庐墓，或所必须之田亩，即按照业户税契时价格，国家给价而收用之。"所以，土地国有，其实就是在土地国有的原则下，允许私有财产制度（包括土地所有权）的合理存在。也即是"听其自定地价纳税，但以土地国有权以限制之"。②一旦出现土地集中、地权分配不平均的现象，国家可以按地价有偿征购土地以推进工业化、城市化，或将土地分配

① 《总统　蒋公思想言论总集》第八卷，中国国民党中央委员会党史委员会，1984年，第67页。

② 《总统　蒋公思想言论总集》第五卷，中国国民党中央委员会党史委员会，1984年，第51页。

给无地或少地的农民，以实现平均地权。

二是土地税制改革。这方面的内容主要包括按地价征税和对超过一定土地数量的土地实行累进税率。中国历史上田赋一般是按面积征税，蒋介石认为随着工业化和城市化的发展，地价的差异越来越大，按面积征收土地税非常不公平、不合理，必须按土地价格进行征税。照土地价格进行征税，地价越高纳税越多，而且“照地价收税，政府便有一宗很大的收入；政府有了大宗收入，行政经费有着落，便可整理地方。一切杂税固然可以豁免，就是人民所用的自来水和电灯费用，都可由政府来负担，不必由人民自己出钱。其他马路的修理费和警察的给养费，政府也可向地税项下挪用，不必另外向人民来抽警捐和修路费”。① 所以，照地价征税在一定程度上可以实现赋税公平和增加国家现代化建设所必需的财政收入。对于超过“规定私有地亩之最高限额”，“拥有逾限土地之业主”的田租所得采用累进税率征税，“循是以进，不耕而获之地主，收益有其限度，势且改投资金于他业，而能耕者，获得土地之机会甚多”②，从而实现耕者有其田。

三是申报地价。土地税制改革自然要涉及如何对土地进行定价的问题。在这方面，蒋介石几乎全盘接受了孙中山的有关思想，主张由地主自己对地价进行申报，他说：“政府照价收税和照地价收买，究竟地价是照什么样定法呢？依我的主张，地价应该由地主自己去定。许多人以为地价由地主任意报告，

① 《总统　蒋公思想言论总集》第十八卷，中国国民党中央委员会党史委员会，1984年，第226页。

② 《总裁关于合作之训词》，台北《革命文献》第84辑，中国国民党中央委员会党史委员会，1980年，第237页。

他们以多报少，政府岂不是吃亏么？……地主如果以多报少，他一定怕政府照价收买，吃地价的亏；如果以少报多，他又怕政府要照价抽税，吃重税的亏。在利害两方面互相比较，他一定不情愿多报，也不情愿少报，要定一个折中价值，把实在的市价报告政府。"① 所以，实行地主自行申报土地价格，而价格一旦确定后，征税和收购即依此价格为标准而不得再行更改。"所报之价，则永以为定，此后凡公家收买土地，悉照此价，不得增减。而此后所有土地之买卖，亦由公家经手不能私相授受"。②

四是增益归公。土地定价以后，有可能随着社会经济的发展而出现价格上涨，那么上涨的部分归谁呢？收归公有。"因为地价涨高，是由于社会改良和工商业进步。……这种进步和改良的功劳，还是由众人的力量经营而来的；所以由这种改良和进步之后所涨高的地价，应该归之于大众，不应该归之私人所有。……这才是真正的平均地权"。③ 地价增益收归公有，不仅可以富国利民，还可以避免土地垄断，"所增之价，悉归于地方团体之公有。如此则社会发达，地价愈增，则公家愈富，由众人所用之努力以发达之结果，其利益亦由众人享有之。不平之土地垄断，资本专制，可以免却，而社会革命，罢

① 《总统　蒋公思想言论总集》第十八卷，中国国民党中央委员会党史委员会，1984 年，第 224 页。

② 《总统　蒋公思想言论总集》第十八卷，中国国民党中央委员会党史委员会，1984 年，第 227 页。

③ 《总统　蒋公思想言论总集》第十八卷，中国国民党中央委员会党史委员会，1984 年，第 224 页。

工风潮，悉能消弭于无形”。①

土地问题是民国时期经济发展的重大理论问题，也是国共两党政治冲突和争取政治同盟者的焦点问题。蒋介石的土地政策思想从原创性方面来说没有多少新意，几乎全部来自孙中山的平均地权思想。与孙中山一样，蒋介石的平均地权是在保护既有私有地权的基础上对私有地权的限制，以防止土地权的高度集中和社会进化造成地价上涨而带来社会财富的分配不均，因此这种方法不是中外历史上农民起义中农民无偿剥夺私有地权的“劫富济贫”，而是在保护私有产权基础上的“节富助贫”，它与当时中国共产党在根据地实行的土地政策异趣。蒋介石明确表示“本党立场，不认阶级，反对斗争，关于土地分配自应特辟和平途径，以渐进于耕者有其田”。② 蒋介石在第三次全国财政会议上的讲话中说得更明白：“我们民生主义的土地政策，不是和共产党一样，要来没收土地，也不是现在就要地主的地盘，尽归公家所有；而只是由地主自行报价，政府只依照法规定税率，照价纳税而已……而土地仍归原主所有，至土地定价以后将来的收益，才归于社会国家所公有。如此就是对于地主固有的权利与现在已得的利益，并无丝毫损失，而且借此可以获得永久的保障。”③ 蒋介石的土地思想在20世纪50年代台湾的土地改革中得到了成功的实施。

揆诸史实，蒋介石领导的南京国民政府对土地问题不能说

---

① 《总统　蒋公思想言论总集》第十八卷，中国国民党中央委员会党史委员会，1984年，第228页。

② 《总裁关于合作之训词》，台北《革命文献》第84辑，中国国民党中央委员会党史委员会，1980年，第237页。

③ 《总统　蒋公思想言论总集》第十八卷，中国国民党中央委员会党史委员会，1984年，第232页。

不重视。仅1927—1937年10年间南京政府颁布的“地政法规及各省地政单行章则不下240种”;① 1932年，蒋介石召回在德国的地政专家萧铮创办国民党中央政治学校地政学院，专门研究土地制度及改革土地制度的技术问题。但是，由于诸多条件的限制，蒋介石的土地政策思想在大陆时期并没有得到有效执行，土地问题没有得到真正解决。

二、农村合作经济思想

蒋介石对于农村社会是比较重视的。他说，“中国人民百分之八十以上为农民，欲求建设，非先复兴农村不可”。②1932年12月，他在汉口豫鄂皖赣四省农村合作指导员训练所发表《合作训练之意义与目标》的演讲中指出：“我国军、政、党务非常腐败，是因为一般人不注意农村，过惯了都市生活，忘了他的做人出身基本之地。我国以农立国，基本是在农村，一般人完全离开农村，轻视农村，不知道没有农村，便不成国家，我们现在要救中国，就要先救农村。”他勉励农村合作指导员“回到乡间，指导农民，帮助农民，做农民的模范”。③

除了改革农村的土地制度之外，蒋介石还主张建立农村合作经济、革新农村的生产组织体系、整合乡村社会。他认为“经济建设之最重要最有效的一个方法，就是普遍推行合作制

① 参见高璐：《论国民党大陆时期土地改革未能成功的根本原因》，《安徽史学》，1998年第3期。

② 《总统 蒋公思想言论总集》第十四卷，中国国民党中央委员会党史委员会，1984年，第462页。

③ 《总统 蒋公思想言论总集》第十卷，中国国民党中央委员会党史委员会，1984年，第672页。

度，发展合作事业”①；“我们中国国家贫弱如此，毛病是不合作”，“欲求挽救，非推行合作不可”。②

蒋介石认为，合作社不仅具有经济意义，而且对于改变农村社会结构、加强农村社会稳定、造就新社会、建设新国家具有重要作用。他指出，“农村崩溃之主因在于农村自身之无组织”，所以推行“农村合作事业，就是救济农村最紧要最良好的一个方法”，这不仅“可以解决民生问题，使经济建设易于完成”，而且可以达成“复兴民族的共同使命”。在农村实行合作制度，“自经济方面言之，既利农业之生产，尤便农村之生活。自社会方面言之，经济关系、团体生活，一旦改变，则已往之家庭观念、封建积习，不难徐图打破，而国家民族之新意识，亦自能逐渐养成。故合作社之组织，非特在农村中为经济上之重要改革，且可替代宗法社会而兴”。③“农村合作的成败，不但是革命生死关头，如能切实推行，现在的社会才能改良，国家民族才能复兴，否则中国就要灭亡”。④

通过对国外合作社的考察和对本国农村实况的审视，蒋介石提出在中国农村建立四种形式的合作社：一是利用合作社；二是信用合作社；三是供给合作社；四是运销合作社。他分别对各种合作社形式的作用进行了分析。

---

① 《总统　蒋公思想言论总集》第三卷，中国国民党中央委员会党史委员会，1984 年，第 16 页。

② 《总统　蒋公思想言论总集》第十卷，中国国民党中央委员会党史委员会，1984 年，第 671 页。

③ 《总裁关于合作之训词》，台北《革命文献》第 84 辑，中国国民党中央委员会党史委员会，1980 年，第 217 页。

④ 《总统　蒋公思想言论总集》第十卷，中国国民党中央委员会党史委员会，1984 年，第 673 页。

利用合作社实际上就是生产合作社。蒋介石认为利用合作社“以代为管理社员土地，并置办农业及生活上公共之设备，供社员共同或分别利用为目的”，能“合业主、佃户、自耕农一炉而冶之”。他把利用合作社的作用归结为两点：一是管理土地，将农村所有土地“由合作社共同管理，由社员分别经营，复为之整理其耕，以谋耕作之便利”，目的是“谋农业生产之增加”；二是置办农耕设备，“凡耕作器具、耕作技术，及一切防灾、防虫之设备，非农家独立所能举办者，均由合作社统顾兼筹，代其购置”，目的是“求农民生活的改善”。① 利用合作社主要是为农业提供各种生产服务，获得规模经济效益。

蒋介石认为“现农民最感痛苦者，即为农村资金缺乏，终年呻吟于高利贷压迫之下”，② 因此他十分重视农村合作金融组织的建设，他认为信用合作社“以活动农村之金融，使需要资金者有周转之可恃”，其作用“积极方面，在谋农村金融之活动及农业之发展，消极方面，则救济农村之穷困而使农民得以脱离豪绅之剥削”。③ 他十分推崇日本和德国的合作金融制度，认为应该仿效日德，创立专对合作社及其联合会调剂资金之特种金融机构——合作金库，并具体规定了合作金库的性质、营业范围和集资方式。

供给合作社，是供给农民生产和生活资料的合作组织，蒋

① 《总裁关于合作之训词》，台北《革命文献》第84辑，中国国民党中央委员会党史委员会，1980年，第218页。

② 《总裁关于合作之训词》，台北《革命文献》第84辑，中国国民党中央委员会党史委员会，1980年，第231页。

③ 《总裁关于合作之训词》，台北《革命文献》第84辑，中国国民党中央委员会党史委员会，1980年，第217~218页。

介石认为其目的在于“供给农业及生活上必需之物品，加工或不加工售卖于社员”，以“节省农民之消费，使日常需要咸得低廉之供给”。由于当时中国农民缺乏市场意识，商业资本对农民的压榨十分沉重，蒋介石也注意到了农村商业资本问题，他认为“农村之商业不可废，而商人则不宜有”，供给合作社就是对付商人和商业资本的利器，他说：“供给合作社，外形虽略似普通商店，而其实质则在消灭商人居间剥削，俾普通商店所得于农民血汗之利润，复归于农民自身也”。①

运销合作社，是“有生产品之农民”集中销售农产品的合作组织，它“运销社员所生产之物品加工或不加工而售卖之”，“保持农民劳力所获之产品，使可善价而沽，增加其应得之收入”。成立运销合作社的目的也是对付商业资本，“其用意即在使农村商业不归商人经营，而属于农民自身所组织之合作社经营也”。②

蒋介石还对农村四种合作组织的责任和兼营问题作了论述。他认为四种合作组织的责任不能随便选择，自由变更。信用合作社应为无限责任，“因信用合作社之业务，全为社员间之互助信用，而信用之能否保持，可由社员自身决定，无须依赖他人”，“为督促社员自身之互相监督起见，不能不课以较重之无限责任”。“其他三种合作社，则其业务之盈亏，或以市场关系，或以物力变化，有非社员自身努力所能完全负责者，故不得不稍减轻，仅课以保证责任。然比之诸纯粹之有限

---

① 《总裁关于合作之训词》，台北《革命文献》第84辑，中国国民党中央委员会党史委员会，1980年，第217～219页。

② 《总裁关于合作之训词》，台北《革命文献》第84辑，中国国民党中央委员会党史委员会，1980年，第217～219页。

责任，则已较重矣”。蒋介石反对各种类型的农村合作社兼营业务，因为“执行单纯业务，社中职员能力，尚恐不足，如营兼业，则经理更加繁难，故目下兼营一事，应特加慎重，毋令业务或招失败，影响合作前途”。①

蒋介石认为，只要能在农村广泛推行上述四种合作社，就能达到“农业经营合理化”、“农民生活合理化”、“农村组织社会化”。他试图将农村改造成合作社会，使农民在合作制下从事生产、生活，从而扫除封建势力，改善农民的传统意识和人身依附关系。

在合作社传入中国初期，大多是由进步的知识分子和若干社会团体推动，很难得到政府认可。这种情况在南京国民政府成立以后得以根本改观，其原因与作为执政党领导人的蒋介石对合作运动特别是对农村的合作运动的大力支持是分不开的。国民政府时期，颁布了《农村合作社暂行规程》《中华民国合作社法》《县各级合作社组织大纲》《合作事业奖励规则》等一系列合作法律法规，使合作社作为经济组织的法人地位在法律层面得到确认。1939 年国民政府还成立了专门的合作行政管理机构——合作事业管理局，各省设立合作事业管理处，县一级设立合作指导室，为合作事业的发展提供了组织保证。此外，国民政府还大力培训合作指导人员，给予合作社各种优惠政策，如免税、奖励等。

正是在这种有利的政策环境下，民国时期农村的合作社获得长足发展，具有现代化因素的合作组织对推动民国时期农业、农村和农民的近代化起了一定的作用。1936 年 10 月 10 日

① 《总裁关于合作之训词》，台北《革命文献》第 84 辑，中国国民党中央委员会党史委员会，1980 年，第 215 页。

蒋介石在南京发表《中国的统一与建设》的讲话中不无自矜地总结合作社事业的成绩：“合作事业，今日亦甚发达，总数为二六二二四，其中一二五一七为去年所组成。”①

当然，由政府主导的强制性合作组织的变迁也带来了一些负面的效果，如作为经济性质的合作运动与基层行政体制保甲制的变革相联结，利用合作组织对抗中国共产党在乡村的活动，合作运动政治化；合作社是在没有触动农村土地制度的前提下推行的，结果地主阶级利用自身经济与社会地位上的优势，把持合作社理事会与监事会，使合作社成为强势阶层牟利的工具。

三、废除苛捐杂税、减轻农民负担的思想与政策

有学者对1927—1936年中国的宏观税负作了研究，指出这10年中国的宏观税负并不高，各年依次为2.074%、2.186%、2.195%、2.45%、2.51%、2.52%、2.954%、3.6%、3.211%、3.49%。作者由此得出结论：“如果说1927—1936年的税收负担过于沉重，这种论断是不正确的。”② 美国学者费正清主编的《剑桥中华民国史》一书也认为，20世纪30年代中国中央与地方政府总支出“只占国民总产值的极小一部分，1931—1936年为3.2%～6.0%。”而同时期“美国可比较的数字是：1929年为8.2%，1933年为14.3%，1941年为19.7%”。③ 中国财政支出占国民总产值的

---

① 《总统　蒋公思想言论总集》第十四卷，中国国民党中央委员会党史委员会，1984年，第463页。

② 赵新安：《1927—1936年中国宏观税负的实证分析》，《南开经济研究》，1999年第6期。

③ ［美］费正清：《剑桥中华民国史（第一部）》，上海人民出版社1991年版，第116页。

比例大大低于美国，一方面反映出中国作为农业大国，现代经济部门规模有限；另一方面也说明当时人们之所以感觉税收负担沉重，主要由于难以纳入正式统计口径的税外的各种名目繁多的“费”太多。

清末以来国家权力不断向乡村深入①，乡镇机构人员膨胀，公共权力不断扩张，而国家财权不断向中央集中，地方财权不断向省集中，乡镇公共财政经常处于入不敷出的状态中，导致地方苛政繁兴，摊派横行。这种摊派常以“田赋附加”或其他苛捐杂税的形式出现。名目繁多的田赋附加使工业化过程中本已日渐凋敝的中国农村经济陷入崩溃的边缘。大量研究表明，20世纪上半期，苛捐杂税造成农民负担沉重，成为乡村不安定的一个十分重要的因素和农村社会长期动荡的根源。

作为执政党领导人的蒋介石对于当时农民沉重的苛捐杂税负担是有所了解并试图加以改变的，“要尽量采访农民之意见，与深切察知农村之疾苦所在之点，研究改良与设法解除之”。② 他认为中国农业发展迟缓的根本原因有两个：一是缺乏现代农业原料与农业技术，二是中国农民的负担过重，并且认为后一种原因“使整个的我国农业机构大为削弱”，因此制

① 南京国民政府成立后试图建立一个从中央直接统到基层的金字塔式的巨型官僚机构，县以下的国家政权建设得到空前强化。1928年9月，国民政府第一次公布的《县组织法》规定县以下的组织依次为区、村（里）、闾、邻四级。1929年6月，国民政府又颁布了一个新的《县组织法》，将村里改为乡镇。各级的具体划分是：5户为邻，25户为闾，100户以上为乡（镇），20~50个乡镇组成一区。

②《总统 蒋公思想言论总集》第三十卷，中国国民党中央委员会党史委员会，1984年，第216页。

定了一些政策以纠正这种现象。

1928 年 10 月国民政府颁布《限制田赋令》，规定田赋附税不得超过正税，正附并计不得超过地价的 1%。1930 年 6 月又颁布了《土地法》，将租率最高限额定为土地收获量的 37.5%（此项规定也被称作三七五减租）。1932 年国民党第四届中央执行委员会第三次全体会议通过的《救济农村案》要求“逐步减轻农民之捐税，并严厉禁止各地政府及驻军、团防等之巧立名目，勒派捐税”。①

1933 年 5 月南京国民政府在行政院内组织成立了“农村复兴委员会”，调查全国各县市的地方捐税。蒋介石亲自参与“农村复兴委员会”的领导工作，与汪精卫、孙科、宋子文、孔祥熙等人一同出任该委员会的常委。10 月，蒋介石召开赣湘鄂豫皖冀浙苏沪粤十省市粮食会议，与会代表一致认为，田赋附加与苛捐杂税是导致粮食生产萧条的主要原因，会议最后形成了《限制田赋附加，裁废苛捐杂税》的决议。1936 年 10 月蒋介石在一次讲话中总结国民政府废除苛捐杂税的成绩时指出：“一九三四年政府遂下令不再增加田赋附捐，以后并迭令取消苛杂，截至今日，已取消者有五千余种，每年减轻人们负担达五千万元之巨。”②

农村苛捐杂税沉重的根本原因在于基层政权财权与事权的不匹配。中国历史上是一个中央集权国家，财权集中于中央，全国一切财政收支，原则上都是以中央的名义进行的。清末民

① 荣孟源：《国民党历次代表大会及全会资料》（下），光明日报出版社 1985 年版，第 182 页。

② 《总统　蒋公思想言论总集》第十四卷，中国国民党中央委员会党史委员会，1984 年，第 462 页。

初的中央与地方的财政分权改革，财权仅下放到省一级，县、乡没有独立的财政收入。正是基于这个原因，1934 年 1 月国民党第四届中央执行委员会第四次全体会议通过的《减轻田赋附加以救济农村解除民困案》要求行政院“确定县地方预算，将全县一切经常临时收支各款，无论县府各机关，以及区、乡、公所经收经付，均一律编刊概算，经县审查后，报请省府严加审核”。① 根据这个决议案的精神，国民政府于 1935 年召开了第二次全国财政会议，主题就是通过财政制度改革解决农村苛捐杂税的问题。这次会议将全国财政系统由过去的中央与地方二级制改为中央、省、县（市）三级制，将税源在中央、省、县之间进行分配，提高县（市）地方政府地位，中央、省、县各有其固定收入，省与县（市）收入划分依照税种分别归属，彼此不得附加。该法规还规定，省、县财政分权后，县（市）区乡镇财政合为一体，不再划分。过去县、区、乡（镇）之临时摊派极为普遍，财政单位越多，其紊乱情形愈甚，县与区乡镇财政合一，始有统筹整理的可能。这次会议通过了《整理田赋减轻附加废除苛捐杂税计划案》和《减轻各省县田赋附加地方费用不足由中央另筹抵补案》等法案，规定对田赋永不再附加，以前附加的各项税捐，也分期减除，并且废除一切苛捐杂税。由于不久便发生全面抗日战争，国民政府原准备在 1938 年施行的建立国家、省、县三级财政体制的《财政收支系统法》被迫搁置，未能施行。

抗日战争爆发后，鉴于后方农村金融枯竭，农民在高利贷和各种苛捐杂税压榨下贫苦不堪，国民政府大力建设农村金融

① 荣孟源：《国民党历次代表大会及全会资料》（下），光明日报出版社 1985 年版，第 232 页。

体系，国家金融机构通过各省县合作金库对农村信用合作社进行政策性注资，以体现扶助农民、减轻农民负担的政策意图。由于政府的支持，农民向合作社贷款的成本只是其他形式贷款的成本的一半左右，见表4.1。

表4.1　**农村借款来源利息负担（1938—1947年）**

年份	借款农家占总农家（%）	借款月利率（%）					
		信用	保证	抵押	合会	合作社	私人
1938	59	2.1	2.2	2.3	2.0	1.2	2.7
1939	55	2.0	2.3	2.3	2.0	1.2	2.9
1940	50	1.9	2.1	2.1	1.9	1.2	2.6
1941	51	1.8	2.1	2.1	2.0	1.2	2.8
1942	55	2.0	2.3	2.3	2.3	1.3	3.1
1943	61	2.6	3.0	3.0	2.9	1.5	4.6
1944	59	4.6	5.2	5.2	4.9	2.8	7.6
1945	57	7.8	8.8	8.8	8.8	3.5	11.1
1946	54	7.4	8.5	8.5	8.1	4.1	11.0
1947	57	9.8	10.5	10.5	10.4	5.6	13.6

资料来源：参见赖建成：《近代中国的合作经济运动——社会经济史的分析》，大学联合出版委员会1990年版，第121页。

针对抗日战争时期负担不均的现象，蒋介石主张增加富裕阶层的负担，减轻社会底层的负担：“在此抗战时期，我们决不能使一般富有的人不出钱，而反使一般穷乏的大众，来负担国家的经费，这是最不公平的一件事，今后必须切实改正，以求国民负担的平均。”① 1947年3月国民党第六届中央执行委员会第三次全体会议通过的《农民运动实施纲要》检讨了农民政策，认为“本党执政以来，格于情势，未尝切实奉行（农民政策），遂致党之基础未能建立于农民群众”，会议要求“铲除贪污，严禁非法摊派”，“以减轻农民所受之痛苦”。②会议同时还提出了发展农村教育和增进农民福利的各项举措，如普及农村义务教育和补习教育，发展农民职业教育，改进农村救灾、安老、恤贫、育幼等设施，普设农村卫生机构，举办农民体育与正当娱乐活动等。

但由于当时中国作为农业国，在战乱环境下，为了应付庞大的战费和地方行政的开支，国家财政不能不主要取自农村，结果农民负担问题不仅没有减轻，反而随着战争规模的逐渐扩大而愈来愈重。

四、蒋介石“三农”思想述评

中国现代学术界对于蒋介石思想和政策的研究往往视野狭窄、评论偏颇。正如著名的华裔历史学家黄仁宇所评述的：有关蒋介石的论著有的“写来唯恭必敬，读来有如新添了一部《二十七史》，内中又来了一篇《太祖本记》”，“有些人恣意批评，不顾及客观条件及各种背景上之层次。凡是‘贪污无能’、‘放弃群众，不知改革’和‘迷信军事力量’的各色罪名，说时也不费力，即可信口盘出，随手抛来。好像中国人聚

---

① 《总统　蒋公思想言论总集》第十八卷，中国国民党中央委员会党史委员会，1984年，第210页。

② 荣孟源：《国民党历次代表大会及全会资料》（下），光明日报出版社1985年版，第1113～1115页。

全国之精英，经营几十年，连门前一团秽水尚没有看到”。①蒋介石是中国经历几千年专制社会向近代民主社会过渡的大过渡时代的最高统治者，在他身上既因袭着沉重的历史包袱，又体系出现代化的追求。对于蒋介石大陆时期的“三农”思想与政策应该将其置于20世纪20—40年代中国的宏观历史背景中，从“大历史”的角度加以客观评析。

如上所述，蒋介石充分认识到了中国是一个农业大国，在国家现代化过程中必须解决农业、农村及农民问题。在农业发展方面，他着眼于农业与工业、农业与商业的关系，主张在保护私有产权的基础上通过“节富助贫”的方式实现耕者有其田，为工业化创造条件；在农村建设方面，他鉴于农村社会经济文化的落后，提出通过合作社组织发展农村经济，改造传统农业宗法社会结构；在农民问题上，他对当时农民因巨大的军费开支和沉重的地方公共费用支出遭受的苛捐杂税的压榨是有所关注的，并试图采取一系列政策措施以减轻农民负担。他的“三农”思想既借鉴了中国作为农耕文明大国积累的经济思想文明成果和西方近代化过程中探索的解决农业、农村、农民问题的经验教训，又继承、发展了孙中山的相关思想，具有一定的合理价值。比如他的土地政策思想，既保护了私有产权，发挥了市场机制对土地资源配置的作用，又加入了政府干预的力量，使因社会进步带来的地价上涨的收益不为地主所独占，以实现社会公平。20世纪50年代台湾进行的比较成功的土地改革，许多方面都是在蒋介石在大陆作了构想而未能实施的土地政策思想的指导下展开的，正如亲历20世纪30—50年代大陆

① 黄仁宇：《从大历史的角度读蒋介石日记》，九州出版社2008年版，第3页。

和台湾土地改革的著名的土地问题专家萧铮所评价的：“台湾之‘三七五减租’实即为大陆战时所推行的‘二五减租’。台湾之‘耕者有其田’与大陆战时所提倡之扶植自耕农，亦为同一实质而异其名。”①

但是，中国“三农”问题的复杂性、艰巨性在中外历史上都是罕见的，需要一个相当长的历史过程才能逐步解决，不可能一蹴而就。民国时期，中国经历了历史上规模最大的反侵略战争和内战，国家一直处于动荡之中，没有条件全面实施“三农”政策、解决“三农”问题，所以，蒋介石的“三农”思想和政策大多没有得到真正贯彻执行。加之蒋介石一直把巩固政权、消除异己视为最紧迫的任务，有些“三农”政策的实施也存在泛政治化倾向，影响了政策实施的效果，如合作这套源自西欧的民间自助性的经济结社，它“是契约社会中商品生产者为市场竞争中的共同利益而在产、供、销等各领域或信贷、科技、机械服务等方面形成的联营组织。它的前提便是要有商品生产者自由个性的觉醒、经济理性的成熟，作为契约主体的独立人格（包括法人人格）的存在以及社会交换关系的发达”。② 合作社被国民政府有计划地移植到中国后，转而成为由上而下推动，当作改良社会的工具，由政府计划一切，作为合作主体的农民反而意愿不高。可见，农村合作制度强制性变迁的优点是可以缩短制度创新的时滞，加快制度创新的步伐，其不足是容易使制度创新主体（农民）对制度创新客体

① 萧铮主编：《中国地政研究所丛刊：民国二十年代中国大陆土地问题资料·总序》，成文出版社有限公司1977年版。

② 武力、郑有贵主编：《解决“三农”问题之路——中国共产党“三农”思想政策史》，中国经济出版社2004年版，第45页。

(合作组织)产生排异反应，使新制度的移植出现南橘北枳的现象。

“三农”问题的核心问题是农民问题，对此蒋介石有所认识，并针对农民的苛捐杂税问题采取了一定的治理对策。他一向自诩出生农村、了解农民，他曾说“我一生的事业，完全是以农村生活做基础，假使我是生在都市，绝没有现在这样。因为生于乡村，对于农民的情形，人们的痛苦，都能知道”。①但由于阶级和时代的局限，他既没有真正解决农民的负担问题，更没有认真解决农民的土地问题，实现耕者有其田。因此他所领导的南京国民政府失去了占中国人口绝大多数的农民的支持，并导致其政权无可挽回的彻底失败，这可能是蒋介石所始料未及的。

第二节　孔祥熙的“三农”思想

孔祥熙，山西人，1880 年出生于一个金融富商家庭，1901 年赴美留学，1907 年获耶鲁大学理化硕士学位。在留学期间，与孙中山先生相识，深受其三民主义思想的影响，遂追随孙中山先生。1926 年冬，孔祥熙接任广东省财政厅厅长，支持北伐战争。南京国民政府成立后，他历任工商部长、实业部长、财政部长、国民政府委员、中央银行总裁、行政院院长等职务。作为国民政府的重要官员之一，孔祥熙的经济思想在中国近代史上产生了重要的影响，其“三农”思想对中国的农民、农村、农业发展也有过积极的作用。

---

①《总统　蒋公思想言论总集》第十卷，中国国民党中央委员会党史委员会，1984 年，第 674 页。

孔祥熙“三农”思想的理论来源仍然是孙中山先生的三民主义。在他担任各种要职期间，结合中国农村的实际情况和执政之需要，形成了一些独到的观点和思想，并制定了相关的政策和法规。

一、高度重视“三农”问题

孔祥熙高度重视中国的农民、农村和农业问题，并在自己的执政生涯中，提出了一些减轻农民负担、促进农业发展、改善农村状况的政策与思想。

1928年，孔祥熙在担任工商部长时，提出“工商之源，多出于农林蚕牧”，并表示，“渴望（中国）农业之进步，未敢后于人”。①

1930年，他在改任实业部长后，强调说：“近世各国，虽有农业国与工业国之分，然其国人口众多，幅员辽阔，物产富饶，能以本国之生产，供其食品与原料者，无不以农业为基础，而徐图工业之繁荣。欧美各邦，尚且如此，况在中国之以农立国乎？惟中国虽以地大物博著称，而考其现状，则国内各处，荒地满目，饿殍载途，农村经济，日趋疲敝，而粮食之入超，岁且至数千万元，如欲改进民生，自以发展农业为最重要之策。”②

1933年，他担任财政部长时，又强调“万物皆由土中生长，中国以农立国，农民倘得生机，工商业自可趋于繁荣，国家经济发展之前途，实系于此”；“关于救济农村，我政府向

① 孔祥熙：《山西农业计划》草案序》，《工商公报》，1928年第1卷第1期。

② 孔祥熙：《约法中国民生计之要义》，《中央周报》，第160期。

甚注意，曾在行政院设农村复兴委员会，研究办法”①；“我国以农立国，农民占人口百分之八十，农业不振，则整个经济因而衰败”②；“中国以农立国，非先救济凋敝破碎之农村，不足以苏民困而厚民生”。③ 他不仅重视农业和农村的发展，而且关注中国农民的生活，将农民、农村、农业发展联系起来，甚至与工商业的发展联系起来，“惟社会经济，日就凋残，农民因谷贱税重，勤劳所入，不足资生……欲图农村之复兴，市场之繁荣，必先使人民能安居乐业。……财政方面，丞宜亏减人民之负担，以期其所受之痛苦，得以逐渐解除”④；“要使人民安居乐业，必先谋复兴农村，然后徐图恢复元气，则工商业亦能随之发达”。

在1934年第二次全国财政会议开幕式上，他提出中国财政经济之治理，端绪较多，但特别需要注意的问题有十四项，其中有三项涉及“三农”：

一是减轻田赋附加。“历年租赋加重，在各省市地方举办新政，用途重要，原有不得已之苦衷，中央固所深悉，惟揆诸民力，实已不胜，奋然革除，实同壮士之断腕。盖减免附加，以苏民困，虽于地方收入有损，而整顿税收，开发生产，培养税源诸端，敬能切实行之，以增加收入，未始不足以资抵补

① 刘振东:《孔庸之（祥熙）先生演讲集》，台湾文海出版社1972年版，第443页。

② 孔祥熙:《财政会议与救济农村》，《中央纪念周报》，1933年6月4日。

③ 刘振东:《孔庸之（祥熙）先生演讲集》，台湾文海出版社1972年版，序第3页。

④ 刘振东:《孔庸之（祥熙）先生演讲集》，台湾文海出版社1972年版，第159页。

也”。所以，“田赋之整理，负担之平均，地方预算之确定，税源之开辟，币制之改革，尤为当务之急，有待于集思广益，悉心规划”。①

二是废除苛捐杂税。“欲增加国家收入，必先培养民力，欲培养民力，又非废除苛杂不为功”。②

三是发展农业，拯救农村经济。孔祥熙提出“中国立国以农为本，现在农村经济已濒破产，应如何设法救济，以辅助农民增加生产，而谋农业之复兴，富源之开拓乃当今需重要关注者”。③

孔祥熙不仅认识到农业是国民经济的基础，为人类提供赖以生存的物品，而且认识到农业是工商业赖以发展的源泉和前提，为工业发展提供大量的原料；不仅认识到农业在和平时期的重要作用，而且认识到农业在战争时期的特殊地位和作用，这在他战时的“三农”政策中体现得淋漓尽致；不仅在思想上对中国的“三农”问题有深刻的认识，而且还利用自己的政治地位，制定和推行了一系列有关“三农”的政策与措施。

二、“三农”政策与举措

孔祥熙1933年发表了一篇题为《财政会议与救济农村》的演讲，他指出中国农村经济已濒临破产，欲言救济，必先觅其原因。文中，他首先分析了中国农村破产的原因，总体而言

---

① 刘振东：《孔庸之（祥熙）先生演讲集》，台湾文海出版社1972年版，第161页。

② 刘振东：《孔庸之（祥熙）先生演讲集》，台湾文海出版社1972年版，第182页。

③ 刘振东：《孔庸之（祥熙）先生演讲集》，台湾文海出版社1972年版，第160页。

是“在生产方面者少，而在分配方面者多”。① 具体原因则有三个：一是农产品价格下降，其他产品价格上涨，导致农民生活贫困；二是大量资金由农村流入城市，使农村缺乏经费无从发展，故而农村经济崩溃；三是繁重的苛捐杂税加重了农民的负担。在分析了中国农村经济破产的原因后，他提出了拯救农民、发展农业、救济农村的政策与措施。

（一）整理田赋，减轻附加，废除苛杂

孔祥熙在《救济中国经济危机》的报告中谈到农民负担过重的情况时说：“中国现在的农民负担实在也太重了……裁厘之后，没有适当的替代税，地方当局遂增加田赋附加，以为弥补。现在合计此种附加，有三千余种。厘金征收取诸全民，田赋增加则全部责诸农民负担。以至农民负担日益加重，不但凶岁不免于死亡，即丰收之年，也因税捐重重，不克安身。”为此，孔祥熙提出“整理田赋，减轻附加”这一政策，并详细地论述了具体的操作方法：“整理田赋，首重清丈，惟就目前人才及财力而论，丈之一字，殊不易行。举办土地陈报，暂从清字做起，则较轻而易举。当经议决土地陈报纲要，对于手续，力取简单，陈报验契，概不收费。其和平占有之土地经四邻之证明，承认其产权，并让地方当局事先向农民详加导说，不许妄事强迫，俾将田亩之实数，逐渐清出。正当之田赋税收，即可自然增加，浮滥之病民附加，自可随之减免。近年以来，各省田赋附加，有增无减，农民受害甚深，亦经议决办法，由各省市分期递减，并由部具呈行政院转呈国府明令公布，今后不准再增附加。”针对名目繁多的苛捐杂税，也“经

① 刘振东：《孔庸之（祥熙）先生演讲集》，台湾文海出版社 1972 年版，第 445 页。

议决，由地方政府斟情酌形，分别缓急先后，逐一废除，并由中央及地方各组监理机关加以督促。一面又确立地方预算，划分省县地方税费，并改进各项税捐统一征收方法”。①

（二）粮食统制政策

由于农产品价格下降而其他物品价格上涨，“农民既因谷贱而所入减少，而支出方面，则反增多”，所以要调节粮食运销，孔祥熙采用的办法就是粮食统制政策。孔祥熙就任实业部长之初，首先提高粮、米的进口关税，以抑制粮食进口从而提高国内粮价，但这一办法的效果不太显著。于是，孔祥熙又提出由政府制定粮食平价法，随时依法酌定官价，遇贵抑制，遇贱提高。另外，他还提出由政府设囤的办法，粮贱时购入，粮贵时售出，从而调剂粮食供求与价格，以稳定农民的收入及生活。这种粮食统制政策同我国汉代的平准均输以及隋唐的常平仓、社仓、义仓制度有相近之处。

（三）整理农村税制

孔祥熙认为农产品销路滞涩也是农村经济衰落的一个原因，因此提出“救济农村最重要之办法，莫急于税制之整理”。具体办法是减免农产品的出口关税。1934年，身为财政部长的孔祥熙决定，在山东，对花生米、花生油等，减少出口税十分之六，免除转口税；将干鲜鸡卵等物品的出口税率减轻；出口面粉的，给予退税政策等。正是由于对出口农产品实行减税，市场大有起色，农村经济也有所复苏。

（四）改良农村金融制度

孔祥熙认为我国农业落后、农民贫困的另一原因是金融问

---

① 刘振东：《孔庸之（祥熙）先生演讲集》，台湾文海出版社1972年版，第444页。

题，于是提出要改良农村金融制度。他说，“目前我国金融之畸形状况，前已言入，地方既缺乏良好金融机关，乡村金融，遂为豪强高利贷所把持。农民每因债主之强力盘剥，急不能待，贱售其辛劳所获之农产品，而致于破产。……故救济农村金融，甚为重要，实不亚于赋税之整理”。① 而具体的做法，一是积极提倡农村金融合作社；二是鼓励金融界深入内地市镇，设立农工银行；三是实行低利借贷及农村信用抵押借款，以解农民对资金之所需。

（五）战时农业政策

抗战时期，中国在经济上是困难重重，为能“地尽其利，物尽其用，货畅其流”，各项事业充分发挥效能以应战时之需要，作为政府要员之一的孔祥熙提出了“推进农业以增生产”的战时农业政策。他说：“吾国以农立国，农业生产实为一切生产之基础。在此非常时期，前方抗战所需，后方生活所资，均将取给于此。是以农民农事，在经济上之地位，较平时尤为重要。”② 增进生产的具体措施如下：

一是稳定农民生活。“农民为直接生产者，必先使生活安定，庶可提高其生产之效率。是以各地农村之秩序，必须尽力维持。且为培养农村，毋害农事起见，各地方办理征兵征工，均当力避苛扰，使安耕种。要以前方作战与后方生产相辅并进不相妨害为主旨”。③

---

① 刘振东：《孔庸之（祥熙）先生演讲集》，台湾文海出版社 1972 年版，第 447 页。

② 刘振东：《孔庸之（祥熙）先生演讲集》，台湾文海出版社 1972 年版，第 460 页。

③ 刘振东：《孔庸之（祥熙）先生演讲集》，台湾文海出版社 1972 年版，第 460 页。

二是调剂农产品供求。“农业生产之数量与各地方需要之数量，往往因天时地利关系并不相符，故产量特多之区域应选定地点，设立仓库，妥为积储，更应设法调剂，使甲地之羡余，得以补乙地之不足。……凡本国农产如粮食、棉花、桐油、茶叶、蚕丝、羊毛等类，政府均当促进运销，内以接济各地之用途，外以分销于欧美”。①

三是健全农村合作组织。由于资金缺乏，农民的生产难免受到影响。为了促进战时农业生产，政府高度重视农村的金融问题，而“救济方法，尤重在健全农村合作之组织，以利农产品之生产，抵押及保证，并在农业中心区域，多设合作金库，举办农业生产贷款，由政府责成主管机关，运用政府所拨资金，积极进行，并利用各地仓库为农产之储押，使农村经济益形活动”。②

四是改进土地分配问题。“农村土地问题之根本解决，当依照本党平均地权政策，使耕者有其田，劳者得食。在此抗战时期，固不宜操之过急，亦须积极施行，稳健推进。兹拟在陕北各县，试行赎土归佃，平均耕地，使农民各得其田。地主逐渐收回其地价，以投资于生产事业。在江西省内，亦拟试行分配农田，一俟办有成效，再行酌察情形，相机推广”。③ 所谓“赎土归佃”，就是由农民出钱向地主买田。孔祥熙提出在陕北和江西试行，而陕北靠近共产党中央的所在地，江西也是原

① 刘振东：《孔庸之（祥熙）先生演讲集》，台湾文海出版社 1972 年版，第 461 页。

② 刘振东：《孔庸之（祥熙）先生演讲集》，台湾文海出版社 1972 年版，第 461 页。

③ 刘振东：《孔庸之（祥熙）先生演讲集》，台湾文海出版社 1972 年版，第 461 页。

来的中央苏区所在地，所以，这种看似有效的土地分配办法在抗战时期却根本不可能试行。

此外，为贯彻实行“推进农业以增生产”的战时农业政策，孔祥熙还提出了整顿水利、开辟荒地、填塞池沼、推广造林、增加副产等主张。

（六）其他“三农”思想

为救济中国农村，孔祥熙还提出了增加农村生产力量，健全农村团体生活，普及农民教育等重要政策思想。孔祥熙自幼目睹了农业的落后和农民的疾苦，所以非常重视农业教育问题。1907 年学成归国后，他在家乡山西太谷创办了“铭贤学堂”，学堂设农科、工科教育，开展以农民、农业和农村为对象的教学和科研工作。1936 年，该学校还成立了乡村服务部，开展以农民为服务对象的农村工作。铭贤学堂的农科教育，在 20 世纪初，是孔祥熙农业教育思想的一个最耀眼的亮点。

三、孔祥熙“三农”思想述评

对于孔祥熙“整理田赋，减轻附加，废除苛杂”的政策主张，有学者认为这并非出于关心农民生活，如严清华教授曾写道：“这个观点绝不是什么‘发现天良以苏民困’，而是属于迫不得已。坐视农村经济的凋敝和土地革命的蔓延，有可能使国民党政权失去‘垂绝之生机’。征收作为地方本位财源的田赋附加及其他捐税，就能削弱地方割据政权的经济实力，加强国民党对全国的独裁统治。废除对中央财政影响不大的诸项苛捐杂税，而以抵补为名开征新税，使中央财政收入不减反增。这才是孔祥熙作为国民政府重要官员主张‘理财要顾全民力，不可竭泽而渔’且‘要注意民心向背’的真正动机。”①

还有学者认为，孔祥熙的思想“形似重农，实是坑农”。因为随着抗战的持续，国民党政府消极抗日、积极反共、反人民的本质日益暴露，其“重农、爱农”的本来面目也显露出来。虽然取消了一些苛捐杂税，但是又增设了各种新的税种，扩大货物税的范围，横征暴敛，使得民不聊生，怨声载道。政府机关及大小官员也乘机贪污腐化，中饱私囊，搜刮民脂民膏，造成农民生活日益贫困。而且在抗战时期推行田赋征实，使得乡绅、地主想方设法通过加租加押等手段，把赋税负担尽可能地转嫁到佃农身上，无疑加重了农民的负担。②

诚然，作为国民党政府的高官要员之一，孔祥熙的政策主张难免出于巩固国民党政权的考虑，但是，我们也应该看到他的一些政策对当时中国农民、农村和农业的发展起到了一定的积极作用。

如前文所讲，孔祥熙留学归国后即创办了铭贤学堂，开设农科教育，进行农业技术改良，培育了许多优良的农作物，大大推动了农业生产力的发展，也增加了农民的收入，改善了农民的生活，推动了农村社会进步。铭贤学堂在 1937 年被改为高等农工专科学校，首开山西农业高等教育先河。孔祥熙还利用自己在中外广泛的社会关系，为学校筹措资金，使山西农业教育走在全国前列，至今，山西农业大学还延续并发展了当时

---

① 严清华、杜长征：《孔祥熙经济思想初探》，《山西财经大学学报》，2002 年第 8 期。

② 常平凡、武英耀、冉维龙：《孔祥熙农业思想评说》，《山西农业大学学报》，2003 年第 3 期。

的农、林、牧、经等学科，尤其是知识传授与技术训练并重、理论教学和生产实践相结合的办学思想，对今天的农业高等教育仍有重要的参考意义。

另外，孔祥熙当时提出整理田赋、减轻附加、废除苛杂等政策，虽然从主观上是为了维护国民党的政权，但是，在客观上也确实起到了“稍苏民困”的作用。据统计，自孔祥熙于1934年召开财政会议提出减轻附加、废除苛杂等政策后，到1938年，就废除各种苛捐杂税5000余种，废除税款6000万元，这在一定程度上改善了农民的生活，农业和农村经济也得到了一定的恢复和发展。只是到了抗战时期，为了筹措战时经费，当然，也是为了自己所代表的利益集团的利益，孔祥熙的新农业政策对国民财富进行搜刮，使之走到了人民的对立面。

孔祥熙是民国时期著名的财经高官之一，民国史上若干重大的财政经济政策和制度都与他有密不可分的关系，其思想主张也与其政治立场是不可分割的。因此，对孔祥熙的“三农”思想与政策进行评析，一定要将之置于当时的时代背景之下，结合他作为国民政府要员的身份来进行。

第三节　阎锡山的“三农”思想

民国时期，中国虽然形式上实现了政治统一，但从清末以来形成的地方实力派一直具有相当的影响力。特别是民国初年，长达10余年的军阀混战给南京国民政府留下的政治遗产使南京国民政府地方实力派的影响一直持续到南京国民政府的崩溃。地方实力派中也不乏有文化素养和政治抱负的人士，他们在控制一方大权的情形下，也试图顺应时代潮流，有所作为。他们中的有些人士面对处于倒悬的中国农村经济，提出了不同于中央政府的解决“三农”问题的对策，其中阎锡山①的村制思想和“土地村公有”的农业社会主义思想最为典型。

阎锡山比较早就重视乡村建设和农村的土地问题。早在北洋政府时期，他就开始改革村治，推行“六政三要”政策。“六政”是提倡水利、种树、蚕桑、禁烟、天足、剪发，“三要”是种棉、造林、发展畜牧。为了实现他提出的农村改革设想，阎锡山主张实行“村本政治”，即以村为政治本位，设立村长、村副和村公所，每一村管300户，设若干闾，每闾五邻，每邻五户，闾有闾长，邻有邻长。以村、闾、邻的公共力量，推进农村建设。为便于村治的贯彻实施，阎锡山组织了“行政人员训练所”，以培训村治人才，还编印《人民须知》广为散发，接着进行户口调查具体实施编村制度。

1930年，阎锡山在败居大连期间，组织了“新村制度研究会”，专门研讨经济制度问题，新村制度的实质就是解决土地问题，他提出了“土地村公有”的基本设想，即“土地公有私种，凡属农民生则自种，死则归公”。②

20世纪30年代，中国共产党领导的农村土地革命斗争如火如荼地发展起来，“打土豪、分田地”的口号从南方传到北方，特别是毛泽东领导工农红军到达陕北前后，长期割据山西的土皇帝阎锡山惊恐共产党的势力蔓延到仅有一河之隔的三晋

---

① 阎锡山（1883—1960），字百川，山西五台人。日本士官学校毕业。1911年辛亥革命时任山西都督，从此长期盘踞山西，依违于北洋军阀皖、直、奉三系之间，投机自保。1927年9月起，投入国民党集团。1930年，与冯玉祥等出兵反对蒋介石，失败后逃大连。1931年又被蒋介石任为太原绥靖主任。1949年后去台湾。

② 李三谋、张鸿宾：《阎锡山的“土地村公有”》，《古今农业》，2006年第3期。

地方。为了抵制革命，他在积极推行“军事防共”、“政治防共”政策的同时，还借鉴《易经》的穷变通久之说，在经济方面创造出一套特殊的应世之说，即以变应变，以变制变，以己先变克人后变。他针对共产党的土地革命，在原有思想的基础上搞了一套“土地村公有”的农业社会主义方案，并于1935年9月23日向南京国民政府呈送了《土地村公有办法大纲及说明》，要求国民政府准许他在山西试办土地公有制。他在给国民政府的请示报告中指出，“窃查陕北二十三县，赤匪猖獗，势若燎原，大军围剿，纵挫其势而不能除其根……惟予以解决土地问题，为防共釜底抽薪之根本方法”①；“土地问题解决，将共产党造乱的空隙弥补；将摧毁现社会的爆炸弹消除”。②

因此，阎锡山的“三农”思想可以概括为两个方面，一是村制思想，二是土地村公有思想。

一、村制思想

阎锡山早年曾经是追随孙中山、富有政治革新精神的革命军人，他对帝制时代的腐败政治十分厌恶，在孙中山的激励下，其政治革新意识也逐步增强。1917年9月，他被正式任命为山西省省长之后，更是大张旗鼓地开展其“新政”运动，制定了一系列政策措施，并形成了较为完善的村制思想。

阎锡山首先将村制确定为一种行政制度，并且指出这种新

① 李三谋、张鸿宾：《阎锡山的“土地村公有”》，《古今农业》，2006年第3期。

② 阎锡山：《土地村公有办法大纲及说明》，选自蔡尚思《中国现代思想史资料简编》，浙江人民出版社1986年版，第819页。

型的乡村制度应该按以下三方面进行建设：一是以编村为乡村行政单位。他在山西首先实行编村，规定每编村人口不少于100户，不足100户者，即联合邻村编成一编村，编村后以户口数多者为主村，以户口数少者为联合村，由此确立了山西村制的基础，这样也便于行政管理。二是裁定村的行政人员。根据各村人数的多少确定村长和副村长职数，并明确规定各职位的任职条件和工作任务。三是实行村财务公开。财务规则规定村长才领薪金，副村长作为名誉职，不能支薪金，但是公务则可以支用办公经费；而且各项公杂费由全体村民摊认支付，“并按月宣示，以昭公实”。

阎锡山对于村制的上述规定统一了山西各地的乡村制度，确立了以村为本的基层行政新体制。但是，也带来如村长滥用职权、村财务公开成为一纸空文等问题。当时的《山西日报》就曾报道：太原县嘉节村村长刘鸿寿，“非惟对于一切应办事宜置之不理，并蓄意摧残”，而且还“巧立名目，按亩摊捐，除中饱外尽用之演剧赛会等事”。① 徐沟县庄子村村长阎耀元，在任村长的两年期间，“凡事只图利己，不顾损人，每年每亩摊派甚巨，恣意挥霍，村人多不敢过问。人民负担无力，愁苦之声，喧溢里巷”。②

阎锡山在各地普遍实行村制之后，又开始推动村制由行政制度向自治制度的转变，因为在他看来，六政三事办好，在行政上，“不过是收一部分或若干之效果。若欲收满盘的效果，

① 转引自李德芳：《民国乡村自治问题研究》，人民出版社2001年版，第48页。

② 转引自李德芳：《民国乡村自治问题研究》，人民出版社2001年版，第48页。

则非施行自治与强迫教育不可”。① 为此，他提出了乡村自治思想，并且认为县区自治是以乡村自治为基础的，而要实行乡村自治，必须做好三个预备工作：用官力消除莠民、用民力救济穷乏、整理村范。只有完成上述三种工作后，方可实行乡村自治。为此，山西省于1920年3月颁布了《消除莠民规则》及《抚恤穷乏条例》，于1921年2月公布了《整理村范规则》，一系列规则的颁布与执行，标志着山西省的村制已经向村自治方面发展了。可是，1922年春以后，阎锡山却放弃了原来拟订的村自治计划，提出要“使村制组织完全，俨成有机活体，凡村中所能自了之事，即获自了之权”。② 为此，阎锡山提出了他的村政办法，具体包括五条：

一是整理村范，即官民协力消除村中的坏人。所谓坏人是指贩卖金丹洋烟者、吸食金丹洋烟者、窝娼者、窝赌及赌博者、盗窃者、平素好与人斗殴或持刀行凶者、壮年男子游手好闲者、家庭有残忍情形者、忤逆不孝者、儿童失学者。

二是组织村民会议。此为村制改进的最主要的标志，也是村民自治性质的体现。阎锡山对村民会议的重要性给予高度评价，他说：“村民者，村之主人也，一村之权，应归之一村之民，一村之民，应参与一村之政。代议乃后起之制，施之于村落则不宜。人心有公道之存，何患其程度之不足。况社会改造，非人民全体觉悟，何从起点，村会则觉悟之路也。旧日村制，虽有村闾邻长五十五万余人，究属少数，欲使全民练习参

① 山西政书编辑处：《山西现行政治纲要》，大国民印刷局1921年版，第14页。

② 山西村政处：《山西村政汇编》，呈文，第1页。

政能力，非实行村民会议不可。”①

三是议定村禁约，即约定一村之禁规。阎锡山认为，“禁约与村范相辅而行，以村范开其先，以禁约善其后，乃能持久而不敝。大凡自治这团体，均有自定之规章。兹之村约，义亦犹是”。②

四是成立息讼会，旨在调解村民间的讼争。

五是组织保卫团。

阎锡山的村政思想的形成有着深刻的时代背景。“五四”以后民主思想成为一股时代潮流，民主政治成为一种时代诉求。阎锡山自认为是孙中山先生的信徒，当然对民治主义表现出了极大的热情，为此提出“民主主义的村本政治”的口号。他说：“民主主义的村本政治，就是要人民自己办事的意思，也就是地方之大，人民之多，利害之切，非少数官吏所能了得下去。所以民治主义，又是全民主义。”③ 在这一思想的指导下，山西各地还增设了村监察委员会，旨在清查财政及举发执行人员之弊端。

阎锡山的村制思想的发展经历了三个阶段：最初的行政制度，转变为自治制度，再转变为民主主义的村政思想。尽管这一思想在实践中由于诸多社会因素的干扰而未能完全落到实处，但它具有现代化性质的乡村行政制度改革和村民自治模式，在民国乡村建设史上有其特殊地位。村治派代表人物吕振羽就认为，在阎锡山的指导下进行的山西村制改革开创了中国

---

① 山西村政处：《山西村政汇编》，呈文，第2页。

② 山西村政处：《山西村政汇编》，呈文，第2页。

③ 《民国十一年村政大事记》，《山西村政旬刊》，第1卷第22期，1928年9月1日。

下层政治重心之先河，其“可备训政之楷模，而为宪政之基础者”。① 当然，我们还应该看到，阎锡山作为国民政府的一名官员，其推行村制的根本目的在于加强政治统治，而不是为了实现真正的政治民主。因此，他一方面将民主制度限定在社会层面上，另一方面又在社会层面上继续维持封建土地制度，从而使村制原则与实践结果始终矛盾并从根本上相背离。

二、土地村公有思想

阎锡山的土地村公有思想是在村制思想的基础上建立的，其内容可以分为以下五个方面：

（1）由村公所发行无利公债，收买全村土地为村公有。公债由“产业保护税”、“不劳动税”、“利息所得税”、耕地收入的十分之一、非农收入者的“累进所得税”等摊还。

（2）人均分配土地。全村土地“以一人能耕之量为一份，划为若干份地，分给村籍农民耕作”。凡 18～58 岁的农民均有资格获得土地。如果本村土地数量太少，不敷村民耕作，则“由村公所为未得田地之人，另筹工作”；如果土地有余，则“移民耕种，以调剂他村之无地耕作者”。②

（3）土地的回收与重新分配。为了保障土地村公有的永续，必须实行土地的回收及重新分配的制度。该办法规定，农民有下列情形之一者，村公所必须收回农民领耕的土地：年满

① 吕振羽：《北方自治考察记》，《村治月刊》第 1 卷第 1 期，1929 年 3 月 15 日，第 6～8 页。

② 阎锡山：《土地村公有办法大纲及说明》，选自蔡尚思：《中国现代思想史资料简编》，浙江人民出版社 1986 年版，第 812 页。

58岁；死亡；改业；放弃耕作；迁移；犯罪被判决。村公所“按村中人口增加情形，土地改良状况，在适当期间将份地重行划分”。①

（4）土地的利用。为了保障土地的有效利用，该办法规定，“耕农因耕作力之减退，或田地之精密工作，或栽植特别费工之作物，应准使用雇农”。但所用的雇农必须是18～58岁的“其他耕农之有暇力及余力者”。另外，服兵役的耕农“在充当兵役期限内，其所领耕份地，应由本村耕农平均代耕”。②

（5）土地的负担及村级社会保障。领耕土地的农民不改变原来的土地负担标准，“耕农对省县地方负担，仍照旧征收田赋”。没有土地的“少者”和“老者”，由村公债支付生活费。如果不敷，“应由村另定抚养办法”。③

阎锡山还针对当时人们对于土地村公有的一些疑问作了说明，如土地村公有是否与土地国有相抵触，“是否有侵占国家主权之嫌”。阎锡山的回答是：“土地村公有，是分配使用问题，不是主权问题。即以主权而论，村属于县，县属于省，省属于国，主权在村，即是在国。如从主权之间接关系而言，则主权在国，国岂能离开村而处理土地；主权在村，村亦不能抗拒国家处理土地。国内固皆国土，国土皆是村土，归村有，有之事实始有着落。土地归国有，亦是分属于村，分归农种，实

① 阎锡山：《土地村公有办法大纲及说明》，选自蔡尚思：《中国现代思想史资料简编》，浙江人民出版社1986年版，第813页。

② 阎锡山：《土地村公有办法大纲及说明》，选自蔡尚思：《中国现代思想史资料简编》，浙江人民出版社1986年版，第812页。

③ 阎锡山：《土地村公有办法大纲及说明》，选自蔡尚思：《中国现代思想史资料简编》，浙江人民出版社1986年版，第813页。

际属于村而言国有，有之事实翻为落空。”① 可见，在阎锡山看来，土地村公有与土地国有并不矛盾，土地村公有实际是土地的使用权村有，而所有权仍属国家。阎锡山还认为土地村有与土地国有在实际分配的操作上更加简便，“归国有而分配，诚属难办，若归村有而分配，却极易为。一村的土地情形，村中人原即明白，不要调查不要清丈，亦比政府派陌生的人调查上几次为清楚。即使调查清丈要让村中人自办，不但花不了多少钱，也用不了多少时。而且清丈调查后，统计分配，固然好；即不清丈不调查，也未尝不能分配”。②

阎锡山请求南京国民政府尽快批准施行他的土地村公有的方案，并要求国民政府派出官员，驻晋监督。国民政府对阎锡山的土地村公有的方案逐款审查后，觉得土地所有权问题事关重大，不宜骤然全面颁行，故只批准在山西择县试办。阎锡山于1935年12月22日召开了“土地村公有实施研究讨论会”，决定在他的家乡晋西北的五台县试点。在五台县，由“土地村有实施研究会”组织各村公所调查当地的土地占有情况，将农田按照肥瘦程度划分等级，依等级高低定价。由于由地主富农把持的村公所对土地估价太高，比市场价格高出“半倍以上”，乡民大多反对。有的乡村在仔细调查核实后发现实有土地不敷分配，导致土地村公有方案的实施半途而废。特别是抗日战争爆发后，土地村公有之推行不得不停顿下来。③ 阎锡

① 阎锡山：《土地村公有办法大纲及说明》，选自蔡尚思：《中国现代思想史资料简编》，浙江人民出版社1986年版，第814页。

② 阎锡山：《土地村公有办法大纲及说明》，选自蔡尚思：《中国现代思想史资料简编》，浙江人民出版社1986年版，第815页。

③ 李三谋、张鸿宾：《阎锡山的“土地村公有”》，《古今农业》，2006年第3期。

山败退台湾前夕的1949年5月，他在总结土地村公有失败的原因时指出：“当时我即选择了3个县的7个村，作过‘真调查，假分配’的试验，惟因人民数千年私有观念太深，干部训练宣传等技术亦不成熟，且因收公在前分配在后，故75%左右的人民均表不快，遂即中止实行。”①

在“土地公有”的基础上，阎锡山进一步提出了“兵农合一”的构想。“兵农合一，就是把役龄壮丁，每三个人变成一个兵农互助小组……其中一个当常备兵，入营打仗受优待；其中两个当国民兵，在家种地或做工优待人……同时，当国民兵的，再与村中其他有劳动生产力的一至三人编成耕作小组，以国民兵为主耕人，其余为助耕人，每一耕作小组分配地一份，由耕作小组合伙经营耕种，按劳分配其劳动的产品”。②阎锡山将他的兵农合一比附中国历史上的井田制度，“我们中国古代就有井田制度，这制度实为历史上之至宝……大家应知井田不是个单纯不剥削的土地制度问题，实际上是个兵农合一，老享合一，收负合一，多方面的公道完善制度，今天的兵农合一，就是现代的井田”。③

“土地村公有”办法宣布后，在社会上引起了很大的反响。特别是阎锡山土地村公有矛头所指的中国共产党的理论家展开了对阎锡山土地方案的批判。中国共产党的著名理论家陈伯达写了有名的《阎锡山批判》，认为阎锡山所津津乐道的“土地公有”、“兵农合一”，其实质就是“把农民变小，把生

① 李二谋、张鸿宾：《阎锡山的“土地村公有”》，《古今农业》，2006年第3期。

② 续范亭：《阎锡山批判》，太岳新华书店1944年版，第31页。

③ 续范亭：《阎锡山批判》，太岳新华书店1944年版，第34页。

产变小”，“从恢复过去封建农奴制度的‘光荣’，去咒诅资本主义”，其危害是造成“农民独立的人格变成份地的人格了，农民的自由经济完全被取消了，这是超越古今极端反动的、军事的、官僚的国家农奴制度”。① 马克思主义经济学家孙冶方也撰文指出，“绥靖主任阎锡山是为‘防共’起见，为避免农民‘自下而上’来解决土地问题起见，才提出了‘土地村公有’的提案”，“但谁都知道，乡村公所是地主阶级的御用机关，所以阎锡山的土地村公有政策，也就是‘利用封建的政治机关’来执行的土地改革政策”。② 可见，中国共产党的理论工作者主要是处于政治立场，矛头主要指向土地村公有的政治属性，没有从经济的角度对其加以剖析，具有鲜明的时代性。

从经济的角度看，土地村公有以后，实现了耕者有其田，解决了土地兼并问题，废除了旧的封建土地所有制及封建剥削，具有社会改良的意义，与当时南京国民政府在全国推行的完全承认地主的土地所有权而不加以变革的政策相比也高出一筹。在阎锡山土地村公有制度下，农民实际上获得的是一种长达 40 年（18～58 岁）的永佃权，它类似于江南不少省份已流行了数百年的效率很高的永佃权制度。只不过，江南地区永佃权下的土地所有权属于私人地主，而阎锡山土地村公有制下的土地的所有权属于村公所——村公所通过赎买的办法从地主那里购买产权。应该说后者比前者更具有进步性，“这种土地使用权的半私有化，会给以后随着社会的发展而形成土地使用权

① 续范亭：《阎锡山批判》，太岳新华书店 1944 年版，第 32 页。

② 张家骧：《马克思主义经济学说在中国的传播、运用与发展》，河南人民出版社 1993 年版，第 317 页。

的资本化作铺垫——为其作准备，因为‘土地村公有’方案，已启动了以后新兴（先进）土地制度得以产生而所需要的思想积累的程序”。①

① 李三谋、张鸿宾：《阎锡山的“土地村公有”》，《古今农业》，2006年第3期。

第五章 中国共产党的“三农”思想

从历史发展的进程来看，“三农”问题一直就与中国共产党的使命与成败密切相关。由于中国是一个农业人口占大多数的大国，农民问题是中国共产党自成立之日起就面临着的一个重要而基本的问题。当时，中国处于半殖民地半封建社会，在帝国主义和封建主义的压迫下，内忧外患日益深重，中国共产党要领导革命取得胜利，就必须解决革命队伍问题。在经过了国共合作的失败及城市起义的失败后，中国共产党将革命的重心由城市转入农村，将农民发展为革命的主力军，依靠农民在农村建设根据地，开展农村包围城市的革命战争，最终推翻了三座大山，建立了新中国。

如果说，目前的“三农”问题是中国共产党执政需要解决的基本问题，那在民国时期则是中国共产党革命需要解决的基本问题。在革命时期，革命的性质、革命的主力军以及农民占人口的比重，都决定了只有解决好如何动员和领导农民的问题，才能取得民主革命的胜利，才能建立自己的政权。中国共产党既然领导革命取得了胜利，说明在革命时期很好地解决了中国的“三农”问题，我们研究其时的“三农”思想，总结中国共产党在解决“三农”问题上的历史经验，对于解决当前的“三农”问题有着重要的借鉴意义。

第一节 中国共产党的土地政策思想

农村土地政策的正确选择和设定，是中国革命胜利的必然要求，也是中国农村持续发展的重要制度保障。中国共产党以马克思主义的土地思想为指导，结合中国革命的实际创造性地运用和发展了马克思的土地思想。土地政策的实施也是中国共产党社会动员策略的成功，是中国共产党与中国国民党在20世纪20—40年代中国命运大决战中最终获胜的主要因素之一。

一、马克思主义经典作家的土地思想

马克思和恩格斯生活在资本主义已经有了充分发展的欧洲，当时西欧面临的最严重的经济问题不是土地问题，而是资本问题，因此马克思、恩格斯最关心资本问题，土地思想不是马、恩经济思想的核心。在马克思的名著《资本论》中并不考察土地所有制的各种历史形式，而只考察资本主义制度下的土地所有制。

社会主义的土地问题在莫尔的《乌托邦》中就已提出，莫尔的乌托邦岛土地的公有实质上就是远离尘世的岛国所有。19世纪中叶，英国的工联改良派领袖鲁克拉夫特力主土地的国家所有，要求将土地交给统一的公社实行大规模的耕种。英国的许多资产阶级经济学家如詹姆斯·穆勒、希尔迪奇等认为，只有农业资本家和农业工人才对土地享有权利，他们提出把地租作为赋税交给国家，将土地的收益权从地主手中转移到国家。

马克思正是在扬弃西方土地公有思想的基础上，提出了自己的土地思想。马克思认为土地国有，把地租转归国家，本来

是激进的资产阶级提出的土地主张，是用来加快资本主义发展的措施，无产阶级可以拿来利用，使之成为剥夺资产阶级土地私有权的措施。他认为“土地私有制的拥护者们——法学家、哲学家、政治经济学家……他们都花了不少精力用‘天然权力’来掩盖掠夺这一原始事实”，“掠夺给少数人造成了天然权力”，因此，“多数人就只得积聚足够的力量，来取得夺回他们被夺去的一切的天然权利”。① 马克思反对农民的土地私有制，认为“土地只能是国家的财产”。“土地国有化将使劳动和资本之间的关系彻底改变，归根到底将完全消灭工业和农业中的资本主义生产方式……阶级差别和特权将与它们赖以存在的经济基础一同消失。靠他人的劳动而生活将成为往事”。②

农民从地主那里夺回土地实行国有化后采取何种经营方式呢？马克思认为“在资产阶级掌握政权的情况下，实行土地国有化，并把土地分成小块出租给个人或工人协作社，只会造成他们之间的残酷竞争，引起地租的增长，从而给占有者提供了靠生产者为生的新的方便”。为了避免土地国有后的资本主义经营，必须采取“全国规模地经营农业”的计划化的农业经营方式，“把土地交给联合起来的农业劳动者”，使土地的耕种是在国家的监督下并为了国家的利益进行，“使社会仅仅听从一个生产者阶级的支配”，“生产者将按照共同的合理的计划自觉地从事社会劳动”。③

---

① 《马克思恩格斯选集》第二卷，人民出版社 1972 年版，第 451 页。

② 《马克思恩格斯选集》第二卷，人民出版社 1972 年版，第 454 页。

③ 《马克思恩格斯选集》第二卷，人民出版社 1972 年版，第 453 ~ 454 页。

二、中国早期社会主义土地思想

19 世纪末 20 世纪初在中国共产党成立以前，社会主义思想就开始通过各种管道进入中国。正是伴随着早期社会主义思想在中国的传播，社会主义土地思想也开始为国人所了解。

（一）社会主义土地思想的曙光初现

中国人对社会主义的了解始于 19 世纪 70 年代。1870 年底，为处理天津教案，清政府派大臣崇厚（1826—1893）率团出使法国，次年 1 月抵达马赛，先后在波尔多、凡尔赛等地逗留。3 月 17 日，代表团 24 岁的英文翻译张德彝奉命到巴黎为使团寻租住所，第二天，便爆发了著名的巴黎工人起义。接连两天，他身处事件中心地带，目睹起义进程，写下了“现在所知唯一的中国人写的巴黎公社目击记”。① 稍后，王韬（1828—1897）编撰、1873 年出版的《普法战纪》对巴黎公社作了描述，从一个侧面透露了巴黎公社的若干特征。如说巴黎公社“将其所有产业一概充公”，巴黎各乡间“欲行保甲，例各自管辖，赋税则由自征，徭役则由自供”。② 以上两人围绕巴黎公社的描述仅仅停留于表面，旨在“述奇”，不可能对巴黎公社有深刻的理解。但他们在马克思、恩格斯生活的时代，以中国人身份，及时注意到欧洲社会主义运动的这一重大事件，还是弥足珍贵的，并且无意中还透露了社会主义的若干经济特征和土地政策主张。

---

① 钟叔河：《巴黎公社的目击者——张德彝的〈随使法国记（三述奇）〉》，湖南人民出版社 1982 年版，第 7 页。

② 谈敏：《回溯历史——马克思主义经济学说在中国的传播前史》（上册），上海财经大学出版社 2008 年版，第 87 页。

近代著名的思想家梁启超（1873—1929）在介绍社会主义的土地政策思想方面开风气之先。他在1903年所作的《新大陆游记》中提到欧美社会主义土地尽归于国家，他认为，这种办法在中国“万不可行”。① 这可能是中国见诸文字的有关社会主义土地国有思想的最早记载。次年2月，梁启超发表《中国之社会主义》一文，在介绍马克思主义要旨时指出：“社会主义者，近百年来世纪之特产物也。隐括其最要之义，不过曰土地归公，资本归公，专以劳力为百物价值之原泉。麦喀士曰：‘现今之经济社会，实少数人掠夺多数人之土地，而组成之者也。’”②

1903年10月和11月创刊于日本东京的《浙江潮》第8、9期发表署名“大我”的《新社会之理论》一文。作者将当时流传日本的有关共产主义理论的著述，摘取若干内容，转述成自己的理解，从经济理论的角度介绍西方共产主义原理。其中关于农业和土地问题他指出，劳动者贫困的根源在于地主对生产资料的垄断，地主“坐而攫其利”的不劳而获，是“盗贼”行为。所以要废除土地私有制“而归于国有”。③

康有为受西方社会主义思潮影响于1901—1902年完成的《大同书》在农业方面主张“举天下之田地皆为公有，人无得私有而私买卖之”。政府设立各级农业机构管理天下农田，每年汇总各地农业生产情况。农业收成后，各地小政府统计其管

① 谈敏：《回溯历史——马克思主义经济学说在中国的传播前史》(上册)，上海财经大学出版社2008年版，第87页。

② 谈敏：《回溯历史——马克思主义经济学说在中国的传播前史》(上册)，上海财经大学出版社2008年版，第153页。

③ 谈敏：《回溯历史——马克思主义经济学说在中国的传播前史》(上册)，上海财经大学出版社2008年版，第177～179页。

辖区内的需求，截留若干，其余归之公政府，公政府“合收全球之农产而均输于各地，以所有易所无，以有余补不足”。《大同书》既受到中国传统大同思想的影响，又与西方社会主义特别是空想社会主义思潮相关联，他所描绘的农业社会主义图景对中国社会主义农业现代化产生了一定的影响。①

（二）20世纪初资产阶级革命派的土地国有论

随着社会主义土地政策思潮在中国的传播，中国思想界在辛亥革命前围绕土地国有问题爆发了一场激烈论战。论战双方壁垒分明，以孙中山为首的革命派主张土地国有，而以康有为、梁启超为首的改良派主张土地私有。虽然这场论战是在资产阶级阵营展开，但论战的内容与社会主义土地思想密切相关，特别是其中争论的土地国有问题。资产阶级革命派虽然对于土地问题的看法存在分歧，但都将国家社会主义（或叫民生社会主义）的纲领主要归结为土地问题，倡导土地国有或平均地权。

资产阶级革命派主张土地国有，其论据主要有二：

第一，土地私有于法理无依据。他们认为，土地是自然物，“同于阳光空气”，而不是“人为造成”②，土地的增值是社会文明进步的结果，任何私人都无权据为己有，独享社会文明进步带来的地价上涨之利，否则就是独占自然富源，对社会、对其他人不公平。“平均地权者，天下之大道也”。③

---

① 谈敏：《回溯历史——马克思主义经济学说在中国的传播前史》（上册），上海财经大学出版社2008年版，第323页。

② 胡汉民：《民报之六大主义》，《民报》，第三号（1906年）。

③ 谈敏：《回溯历史——马克思主义经济学说在中国的传播前史》（上册），上海财经大学出版社2008年版，第567页。

第二，土地私有妨碍经济社会发展。土地私有"可使地主有绝对之强权于社会，可使为吸收并吞之原因，可使农民废业，可使食艰而仰于外，可使全国困穷，而资本富厚悉归于地主"。①

为了救治土地私有的流弊，革命派认为"惟有实行土地国有（land nationalisation）之政策，不许人民私有土地而已"；"民生主义也，土地国有制也"。② 土地国有的范围包括农村耕地和森林、矿山、交通用地及城市用地等。

孙中山虽然没有明确提出土地国有的主张，也反对"把人民已有了的产业都抢去政府里头"的"夺富人之田为己有"的"快刀斩乱麻"的暴力剥夺方式③，但他的"平均地权"的根本要求是土地涨价归国，由国家核定地价，地主只能收取定地价之前的原有租额，此后随着文明进步增加的租额，全归国家所有，也就是把土地的未来收益权转交给国家，实际上地权（特别是收益权）部分转移到了国家手里。孙中山认为由于中国社会经济发展水平低，土地私有造成的贫富分化的问题尚不十分严重，更容易改变土地私有制，防患于未然。

有些激进的资产阶级革命派人士甚至认为"今之田主，均大盗也"，主张依靠"农人革命"，用激烈的方式"夺其所

---

① 胡汉民：《民报之六大主义》，《民报》，第三号（1906年）。

② 冯自由：《民生主义与中国政治革命之前途》，参见张枬、王忍之：《辛亥革命前十年间时论选集》第二卷上册，三联书店1960年版，第428～430页。

③ 邹进文：《民国财政思想史研究》，武汉大学出版社2008年版，第138～139页。

有，以共之于民”。①

革命派土地国有的主张从思想渊源来说，既受到中国历史上有关土地公有思想特别是均田思想的影响，也受到国外思潮特别是亨利·乔治土地国有论的影响。他们提出的解决土地问题的着眼点在于废除地主对土地这种自然物的垄断。对于亨利·乔治的土地思想的性质，革命派并没有过多地讨论“姓资（资本主义）姓社（社会主义）”②，他们更为关注的是土地国有是否适用于中国及中国如何实现土地国有的问题，它实质上是社会主义的土地制度是否适用于中国这一问题的早期思考，它标志着社会主义的土地思想在中国，由最初的单纯的引进和介绍，开始进入一个用作探索中国未来发展道路的借鉴和参考。尽管这种借鉴和参考非常简陋和粗疏，只是极为初步的尝试，但它毕竟是中国社会主义土地思想发展的新起点。

三、中国共产党早期的土地纲领和土地思想

1921 年 7 月，中国共产党在上海召开第一次全国代表大会。大会通过的《中国共产党纲领》指出：“消灭资本家私有制，没收机器、土地厂房和半成品等生产资料，归社会公

---

① 韦裔（刘师培）：《悲佃篇》，参见张枬、王忍之：《辛亥革命前十年间时论选集》第二卷下册，三联书店 1960 年版，第 752 ~ 754 页。

② 如孙中山用亨利·乔治学说附会马克思的社会主义学说，他在谈到欧美社会严重的贫富分化问题时说：“社会主义学者目睹此不平，其激烈派遂倡均产之说……有是亨氏之土地公有，麦氏（指马克思，引者注）之资本公有。”参见谈敏《回溯历史——马克思主义经济学说在中国的传播前史》（下册），上海财经大学出版社 2008 年版，第 880 页。

有。”① 这是中国共产党土地思想的最初表述，体现出鲜明的阶级特点。但纲领里提到的没收土地，不是消灭地主的土地所有制，而是消灭包含土地在内的资本家的生产资料的私有制，因此它与解决中国农村的土地制度无关。这反映出中国共产党早期对于农民土地问题的忽视。造成这种状况的主要原因在于早期中国共产党人把半殖民地半封建社会的中国社会误认作资本主义社会，没有认识到中国土地问题的特殊复杂性，没有认识到中国的土地问题的主要矛盾不是资本主义的土地所有制，而是封建主义的土地所有制。

1922 年 1 月，共产国际在列宁的主持下在莫斯科召开了远东各国共产党及民族革命团体第一次代表大会。大会通过的宣言指出，中国及远东各被压迫民族当前的革命任务是反帝反封建的民族民主革命，要联合各派革命势力，要组织农民，解决农民的土地问题。同年 7 月召开的中国共产党第二次全国代表大会虽然开始认识到中国“现尚停留在半原始的家庭农业和手工业的经济基础上面”，中国现阶段的革命是资产阶级民主革命，但并没有深入分析民主革命下农村的产权制度，特别是土地制度问题。“二大”宣言仅提出了“规定限制田租率的法律”的要求。“限租”属于承认地主土地所有制的土地改良思想。

共产国际注意到中国共产党对于农民土地问题的认识模糊，多次向中共发出应注意农村土地问题的指示。1923 年 5 月，共产国际执行委员会给中国共产党第三次全国代表大会的指示信指出：“在中国进行民族革命和建立反帝战线之际，必

---

① 《中共中央文件选集》(1921—1925)，中共中央党校出版社 1983 年版，第 5 ~6 页。

须同时进行反对封建残余的农民土地革命。只有把中国人民的基本群众，即拥有小块土地的农民吸引到运动中来，中国革命才能胜利。”要求中国共产党实行“没收地主土地，没收寺庙土地并将其无偿分给农民”的政策。① 同年11月，共产国际执行委员会主席团针对中国出现国共合作的新形势专门形成《关于中国民族解放运动和国民党问题的决议》，该决议不赞成孙中山的土地国有化主张，要求中国共产党实行独立的土地纲领：没收地主土地，无偿分给农民。②

1923年12月收到共产国际的指示后通过的《中国共产党对于目前实际问题之计划》第一次正式提出了限制地主土地的政策：“限制私人地权在若干亩之内，以此等大地主中等地主限外之地归耕种该地之佃农所有。”③ 这是中国共产党对于中国农村土地问题的第一次宣示，但对于如何限制地主的土地，是无偿没收还是其他方式并没有加以明确。1925年10月，中共中央扩大执行委员会会议通过《中国现实的政策与共产党的职任议决案》，从革命的需要认识到必须解决农民的土地问题。该议决案认为“假使土地不没收交给农民，假使几万万中国农民因而不能参加革命，政府必定不能巩固政权，镇压军阀的反革命”；“我们现在所提出的过渡时期的农民要求，如减租、整顿水利、减税、废除陋规”，“可以使农民革命化，可以组织农民起来，然而如果农民不得着他们最主要的

① 《共产国际有关中国革命的文献资料》(1919—1928)，中国社会科学出版社1981年版，第79、83页。

② 武力、郑有贵主编：《解决“三农”问题之路——中国共产党“三农”思想政策史》，中国经济出版社2004年版，第72页。

③ 《中共中央文件选集》(1921—1925)，中共中央党校出版社1983年版，第178页。

要求——耕地农有，他们还是不能成为革命的拥护者”。因此，该议决案明确把“没收大地主军阀官僚庙宇的田地交给农民”作为党的农民问题政纲。① 1927 年 4—5 月，中国共产党第五次全国代表大会通过了《土地问题议决案》等一系列决议，系统分析了解决农民土地问题的意义，主张没收一切公有土地以及祠堂、学校、寺庙、外国教堂和农业公司的土地，交给耕种的农民；无代价地没收地主租给农民的土地，交给耕种的农民。②

中国共产党早期农民运动领导人比较重视中国农村土地问题的理论研究。如毕业于日本早稻田大学的中国共产党农民运动领袖人物彭湃运用马克思主义的原理，从生产力和生产关系的矛盾来分析地主阶级的封建土地所有制如何妨碍农业的发展，认为把地主的田地分给农民，完全符合生产力发展的要求。而且“土地本属自然”，经过劳动人民开垦为农田，然后被地主的祖先依靠武力霸占，变为私人所有。现在农民夺回自己的土地，实际上是“还我农民自耕田”，是天经地义的。③

毛泽东是中国共产党早期杰出的农民问题理论家和农民运动领袖，他在大革命时期对农村作了深入的实地调查，提出了非常激进的土地问题主张，他认为，农民的土地问题，已经不是宣传的问题，而是要立即实行的问题。他主张依靠农民自下

① 武力、郑有贵主编：《解决“三农”问题之路——中国共产党“三农”思想政策史》，中国经济出版社 2004 年版，第 73 页。

② 武力、郑有贵主编：《解决“三农”问题之路——中国共产党“三农”思想政策史》，中国经济出版社 2004 年版，第 73 页。

③ 张家骧主编：《马克思主义经济学说在中国的传播、运用与发展》，河南人民出版社 1993 年版，第 170 页。

而上“先有事实，然后再用法律去承认”的方式解决土地问题。在确定没收土地的对象方面，他比共产国际对中国共产党的指示和 1925 年 10 月中共中央扩大执行委员会会议通过的《中国现实的政策与共产党的职任议决案》走得更远，主张“凡自己不耕种而出租于他人的田地，皆行没收”，即不仅要没收地主的土地，而且要没收富农的土地，他对湖南农民运动中农民以“平均地权”对待富农的做法表示肯定。①

四、中国共产党土地革命战争时期的土地思想

国民革命失败后，中国共产党活动的中心舞台由城市转入农村，在农村创立革命根据地，以农村包围城市，中国革命进入土地革命战争时期。这一时期，中国共产党及其领导人对于中国农村的土地问题形成了比较系统的理论和政策主张。

首先，中国共产党在总结大革命失败的教训的基础上对新的历史时期土地革命中心地位的重要性有了清醒的、明晰的认识。中国共产党第六次全国代表大会于 1928 年 6—7 月在苏联莫斯科召开，这是大革命失败后中共在历史转折关头召开的一次具有重大历史意义的代表大会。这次大会通过的《土地问题决议案》分析了中国土地关系的半封建特点：一是“资产阶级式的土地所有制度日益占据主要地位（土地大半可以买卖）”；二是“物产地租”仍旧是很广泛的现象；三是地主阶级中，小地主比较大地主占重要的地位；四是“各省地主的

① 顾龙生：《毛泽东经济年谱》，中共中央党校出版社 1993 年版，第 40 ~ 41 页。

大小关系是不平衡的”。① 《土地问题决议案》指出，这种半封建的土地关系使广大农民不能维持自己的生产，使农业发展处于停滞状态，也使中国日益成为资本主义列强的农业原料国。根据以上分析，大会提出：农民的土地革命，仍旧是中国革命现阶段的主要内容。进行土地革命对于发展农村经济，扫荡官僚豪绅政权，推翻帝国主义在华统治，实现农民的解放，都有重要意义。“六大”提出的以土地革命作为当时中国革命的主要内容具有重大的理论意义和现实意义，为中国共产党把工作的重心由城市转向广阔的农村提供了思想理论基础。

在国民革命时期，中国共产党虽然提出了土地改革的主张，但由于中国共产党当时活动的中心在城市，土地改革问题更多的是一种理论探索，还没有转化成政策实践的必要和可能。进入土地革命战争时期以后，党的活动空间由城市转入农村，在农村建立了革命根据地，这一时期如何解决土地问题已成为紧迫的、无法回避的现实问题。为了解决这一问题，中国共产党必须对土地改革的方针、政策与方法等给予回答。

国民革命时期，中国共产党虽然也提出了“土地农有”的主张，但中共寄希望于国民党领导的国民政府将这一政策付诸实施。如中国共产党第四次全国代表大会通过的《对农民运动的议决案》提出“结合中农、佃农、贫农、雇农以反对大地主”，“应使农民向国民党政府要求以官地分给农民”。②然而，国民党叛变革命、镇压农民运动的严酷现实使中国共产党放弃了依靠国民政府进行土地改革的幻想。中国共产党临时

① 张家骧主编：《马克思主义经济学说在中国的传播、运用与发展》，河南人民出版社1993年版，第201页。

② 赵效民：《中国土地改革史》，人民出版社1990年版，第76页。

中央自治局常委会于1927年8月7日在汉口召开的紧急会议，确定了土地革命和武装反抗国民党的总方针。会议发表的告全党党员书指出：“土地革命，现时主要的是要用‘平民式’的革命手段来解决土地问题，千百万农民自己自下而上地解决土地问题，而共产党则应当做这一运动的领袖来领导这一运动。”①“八七会议”后，中共中央发表的介绍会议精神的一号通告也认为“中国革命的发展已经到以土地革命为中枢的时期”，“中国的民族资产阶级决不能领导这种革命，他已掉过枪来了反对这一革命”；“无产阶级在中国社会中是唯一能领导民权革命到底的阶级”；“无产阶级自然应当和农民群众建立真正的斗争同盟，领导他们去打到土地革命之一切障碍”。② 从此，中国共产党开始了独立领导中国土地革命的新阶段。

土地改革的具体政策和方法包括土地改革的对象、土地分配的办法及土改后的农村制度构建等问题。这些问题都是中国共产党在根据地的实践中把马克思主义的基本原理与中国的具体革命实践相结合逐渐予以解决的。

关于土地改革的对象即没收土地的对象，民主革命时期中国共产党人已经明确对地主的土地实行没收。但是，中国地主阶级本身的内部构成十分复杂，不仅有大地主和中等地主，还有为数众多的小地主。对于这个问题，中国共产党内存在不同

---

① 《中共中央文件选集》(1927)，中共中央党校出版社1983年版，第247页。

② 《中共中央文件选集》(1927)，中共中央党校出版社1983年版，第269~270页。参见武力、郑有贵主编：《解决“三农”问题之路——中国共产党“三农”思想政策史》，中国经济出版社2004年版，第108页。

的认识，“经历了一个由只没收大中地主土地，到没收一切土地，再到没收全部地主土地的过程”。① “八七会议” 在关于土地改革对象上明确提出只没收大、中地主的土地，“没收大地主及中地主的土地”，“对小地主则减租”。② 对于“八七会议” 的这一决定，毛泽东表示反对，他认为应没收全部地主的土地。同年 9 月，中共中央改变了不没收小地主土地的政策，是月在给广东省委的函中指出：“对于小地主的土地必须全部没收，实现‘耕者有其田’的原则。” 同年 11 月中央临时政治局扩大会议更进一步提出了没收一切私有土地的激进主张：“一切地主的土地无代价的没收，一切私有土地完全归苏维埃国家的劳动平民所公有。”③

没收一切私有土地的 “左倾” 土地政策不仅造成思想理论上的混乱，也给贯彻这一政策的根据地的革命实践造成极大危害。中共 “六大” 纠正了这一错误，“明确规定没收地主阶级的一切土地，和所有公共及无主土地”④，从而改变了没收一切土地的 “左倾” 错误政策。

富人问题是中国社会区别于西方社会的农村所特有的问题，在马克思主义经典作家关于农业和农村问题的论述中少有关于富人问题的思想。在土地革命时期，如何对待富农的土地

---

① 武力、郑有贵主编：《解决 “三农” 问题之路——中国共产党 “三农” 思想政策史》，中国经济出版社 2004 年版，第 112 页。

② 《中共中央文件选集》(1927)，中共中央党校出版社 1983 年版，第 226 页。

③ 武力、郑有贵主编：《解决 “三农” 问题之路——中国共产党 “三农” 思想政策史》，中国经济出版社 2004 年版，第 113 页。

④ 武力、郑有贵主编：《解决 “三农” 问题之路——中国共产党 “三农” 思想政策史》，中国经济出版社 2004 年版，第 113 页。

占有也是一个必须在革命实践中加以解决的问题。对于这一问题的存在及解决的方式当时的中共中央层面是有所忽视的，在湘赣地区开展根据地建设的毛泽东在革命的实践中通过深入的调查研究对这一问题进行了探索，提出了解决的办法。毛泽东认为“富农与地主有分别，富农自己劳动，地主自己不劳动，所以对地主取消灭的政策，对富农则取削弱的政策”。① 削弱富人的具体做法是没收其多余的土地。中共“六大”比较集中地讨论了富农问题，认为中国富农是以“靠剥削雇农”为“主要经济特点”的“农村资产阶级”，同时，由于封建地主经济在中国农村占据主导地位，中国富农除资产阶级性质外，还具有半地主的封建性质。对此，中国共产党提出要从政治上区别反动富农和一般富农，从经济上区别半地主富农和资本主义富农，并要求根据富农不同的政治态度采取不同的策略，即当富农尚未反对革命时，要争取他参加“反军阀反地主豪绅的斗争”；当富农发生动摇时，“不应故意加紧对富农的斗争”；当富农反对革命时，“应与反军阀反地主豪绅的斗争同时进行”。②

在土地斗争中把富农同地主加以区别，对于集中打击地主阶级，联合中农发展农业生产而言，是基本正确的。然而，共产国际却否定并改变了上述政策，在1929年6月7日给中共中央发了一封《关于农民问题的信》(后来简称“六七”指示信)。在信中共产国际批评中共对待富农的政策，认为是“机

① 毛泽东：《查田运动的群众工作》，《斗争》，1933年第32期。

② 《中共第六次全国代表大会农民问题决议案》，参见中国社会科学院经济研究所中国现代经济史组：《第一、二次国内革命战争时期土地史料选编》，人民出版社1981年版，第244页。

会主义的”，是“犯了重大的错误”，要中共实行“加紧反对富农的路线”，并明确指示了“对富农阶级的总路线”，即对富农和地主不加区别，对资本主义剥削和封建主义剥削不加区别，对一般富农和反动富农不加区别，对富农不是争取他们在政治上保持中立，而是把他们推向敌人一边。对于共产国际的指示，中共中央是有所保留地加以贯彻的。接到指示后，一些革命根据地对富农的态度发生了重大的变化，认为在政治上，富农是自始至终反革命的；在经济上，富农的剥削比地主更加残酷，从而提出要对富农采取平谷、筹款、重税等过“左”的政策。同时，中共中央对于共产国际的反富农观点又有所保留，尤其在对于中国富农特点的认识上，中共中央并没有把中国富农看成是小地主，认为中国的富农是“农民的上层分子”，“一般来说不是纯粹的乡村资产阶级，而兼有或多或少之半封建半地主的剥削”，并强调提出“目前党在农村中主要的任务是领导广大农民群众反军阀地主豪绅的斗争”。在这一思想的指导下，1930 年 5 月全国苏维埃区域代表大会通过的《土地暂行法》规定：“富农占有土地，除自己使用外而出租一部分给他人耕种者，出租部分的土地，一律没收。”这种对富农只没收进行封建剥削的出租土地，而保留其雇工经营的资本主义剥削部分和自耕部分土地的政策，体现了富农同地主要有区别的原则。实行这个政策，有利于保存富农经济，对发展生产是有益的。对于中共中央对富农采取与地主有区别的做法，共产国际是非常不满的，多次发出指示信和决议案，让中共实行“富农分坏田”的政策。这个政策最早见于王明 1931 年 2 月 10 日撰写的《两条路线底斗争》一文，他在谈到反对富农的具体办法时提出“不仅将富农所有的多于按照一般平分原则所应得的那部分土地分配出去，而且将富农有的质量上较好的土地没收转移给贫农、雇农和中农，使富农得到较坏的土地”。1931年8月，共产国际又发来《关于中国共产党任务的决议案》，重申了“富农分坏田”的政策，提出“对富农的土地，都应拿去分配”，只给“他们以只供劳动的份地，但不给以好的土地”。而且对富农实行分坏田，还要以劳动力为标准分坏田，有劳动力的富农家庭可以分到坏田，无劳动力的连坏田都分不到。这就从根本上取消了从事雇工经营所必须具备的条件，使得富农在经济上的出路被堵死了，从而在经济上消灭了富农。直到1935年共产国际“七大”召开，才根据世界形势发展的需要，决定改变推行了长达七年之久的左倾路线和政策，提出建立广泛的反法西斯统一战线政策。中国共产党在进行这个重要的策略转变中，对富农的政策也发生了转变。由只没收富农的出租土地，转变为对富农的全部土地财产都不能没收。这个转变，有力地促进了抗日民族统一战线的建立，也推动了根据地农业生产的发展。①

没收地主土地后如何分配土地也是必须解决的重要的实际问题，如何制定一套科学的土地分配方法直接关系土地革命的成败。在具体操作方面涉及两个最关键的问题：一是以什么区域为分配单位，是以村、以乡还是以区为分配单位；二是以什么为标准来分配土地，是以所有人口还是以劳动力为标准分配土地。在土地革命初期，中共中央并没有提出统一的土地分配标准与办法。各根据地党组织根据本地的具体情况和他们自己的认识进行了形式多样的探索。如井冈山革命根据地采取“以乡为分配土地的单位。山多田少地方，如永新之小江区，

① 农业部农村经济研究中心当代农业史研究室：《中国土地改革研究》，中国农业出版社2000年版，第107~115页。

以三四乡为一个单位去分配土地的也有，但极少。所有乡村中男女老幼，一律平分”①；湖北黄麻起义后实行“谁种的田归谁去收”的办法；河南省委给中央的报告，提出以劳动力与需要参照田地肥瘦为标准分田。

正是在总结各地土地分配经验的基础上，1928 年 3 月 10 日，中共中央发布《关于没收土地和建立苏维埃》的通告。该通告规定，暂以乡为单位，以土地的肥瘦和人口的多寡为标准；以年满 16 岁，能自耕种的人为一劳动单位；每一劳动单位平均使用土地，其余土地按照各劳动单位所属的四岁以上的人口之多寡，平均分给劳动单位使用。可见，中共中央主张以乡为行政区划范围，在兼顾土地肥瘦和人口多少的同时以劳动力为标准分配土地。

土改以后农民是获得土地的所有权和使用权还是只获得土地的使用权，这既关系到农村产权制度的安排，也涉及农村生产组织的形式。中国共产党在土地革命时期对这一问题的认识也经历了一个变化的过程。

如前所述，在马克思主义经典作家看来，无产阶级夺取政权后，未来社会的土地所有制将是国家所有制。经典作家的这一思想对中国共产党人产生了巨大的影响。在土地革命初期，根据地农民获得的土地的产权实际上是不完整的，只有使用权而已。当时无论是关于土地问题的各种重要文件还是革命根据地制度的各种土地法规都规定土地归苏维埃公有，农民不得租赁买卖。但是，根据地的土地国有政策在运行过程中带来了一系列问题，如没有满足农民固有的土地私有的愿望，造成对土地改革的抵触情绪；地权的频繁变动影响农业生产的发展。正

① 《毛泽东选集》第 1 卷，人民出版社 1991 年版，第 71 页。

是土地国有政策执行过程中遭遇的问题促使中国共产党人重新认识土地国有问题并调整土地国有政策。1929年中共中央作出决议，“土地国有问题，现在是宣传，但不是现在已经就能实现土地国有”，“禁止土地买卖，目前是不需要的”，“资本主义的转租办法，是不能反对的”。① 1931年2月通过的中共苏区中央局《土地问题与富农策略》的通告明确要求满足农民土地私有的愿望：“农民是小生产者，保守私有是他们的天性”，“他们热烈地起来参加革命，他们的目的，不仅要取得土地的使用权，主要的还要取得土地的所有权”，“必须使广大农民在革命中取得他们唯一热望的土地所有权”。②

五、中国共产党抗日战争时期的土地政策思想

中国共产党土地政策是服从和服务于革命斗争的总目标的，因此它是随着革命形势的发展而不断调整的。

进入抗日战争阶段以后，中日民族矛盾上升为主要矛盾，国内阶级矛盾下降为次要矛盾，为了动员包括地主阶级在内的全体中国人民奋起抗战，争取民族独立，在抗日战争时期，中国共产党从民族战争的需要出发及时改变了土地革命战争时期的没收地主土地分配给农民的革命的土地政策，转而实行在保护地主土地所有权基础上的减租减息的土地改良政策。

早在1937年2月，中国共产党就在《致国民党三中全会电》中提出了停止没收地主土地的政策。同年8月，中共中央

① 《中共中央文件选集》(1930)，中共中央党校出版社1983年版，第348页。

② 武力、郑有贵主编：《解决“三农”问题之路——中国共产党“三农”思想政策史》，中国经济出版社2004年版，第121页。

洛川会议提出的抗日救国十大纲领中，第一次用纲领的形式正式确定了减租减息政策为抗战时期的土地政策。洛川会议之后，各抗日根据地结合各地的实际情况制定了各自的各种形式的减租减息法令。减租减息是中国共产党在抗日战争整个历史阶段实行的土地政策。抗日战争时期虽然抗日根据地发生过多次要求实行“耕者有其田”的“左倾”错误，但中共中央都进行了及时的说服工作，纠正了“左倾”错误。

减租减息政策作为中国共产党在抗日战争时期的土地政策，它的实施既有必要性，又有可能性。从必要性来看，中国共产党虽然在抗日根据地实行了一系列改善农民生活的政策，如没收汉奸卖国贼的土地分给农民、取消苛捐杂税、发放农业贷款、组织劳动互助、大力兴修农田水利、移民开垦荒地、开展大生产运动发展根据地经济等，但地租是农民最主要、最普遍的经济负担，与农民生活最攸关。如果既不触动中国农村传统的土地产权制度，又不改变中国农村固有的地租制度，就不能真正改善农民的生活，就难以激发占人口大多数的农民抗日和生产的积极性。从可能性来看，减租减息也是南京国民政府所一直倡导的，1929 年 6 月国民党三届二中全会还通过了“二五减租”的决议案。1930 年 6 月国民党中央公布的土地法还规定地租不得超过耕地收获量的 37.5%。因此，虽然国民党并没有真正实行减租减息政策，但它对中国共产党在抗日根据地实行它自己所宣示的“二五减租”和“三七五减租”不好公开反对。所以，减租减息使中国共产党得以利用合法的经济斗争形式尽可能改善农民生活。对于这一点，毛泽东在 1940 年 3 月 11 日延安中国共产党的高级干部会议上所作的《目前抗日统一战线中的策略问题》的讲话中说得很明白，他认为“减租减息”等纲领，“都是国民党自己宣布的纲领”，

“这些是已经普及于人民中的最简单的纲领，但是许多共产党员还不知利用它们作为动员民众孤立顽固派的武器”，“根据这些纲领去做，我们是合法的，顽固派反对我们实行这些纲领，他们就是非法的了”。①

减租减息只是中国共产党在抗日战争时期采取的一种应付时局的临时性土地政策，不是最终的土地政策。对于这一点，中国共产党人并不隐讳，正如毛泽东在抗日战争时期（1940年1月）写的《新民主主义论》在谈到未来的新共和国的经济时所指出的：“这个共和国将采取某种必要的方法，没收地主的土地，分配给无地和少地的农民，实行中山先生‘耕者有其田’的口号，扫除农村中的封建关系，把土地变为农民的私产。农村的富农经济，也是容许其存在的。这就是‘平均地权’的方针……在这个阶段上，一般地还不是建立社会主义的农业，但在‘耕者有其田’的基础上所发展起来的各种合作经济，也具有社会主义的因素。”② 1944年毛泽东接受美联社记者斯坦因采访，当斯坦因问“在抗日战争结束后，你们在内战时所采取的从地主那里没收土地分给农民的激进政策是否还将实行”时，毛泽东明确回答：“在内战时期我们没有理由阻止农民没收地主的土地，因为地主阶级不仅压迫他们，而且在实际上领导着反对农民的斗争。我们的党只是满足了农民在这个问题上的意愿，把他们的要求变成口号，并作为政策来实现。根据中国的条件，这种没收土地的做法是一项正确的政策……只要民主政府制度在各地建立起来，就可能把现在处于封建剥削制度下的一切土地逐步地和平地转移给耕种

① 《毛泽东选集》第2卷，人民出版社1991年版，第752页。

② 《毛泽东选集》第2卷，人民出版社1991年版，第678页。

者……但是，这样的解决方法取决于真正的国内和平和真正的民主的实现。所以，也不能完全排除将来全部地没收地主土地并分给佃农的必要性，因为如果战后国民党坚持进攻我们的话，就可能再次爆发内战。”① 1945 年 4 月 24 日毛泽东在中国共产党的第七次全国代表大会上作的《论联合政府》报告中指出，抗战胜利后，首先在全国范围内实现减租减息，然后采取适当方法，有步骤地达到“耕者有其田”。“‘耕者有其田’，是把土地从封建剥削者手里转移到农民手里，把封建地主的私有财产变为农民的私有财产，使农民从封建的土地关系中获得解放”。②

减租减息政策是在保护土地所有权的前提下通过降低地租率调整农村阶级关系。这一政策减轻了农民的负担，改善了农民生活。另外，由于地租的降低，土地价格也随之下降，农村资本追逐土地的势头减缓，一部分农民从地主手中购入土地，使农村地权由集中走向分散，农村出现中农化趋势。

六、中国共产党解放战争时期的土地政策思想

1945 年 8 月，抗日战争胜利后民族矛盾下降，阶级矛盾上升，中国共产党和国民党展开了决定中国历史命运的大决战，中国历史进入解放战争时期。为了进行有效的社会动员，争取大决战的胜利，中国共产党及时调整了土地政策。

抗战末期，中国共产党和中国国民党都提出了自己的建国思想和建国目标。中国共产党主张建立一个无产阶级领导的人民大众的新民主主义国家；中国国民党则力图恢复抗战前的秩

① 《毛泽东文集》第 3 卷，人民出版社 1996 年版，第 183 ~ 185 页。

② 《毛泽东选集》第 3 卷，人民出版社 1991 年版，第 1074 ~ 1076 页。

序，建立一个英美式的资产阶级政权。抗战胜利以后，在多种因素的影响下，中国共产党和中国国民党围绕未来的建国目标和建国的具体办法进行了艰难的谈判，并于1945年10月10日签订《政府与中共代表会谈纪要》(即“双十协定”)。

为了配合当时国共谈判和平建国的需要，抗战胜利初期，中国共产党并没有改变抗日战争时期的减租减息的土地政策。如1945年11月7日，毛泽东在为中共中央起草的对党内的指示中指出：“目前我党方针，仍然是减租而不是没收土地。”①同年12月15日毛泽东在为中共中央起草的对党内的指示中再次重申：“各地务必在一九四六年，在一切新解放区，发动大规模的、群众性的、但是有领导的减租减息运动。”“在老解放区，则应复查减租减息的工作，进一步巩固老解放区。”②

但是，随着国共两党武装冲突的一触即发和内战的不可避免，中国共产党认识到必须满足广大农民对土地所有权的要求，使农民能够“区别国共两党的优劣”，“坚决地援助我党”，不“动摇于两党之间”。③ 为此，1946年5月4日中共中央发布《关于土地问题的指示》(即中共党史上有名的“五四指示”)。

“五四指示”充分肯定了解决农民土地问题的重要意义，认为它是“目前一切工作的最基本的环节”，并表示要充分发动群众，采取多种方式解决土地问题，“坚决拥护群众在反奸、清算、减租、减息、退租、退息等斗争中，从地主手中获

① 《毛泽东选集》第4卷，人民出版社1991年版，第1173页。
② 《毛泽东选集》第4卷，人民出版社1991年版，第1175页。
③ 《毛泽东选集》第4卷，人民出版社1991年版，第1175页。

得土地，实现耕者有其田”。要求各地党委在群众运动面前要有“五不怕”的精神：“不要害怕普遍地变更解放区的土地关系，不要害怕农民获得大量土地和地主丧失土地，不要害怕消灭农村中的封建剥削，不要害怕地主的叫骂和污蔑，也不要害怕中间派暂时的不满和动摇。”该指示还要求照顾革命统一战线内各阶层的利益：坚决不侵犯中农利益；一般不变动富农土地；区别对待大中小地主。“五四指示”规定的农民取得土地的方式和土地革命战争时期是不同的，即不是经过政权，以法律和行政力量自上而下没收地主土地，而是发动群众，通过群众自下而上解决问题。

“五四指示”是在抗战胜利后中国共产党和中国国民党大决战前夕国共和谈尚未完全破裂的历史条件下形成的解决农村土地问题的文件，体现出浓厚的时代性。它虽然没有明确提出没收地主土地废除封建土地所有制，但它标志着中国共产党开始着手调整抗日战争时期的土地政策，是新时期土地政策由减租减息政策向没收地主土地给农民政策转变的转折和前奏。

“五四指示”发布以后，各解放区立即掀起大规模的土地改革运动。为了使全党全军更充分地认识到土地改革在革命战争中的重要地位，毛泽东在1946年10月强调指出：执行“五四指示”，“深入和彻底地解决了土地问题的地方，农民即和我党我军站在一道反对蒋军进攻”；而对“五四指示”执行不力，或因战争“而忽视土地改革的地方，农民即站在观望地位”。他告诫全党，无论战事多忙，都要“坚决地领导农民群众解决土地问题”。①

---

① 《毛泽东选集》第4卷，人民出版社1991年版，第1208页。

到1947年2月，“各区都有约三分之二的地方执行了中央一九四六年五月四日的指示，解决了土地问题，实现了耕者有其田”。① 但土改中也存在改革不彻底和改革过火的缺点，对此，毛泽东在1947年2月1日为中共中央起草的对党内的指示中指出：“在已实现耕者有其田的地方，还有解决不彻底的缺点存在，主要是因为没有放手发动群众，以致没收和分配土地都不彻底，引起群众不满意。在这种地方，必须认真检查，实行填平补齐，务使无地和少地的农民都能获得土地，而豪绅恶霸分子则必须受到惩罚。在实现耕者有其田的全部过程中，必须坚决联合中农，绝对不许侵犯中农利益（包括富裕中农在内），如有侵犯中农利益的事，必须赔偿道歉。此外，对于一般的富农和中小地主，在土地改革中和土地改革后，应有适当的出于群众愿意的照顾之处，都照《五四指示》办理。”他还提出了土地改革运动的总方针：“务须团结赞成土地改革的百分之九十以上的群众，孤立反对土地改革的少数封建反动分子，以期迅速完成实现耕者有其田的任务。”②

1947年7月到9月，人民解放军由战略防御转入战略进攻，解放战争的形势发生了根本的变化。为了充分调动广大农民的革命和生产热情，中共中央于1947年7—9月在河北省平山县西柏坡召开了全国土地会议，制定了《中国土地法大纲》（以下简称《大纲》）。

《大纲》明确了土地改革的目标，规定了土地分配的原则、方法及地权的性质。《大纲》宣布彻底废除封建土地所有制，“废除一切地主的土地所有权”，“废除一切祠堂、庙宇、

① 《毛泽东选集》第4卷，人民出版社1991年版，第1215页。

② 《毛泽东选集》第4卷，人民出版社1991年版，第1215～1216页。

寺院、学校、机关及团体的土地所有权”。关于土地分配的原则和方法，《大纲》规定：除大森林、大水利工程、大矿山、大牧场、大荒地及湖沼归政府管理外，“乡村中一切地主的土地及公地，由乡村农会接收，连同乡村中其他一切土地，按乡村全部人口，不分男女老幼，统一平均分配，在土地数量上抽多补少，质量上抽肥补瘦，使全村人获得同等的土地，并归个人所有”。《大纲》对于土改后农民获得的土地的所有权和使用权兼备的性质也作了规定：“分配给人民的土地，由政府发给土地所有证，并承认其自由经营、买卖及在特定条件下出租的权利。”①

但《大纲》中按人口平均分配一切土地的原则，反映了农民的绝对平均主义思想，超出了消灭封建剥削制度的范围，在一定程度上侵犯到中农的利益。针对《大纲》本身存在的问题及执行过程中出现的“左”的倾向，毛泽东和中共中央在《大纲》实施后对土地政策进行了必要的调整和完善，确保了土地改革始终沿着正确的轨道展开。

1947年12月25日，毛泽东在陕北米脂县杨家沟召开的中共中央会议上所作的报告，针对土地改革中存在的问题指出：“必须坚决地团结中农，不要损害中农的利益”，在平分土地时“须注意中农的意见，如果中农不同意，则应向中农让步”。② 次年1月，毛泽东在为中共中央起草的决定草案中进一步指出：“必须避免对中农采取任何冒险政策”，“有剥削收入的农民，其剥削收入占总收入百分之二十五（四分之一）

① 《中国土地法大纲》，《中共党史参考资料》(6)，第328页。
② 《毛泽东选集》第4卷，人民出版社1991年版，第1251页。

以下者，应订为中农，以上者为富农。富裕中农的土地不得本人同意不能平分”。“平分土地时，对于老解放区的新富农①，照富裕中农待遇，不得本人同意，不能平分其土地”。② 2月，毛泽东在写给刘少奇的一封信中提出了在不同地区实施土地法时应采取不同策略的思想：在日本投降以前的老解放区，“早已分配土地，只须调整一部分土地”，“不是照土地法再来分配一次土地”；在日本投降至大反攻，即1945年9月至1947年8月所解放的地区（半老区），“完全适用土地法，普遍地彻底地分配土地，并且应当准备一次分不好再分配二次，还要复查一、二次”；在大反攻后新解放的地区，“不应当企图一下实行土地法，而应当分两个阶段实行土地法。第一阶段，中立富农，专门打击地主……第二阶段，将富农出租和多余的土地及其一部分财产拿来分配，并对前一阶段中分配地主土地尚不彻底的部分进行分配”。③

《大纲》与“五四指示”相比，具有彻底的反封建的意义，废除了中国传统体制赖以生存的基础——封建土地所有制，从而触发了中国近代社会最深刻的变革，从根本上改变了中国的社会性质，也改变了中国几千年来形成的农业经济发展道路。

---

① 所谓“新富农”是指在抗日根据地、解放区内，由于建立了人民民主政权，实行了土地改革或减租减息，农村封建势力和封建土地所有制被消灭或受到很大削弱，原来的贫农和中农，在人民政府的扶持下，通过辛勤劳作、努力经营在经济上上升为富农的阶层。参见苏少之：《革命根据地新富农问题研究》，《近代史研究》，2004年第1期。

② 《毛泽东选集》第4卷，人民出版社1991年版，第1269～1270页。

③ 《毛泽东选集》第4卷，人民出版社1991年版，第1277～1278页。

第二节　中国共产党关于农民问题的理论与政策

1940年1月毛泽东在其名著《新民主主义论》中精辟地指出：“中国有百分之八十的人口是农民”，“因此农民问题，就成了中国革命的基本问题，农民的力量，是中国革命的主要力量”。“中国的革命实质上是农民革命”。① 中国共产党在与中国国民党的大决战中能赢得中国关键在于它提出了科学的农民理论，推行了正确的农民政策，赢得了中国农民。

一、马克思主义经典作家的农民理论

马克思、恩格斯在关注工人阶级命运的同时对农民阶级的命运也给予了高度关注。其关于农民问题的理论大体包括两个方面：资本主义社会与农民和社会主义社会与农民。

马克思、恩格斯认为，资产阶级革命的基础“就是消灭农村中的封建制度，就是创立自由的占有土地的农民阶级”。② 资产阶级革命消灭了封建制度下的经济剥削和超经济强制，使农民获得政治解放和人身自由，产生了独立的小农阶级。正因为这样，农民在资产阶级民主革命中成为资产阶级的同盟军和重要的依靠力量。小块土地所有制和独立的、自由的、商品化的小农阶级的形成为建立现代民主政治奠定了基础，同时，由于小农经济本身的分散性、闭塞性、隔绝性和缺乏主动性、组织性而使其容易成为现代社会中最稳定、最保守的因素。小农阶级“不能代表自己，一定要别人来代表他们。他们的代表

① 《毛泽东选集》第2卷，人民出版社1991年版，第692页。

② 《马克思恩格斯全集》第5卷，人民出版社1958年版，第331页。

一定要同时是他们的主宰，是高高站在他们上面的权威，是不受限制的政府权力，这种权力保护他们不受其他阶级侵犯，并从上面赐给他们雨水和阳光”。① 因此小农阶级的存在为专制官僚政治的延续提供了沃土。

马克思、恩格斯认为资本主义制度下的工业化、市场化和城市化会造成农民阶级的大分化乃至逐渐消亡。他们认为，农民阶级内部分化的总趋势是农场主阶级和他们所雇佣的农业无产阶级逐步取代小农阶级。在这一分化的过程中农民阶级内部出现三个不同的社会阶层：富裕农民阶层、小农阶层和农业工人。农民阶级总的演化趋势是在工业化和城市化中逐步转化为城市和工业人口，其结果是农民阶级在现代化进程中趋于消亡。

对于无产阶级革命和社会主义制度下的农民，马克思、恩格斯也作了许多分析。他们认为农民阶级由于自身劳动的孤立性、土地的分散性和地域的隔绝性而难以作为一个独立的阶级从事争取和维护自身利益的运动，他们往往通过追随其他阶级来实现自己的利益：“小农人数众多，他们的生活条件相同，但是彼此间并没有发生多种多样的关系。他们的生产方式不是使他们相互交往，而是使他们相互隔绝……他们不能以自己的名义来保护自己的阶级利益。”② 马克思、恩格斯认为，在经济不发达的国家，农民是人口、生产和政治力量的重要因素，这些国家的工人阶级及其政党争取到农民阶级这个同盟军的支

① 何增科：《马克思、恩格斯关于农业和农民问题的基本观点述要》，《马克思主义与现实》，2005 年第 5 期。

② 何增科：《马克思、恩格斯关于农业和农民问题的基本观点述要》，《马克思主义与现实》，2005 年第 5 期。

持是无产阶级社会主义革命取得成功的关键。为此，马克思、恩格斯分析了工农联盟的可能性、内涵和工人阶级及其政党的农民政策。①

首先，工人阶级和农民阶级存在利益交集，这是工农联盟的基础。农民是小私有制的拥护者，而工人阶级以消灭私有制为目标，因此他们之间存在深刻的矛盾。但是，农民与工人阶级有着共同的利益。随着现代大农业的发展及其与小农经济的竞争，小农阶层的经济条件不断恶化，他们日益贫困破产，他们的社会地位日益低落，不断转化为农业工人或城市产业工人。小农的贫困化使他们日益革命化，从保守的农民转变为革命的农民。因此，作为未来的无产者，他们贫困化的根源与工人阶级贫困化的根源是一样的——资本对劳动的剥削，他们是潜在的天然同盟军。

其次，马克思、恩格斯分析了农民阶级中不同阶层的政治态度和倾向，明确了工农联盟的具体内涵。他们认为大农属于资产阶级，不是无产阶级的同盟者。小农是小私有者又是未来的无产者，具有政治二重性，他们摇摆于资产阶级和无产阶级之间，既具有保守的甚至反动的倾向，又具有革命的倾向。无产阶级应该努力争取小农的支持，使他们成为无产阶级的同盟者。农业工人与土地所有者相对立，是工人阶级的天然同盟者，也是最重要的同盟者。在工农联盟中，工人阶级处于领导地位而农民也会接受其领导。

最后，马克思、恩格斯提出了工人阶级及其政党为巩固工农联盟应采取的农民政策原则和政策。关于农民政策的原则，

① 何增科：《马克思、恩格斯关于农业和农民问题的基本观点述要》，《马克思主义与现实》，2005 年第 5 期。

马克思、恩格斯认为应注意以下几个方面：必须深入农村，了解农民的利益和要求；必须在维护农民利益、改善农民生活方面比资产阶级做得更多更好；必须根据不同历史时期的实际情况，考虑到农民的知识水平和接受能力，提出恰当的农民问题纲领；农村的生产关系变革应当遵循自愿和示范相结合的原则。关于未来社会主义社会的农民政策，马克思、恩格斯提出了一些具体的设想：在农业社会主义改造方面，主张从资本主义农场制下的雇佣劳动转变为自由的联合劳动，实现农业的社会化经营；在土地所有制方面实行国有化；在农业经营方面，采用农业合作社并逐步过渡到采用全国规模的耕作以推动生产效率的提高；建立民主政府与廉洁政府以保护农民利益。

经典作家有关农民问题的理论主要是建立在西方已比较发达的资本主义农业和农村的现实社会基础上，其对未来社会的农民政策的设计也仅仅是一种比较理想化的设想。近代中国的农民问题与西方大相径庭，中国共产党在革命实践中创造性地发展了马克思主义的农民理论，其农民理论运用之成功、实践之坚决为世界上许多国家所不及。

二、中国共产党建党和大革命时期的农民理论

中国共产党第一次全国代表大会通过的纲领就提到了农民，并将其视为自己的社会基础：“本党承认苏维埃管理制度，把工人、农民和士兵组织起来，并承认党的根本政治目的是实行社会革命。”但由于中国共产党把工作的重心放在工人运动上，纲领对中国农民的状况未作分析，对农民运动也未制定具体的行动方案。

中国共产党第二次全国代表大会发表的宣言开始认识到农民问题的重要性并对实现工农联盟的可能性作了分析：“中国

三百万万的农民，乃是革命运动中的最大要素。农民因为土地缺乏，人口稠密，天灾流行，战争和土匪的扰乱，军阀的额外征税和剥削，外国商品的压迫，生活程度的增高等原因，以致日趋穷困和痛苦”。“如果贫苦农民要除去贫困和痛苦的环境，那就非起来革命不可。而且那大量的贫苦农民能和工人握手革命，那时可以保证中国革命的成功”。“二大宣言”还分析了中国农民的内部构成：“近来农民更可分为三个界限：（一）富足的农民地主；（二）独立耕种的小农；（三）佃户和农业雇工。第一种占最少数，第二、第三两种的贫苦农民至少也占95%”。① 1923年6月召开的中共“三大”进一步强调了农民问题在中国民主革命中的重要性，出台了中共历史上第一个有关农民问题的决议案——《农民问题决议案》。

“二大”以后，中国共产党领导人邓中夏、恽代英、李大钊、蔡和森、陈独秀、瞿秋白、毛泽东、彭湃、阮啸仙等开始运用马克思主义农民理论对中国农民问题进行探索，对农村社会各阶级的经济成分、经济地位作具体的分析。

邓中夏在1923—1924年发表了《本国应注意农民运动》《论农民运动》《中国农民状况及我们运动的方针》等文章，分析农民阶级及其在中国民主革命中所处的地位。他认为中国是以农业为经济基础的社会，农民人口至少占总人口的三分之二以上，这支人数众多的力量是国民革命中“一个不可轻侮的伟大势力”。② 为了发展农民阶级参加革命，邓中夏认为必须开展经济斗争，使农民“感觉与自身的利益有密切关系而拥

① 张家骧主编：《马克思主义经济学说在中国的传播、运用与发展》，河南人民出版社1993年版，第156页。

② 邓中夏：《论农民运动》，《中国青年》，1923年第11期。

护农会”，“使农民得到廉价物品及解除高利贷”。因此他认为农村经济斗争可以从两方面召开：一方面开展“限租、限田”、“抗税”、“阻禁”和“平粜”；另一方面“在农村推行消费合作社和信用合作社”。①

陈独秀是中共对农民问题进行系统理论论述的早期领导人。其有关代表作是1923年7月1日，在中国共产党成立两周年之际，在《前锋》创刊号上发表的《中国农民问题》一文。该文力图用马克思主义的立场、观点和方法，对中国农村各阶级的经济地位和政治态度加以分析。他将中国农村人口分为地主与农民两大类，反动势力（地主）、中间势力（自耕农）、革命势力（半无产阶级和农业无产阶级）三种势力。在地主阶级中，陈独秀又根据其经济上的差异和政治地位的高低将其分为大中小三个等级，并对他们占农村人口的比例及剥削手段、特点进行了分析。对于农民阶级，陈独秀将其细分为自耕农和半无产阶级、无产阶级两个部分、四个阶级（自耕农阶级、中产阶级、小有产阶级、半无产阶级和无产阶级）、七个等级。自耕农包含中产阶级和小有产阶级，中产阶级包括自耕农兼地主和自耕农兼雇主两个等级，小有产阶级分为自耕农兼佃农和自耕农两个等级。半无产阶级包括佃农兼雇主和佃农两个等级。农业无产阶级即雇工。

陈独秀认为由于农村各阶级、阶层的经济地位不同，他们的政治取向也会相应有异。地主阶级是农村的剥削者，是农民最主要和最直接的敌人，是中国革命的对象。同属农村有产阶级的自耕农和半无产阶级在外国帝国主义经济侵略和封建军阀混战的局面下，时常面临着破产和半破产的威胁，其生活每况

① 邓中夏：《论农民运动》，《中国青年》，1923年第11期。

愈下，他们具有改变现状、驱逐帝国主义、打倒军阀、消灭封建地主阶级的要求。农业无产阶级是农村中受压迫最深、受剥削最重、一无所有的阶级，他们生活最贫困，革命的要求最强烈，是中国革命的重要力量。

陈独秀的《中国农民问题》一文虽然因缺乏对农村社会的调查研究而造成对农村剥削量和被剥削量的实证分析不足，但它是中共历史上第一次对中国农村社会各阶级所作的具体、深入的分析，反映了当时中国共产党对农村阶级分析的最高水平，使“农民”不再是一个笼统、抽象的概念，而是一个复杂的、内部利益取向迥异的阶级。它改正了“二大”把地主划入农民的错误认识，明确了农村的阶级阵线。这种分析为后来中国共产党在农村革命中制定正确的路线、方针、政策提供了理论依据。当年作为陈独秀同道的邓中夏就给予了该文很高的评价，他认为，在此之前所有分析农村阶级斗争的文章都是“捕风捉影”、“隔靴搔痒”。“只有《前锋》第一期，陈独秀先生《中国农民问题》一篇文章，算是精审可观，对于中国农民状况分析得很细致、很正确”。①

在中共早期的高层领导中，彭湃是最早从事农民运动的领导人，他既是农民运动的实践家，又是著名的农民运动的理论家。早在日本早稻田大学学习期间他就开始研究农民问题，1922 年回国以后开始深入农村，开展农民运动。在领导农民运动中，他非常注意运用马克思主义原理研究中国农民问题。他很重视农民在中国国民革命中的地位和作用，是中共最早提出农民占全国人口大多数，国民革命要依靠农民的先行者之

① 邓中夏：《中国农民状况及我们运动的方针》，《中国青年》，1924 年第 13 期。

一。他注重对农村各阶级、阶层的经济地位的分析，以明确农村中依靠谁、团结谁、打击谁的问题。他对开展农民运动应采取的政策作了概括，指出：“所取政策一对付田主，二对付官厅。即经济斗争和政治斗争并进，使农民有经济斗争的训练及夺取政权的准备。”① 彭湃运用马克思主义理论在广东海丰地区开展农民运动的理论探索，对中国共产党探索中国农村包围城市的革命道路产生了巨大影响，作出了巨大贡献。正如毛泽东当年在《农民问题丛刊》序言中所指出的：“彭湃的《海丰农民运动》及其他材料，乃本文最精粹部分”，“它给予我们做农运的方法”，“它又使我们懂得中国农运的性质”。②

毛泽东早年先在城市致力于工人运动，没有顾及农村工作，后随着革命形势的发展，很快转向乡村。中共三大上他被推举为《农民问题决议案》的起草人。中共三届一中全会上，他被选为政治局成员兼管农民工作，仍以主要精力从事农民运动工作。第一次国共合作期间他负责主持农民运动讲习所，更成为知名的农民运动领袖。毛泽东在大革命时期对农民理论的最杰出的贡献是对农村社会各阶级、阶层作出了最科学的分析，为中国共产党开展农村革命提供了坚实的理论基础。

与陈独秀一样，毛泽东非常注意对农村社会各阶级、阶层的分析，但不同的是，他的理论分析是建立在周密细致的农村调查基础之上的，因而有关分析更深刻、更科学。他在《中国农民》《战士周报》等刊物发表了《中国农民中各阶级的分析及其对革命的态度》《中国社会各阶级的分析》《湖南农民

① 《彭湃文集》，人民出版社 1981 年版，第 24 页。

② 张家骧主编：《马克思主义经济学说在中国的传播、运用与发展》，河南人民出版社 1993 年版，第 172 页。

运动考察报告》等有关农民问题的经典文章，对农村社会各阶级作了科学分析，为土地革命战争时期中国共产党确立正确的农民政策提供了科学依据。在《中国农民中各阶级的分析及其对革命的态度》一文中，毛泽东以是否占有他人剩余劳动为依据，将中国农村人口划分为大地主、小地主、自耕农、半自耕农、贫农、雇农、乡村手工业者、游民等八种成分。毛泽东认为，中国农村最本质的特征是地主阶级对农民的封建剥削。地主阶级是农村的真正统治者，代表着中国最落后、最反动的生产关系，是帝国主义和封建军阀的社会基础。中国地主阶级的经济来源是建筑在对自耕农、半自耕农、贫农、雇农的严重剥削之上的，其剥削方式有重租、高利贷、重捐、对雇农剥削、与贪官污吏合作包缴预征田赋等。通过分析，毛泽东认为农民运动的任务就是组织被剥削阶级向地主阶级作斗争。

该文特别注意定量分析，比如关于中国农村各阶级的人数，它估计中国大地主约占农村人口千分之一，大约有 32 万人，小地主大约有 200 万，自耕农有 1 亿 ~1.2 亿。关于重租和高利贷的剥削率，它估计前者高达 50% ~80%，后者月息为 3% ~7%，年息为 36% ~84%。这在当时研究中国农民问题的著作中是十分少见的。

北伐战争开始以后，中国南方各省掀起了农民运动高潮。农民运动动摇了帝国主义和封建势力在中国的统治基础，引起了地主阶级和国民党右派的激烈攻击，他们指责农民运动是"痞子运动"、"堕农运动"，"糟得很"。中国共产党内也对此产生了严重分歧，党的领导人陈独秀也主张限制农民运动。为了回答国民党右派和中国共产党内右倾机会主义者对大革命时期轰轰烈烈的农民运动的责难，作为中共中央农委书记的毛泽东于 1927 年 1 月 4 日至 2 月 5 日回到家乡湖南，在湘潭、湘乡、衡山、醴陵、长沙五县进行了为期32天的调查，撰成《湖南农民运动考察报告》。该报告对各种针对农民运动的非难作了驳斥，总结了农民运动的经验，讴歌了农民运动的伟大历史功绩。为使中共同志能够简明扼要地识别农村各阶级，报告采用马克思主义经典作家的分析方法，将农村各阶级分为地主、富农、中农和贫农四种成分。由于其各自的经济状况不同，他们对革命的态度也各有不同，富农“始终是消极的”；中农是“游移的”；贫农是“乡村中一向苦战奋斗的主要力量”。关于这四个阶层的人数，他以在长沙县的调查为例作了估计：“乡村人口中，贫农占百分之七十，中农占百分之二十，地主和富农占百分之十。”毛泽东认为贫农是农民运动的先锋，“他们最听共产党的领导，他们和土豪劣绅是死对头”，没有贫农阶级，“决不能造成现时乡村的革命状态，决不能打倒土豪劣绅，完成民主革命”。① 中国农村社会各阶级的四分法后来一直是中国共产党关于农村阶级划分的依据。

由于时代的局限，马克思主义经典作家有关农民问题的理论主要论述的是资本主义制度下的农民问题，他们分析的农村各阶级也是针对资本主义国家的情况而论的，对于无产阶级在半殖民地半封建社会领导的民主革命中的农民问题他们没有发表过意见。大革命时期，中共领导层随着国民革命运动的发展，逐渐加强了对农民问题的探索。邓中夏、陈独秀、彭湃、毛泽东等中共领导者运用马克思主义关于农民问题的理论，分析中国农村社会各阶级状况，探索解决中国的农民问题的路径，不同程度地取得了一定的成果，其中尤以毛泽东成就最为突出。这种探索既丰富和发展了马克思主义的农民理论，又为

① 《毛泽东选集》第1卷，人民出版社1991年版，第20~21页。

中国革命的实践提供了强大的思想武器，成为中国共产党在农村革命中从失利转向胜利的根本保障。

三、中国共产党土地革命战争时期的农民理论与政策

国民革命的失败，迫使中国共产党反思自己在农民问题上的错误。加之土地革命战争时期中国共产党活动的中心被迫由城市转入农村，同农民相结合，有机会直接面对广大农民，因而无论从理论上还是从实践上都为进一步探索农民问题提供了条件。

土地革命战争时期中国共产党有关农民问题的思想主要集中在两个方面：一是反思大革命时期的农民政策，进一步加深对农民在中国革命特别是革命新道路中重要地位和作用的认识；二是考虑在革命根据地如何减轻农民负担应付革命战争。

大革命失败后，中国共产党对国民革命时期党的农民政策进行了认真深刻的反思和总结，从自身的失败中深化了对农民问题的认识。1927 年 8 月大革命失败后中共中央在武汉召开的紧急会议（“八七”会议），全面清算了陈独秀的“右倾”投降主义错误。在农民问题上，会议认为，农民运动的暂时失败，“主要原因应当认为是共产党方面对于农民的群众暴动没有坚决的革命指导”。① 其主要表现是：阻滞农民运动，甚至于拉它向后转；没有把革命政权交给农民协会，反而同意国民党中央提出的村民自治；没有认真建立工农武装；没有注意农民的土地问题。经过反思，中国共产党认识到党“应当转变

① 《中共中央文件选集》(1927)，中共中央党校出版社 1983 年版，第 224 页。

过去的方针，坚决地发展与提高农民革命”①，必须建立农民政权和革命武装。

正是在此背景下，以毛泽东为代表的中国共产党人在大革命失败后，开始探索新的革命道路——农村包围城市，武装夺取政权。这一新的革命道路必然要以发动广大农民为基本前提，农民成为中国革命战争的主力军，广大农民居住的农村是革命的主要阵地。正如毛泽东所指出的：“半殖民地中国的革命，只有农民斗争不得工人的领导而失败，没有农民斗争发展超过工人势力而不利于革命本身的。”② 土地革命战争时期毛泽东为了制定正确的农民政策，十分注意调查研究。1927 年 11 月，他率领部队进入井冈山初期，对永新、宁冈两县进行社会调查；1930 年 5 月，毛泽东又在寻乌进行了 20 多天的调查；当年 10 月毛泽东在江西新余、兴国开展了农村调查；1933 年又到福建上杭县的才溪乡进行调查。这些调查使他对中国农民的现状有了更加全面的认识，使农村阶级划分更加科学，避免了极“左”政策在根据地的推行。正如他自己所说：“我作了寻乌调查，才弄清楚了富农与地主的问题，提出解决富农问题的办法，不仅要抽多补少，而且要抽肥补瘦。这样才能使富农、中农、贫农、雇农都活下去，假若对地主一点田也不分，叫他们去喝西北风，而富农也只给一些坏田，使他们半饥半饱，逼得富农造反，贫农、雇农一定陷于孤立。当时有人骂我是富农路线，我看在当时只有我这办法是正确的。”③ 为

① 《中共中央文件选集》(1927)，中共中央党校出版社 1983 年版，第 225 页。

② 《毛泽东文集》第 1 卷，人民出版社 1993 年版，第 55 页。

③ 《毛泽东农村调查文集》，人民出版社 1982 年版，第 22 页。

了防止把中农的阶级成分划错，毛泽东在1931年4月2日的《总政治部关于调查人口和土地状况的通知》中强调指出，富农标准是以剥削为他收入的相当部分，那些少量放账或借账的人还是列在中农。① 1931年8月21日的《苏区中央局关于土地问题的决议案》中不仅强调了富农与中农的区别，而且还提出把劳动与否作为地主与富农的界限。

农村包围城市，实行工农武装割据的革命道路，使广大农民居住的农村成为革命的主要阵地，革命力量主要在农村积聚、发展、壮大。农村革命根据地所在地区是中国经济最不发达的区域，远离城市，地处偏远，交通不便，没有任何外部经济援助，建立革命政权和军队的给养主要依靠根据地农民的人力、物力和财力，加上战争对农业经济的破坏，革命根据地始终存在不断增长的革命战争的经济需要与农村生产力低下，农民负担能力不足之间的矛盾。这种状况致使中国共产党遇到了国际共产主义运动中其他各国共产党从未遇到的问题：在革命过程中如何合理处理农民负担。

中国是一个农业国，战争的消耗主要由农业补充。20世纪20—40年代中国国民党和中国共产党展开的历史性大决战，都面临着如何从农业和农民中取得战争资源的问题。大量研究表明，南京国民政府时期，农民承担各种名目繁多的苛捐杂税是乡村社会不安定的最主要原因，南京国民政府也注意到了这一问题，并颁布了相关法律，但执行效果不佳。中国国民党失去中国的最主要原因是没有切实关注中国农民，没有有效减轻农民负担。

中国共产党在土地革命战争时期高度重视农民负担问题，

---

① 《毛泽东农村调查文集》，人民出版社1982年版，第13页。

提出了一系列减轻农民负担的原则，制定了相关的制度，采取了必要的措施。

战争时期任何政权都必须从辖区百姓获得战争资源，中国共产党在革命根据地同样需要农民的经济支持。但中国共产党与历史上其他政权的不同之处在于不对百姓采取竭泽而渔的政策，而是始终坚持军民兼顾的总原则，既向农民征税以供军需，又注重改良农民生活，减轻农民负担。在根据地创立初期，一方面进行土地改革，使无地或少地的农民获得土地，另一方面又废除旧制度下的一切苛捐杂税，一般不开征新税，军队的给养主要靠战争缴获和打土豪来解决。直到1930年，各根据地才由于单靠打土豪不能解决给养而开始普遍收税，但在1932年以前，征税的数目不多，比例也较低。1931年11月中华苏维埃共和国中央执行委员会颁布的《中华苏维埃共和国暂行税则》规定以全家每年主要生产的实际产量，作为计税标准；税率采用全额累进方式，按全家当年农产品的收获量，按人口平均，规定一个维持生活必须支出的最低额，作为起征标准；不足标准者免税，超过者按累进比例征税。按此规定，贫农、中农收获量3担以下免征，4担起征，4~8担每增加1担，税率增加1%。可见，农民的税负比较低。累进税率在执行过程中还依据阶级原则对农村不同的阶层规定不同的差别税率和起征点。如《中华苏维埃共和国暂行税则》附的江西税率表规定：贫农、中农，3担以下免征，4担起征，至15担，税率为16.5%；富农，1担免征，2担起征，至15担，税率为18.5%。① 1932年开始，由于红军规模的扩大、国民党对根据

① 中华人民共和国财政部《中国农民负担史》编辑委员会：《中国农民负担史》，中国财政经济出版社1990年版，第77页。

地封锁的加强等因素的影响，根据地农民的负担才有所加重。①

为了贯彻军民兼顾的原则，中国共产党制定了一系列相关的比较健全的农民负担制度，以保障战争供应和尽量减轻农民负担。根据地的农民负担制度包括财粮负担、战勤负担和社会负担等制度。当时根据地农民的财粮负担主要通过向农民征收土地税作为经常性负担，另外辅之以公债、借谷、捐献等临时性负担。根据地的战勤负担是农民为革命战争承担的各种杂务，以保障军队的给养及运输。社会负担指农民为支援革命战争，发扬友爱精神，为红军公田和革命烈士军属代耕代种的负担。

四、中国共产党抗日战争时期的农民理论与政策

抗日战争时期，以毛泽东为代表的中国共产党人继续深化农民理论，取得了丰富的理论成果，他们运用这些理论成果指导革命实践，制定了一系列行之有效的农民政策。

1939 年冬，毛泽东和其他几个在延安的领导人合写的《中国革命和中国共产党》对民主革命中中国农民的地位和作用进行了深入论述。该文认为“农民在全国总人口中大约占百分之八十，是现时中国国民经济的主要力量”，而农民中内部又包括富农、中农和贫农三个阶层，他们“在激烈的分化过程中”。“富农占农村人口百分之五左右（连地主一起共约占农村人口百分之十左右），被称为农村的资产阶级。中国的富农大多有一部分土地出租，又放高利贷，对于雇农的剥削也

① 武力、郑有贵主编：《解决“三农”问题之路——中国共产党“三农”思想政策史》，中国经济出版社 2004 年版，第 128～129 页。

很残酷，带有半封建性。但富农一般都自己参加劳动，在这点上它又是农民的一部分”。“富农一般地在农民群众反对帝国主义的斗争中可能参加一分力量，在反对地主阶级的土地革命斗争中也可能保持中立。因此，我们不应把富农看成和地主无分别的阶级，不应过早地采取消灭富农的政策”。“中农在中国农村人口中约占百分之二十左右。中农一般地不剥削别人，在经济上能自给自足”。“中农不但能够参加反帝国主义革命和土地革命，并且能够接受社会主义。因此，全部中农都可以成为无产阶级的可靠同盟者，是重要的革命动力的一部分。中农态度的向背是决定革命胜负的一个因素，尤其在土地革命之后，中农成了农村中的大多数的时候是如此”。“中国的贫农，连同雇农在内，约占农村人口百分之七十。贫农是没有土地或土地不足的广大的农民群众，是农村中的半无产阶级，是中国革命的最广大的动力，是无产阶级的天然的和最可靠的同盟者，是中国革命的主力军。贫农和中农都只有在无产阶级的领导之下，才能得到解放；而无产阶级也只有和贫农、中农结成坚固的联盟，才能领导革命到达胜利”。①

正是基于以上分析，毛泽东认为中国共产党所领导的中国革命必须代表农民利益和要求。1943 年 8 月 8 日他在中央党校第二部开学典礼上的讲话中指出：“中国人口的 80% 是农民，我们讲的人民主要是农民。我们是要农民还是不要农民？如果同大地主、大资产阶级的政治方向一致，就是说完全做大地主、大资产阶级的俘虏，把老百姓当牛去挤奶汁，有这样的共产党吗？……在我们党内就曾经有一部分人离开过农民，牺牲农民的利益去迁就大地主、大资产阶级，他们不仅脱离了农

① 《毛泽东选集》第 2 卷，人民出版社 1991 年版，第 642 ~ 644 页。

民，甚至连中等资产阶级也脱离了，我们要同这种现象作斗争。”①

1945年4月，毛泽东在中国共产党第七次全国代表大会上所作的政治报告满怀激情地对中国农民的重要地位和未来趋势作了精彩描述：

“农民——这是中国工人的前身。将来还要有几千万农民进入城市，进入工厂。如果中国需要建设强大的民族工业，建设很多的近代的大城市，就要有一个变农村人口为城市人口的长过程。”

“农民——这是中国工业市场的主体。只有他们能够供给最丰富的粮食和原料，并吸收最大量的工业品。”

“农民——这是中国军队的来源。士兵就是穿起军服的农民，他们是日本侵略者的死敌。”

“农民——这是现阶段中国民主政治的主要力量。中国的民主主义者如不依靠三亿六千万农民群众的援助，他们就将一事无成。”

“农民——这是现阶段中国文化运动的主要对象。所谓扫除文盲，所谓普及教育，所谓大众文艺，所谓国民卫生，离开了三亿六千万农民，岂非大半成了空话？”②

毛泽东的上述论述不仅指明了民主革命时期农民阶级的重要地位，而且对于中国未来社会农民的巨大历史作用作了充分肯定。

正是中国共产党人对于中国农民问题重要性的高度重视，使其在抗日战争时期根据新的历史阶段面临的历史任务，采取

---

① 《毛泽东文集》第3卷，人民出版社1996年版，第59页。

② 《毛泽东选集》第3卷，人民出版社1991年版，第1077～1078页。

了相应的有关农民问题的经济政策。

与土地革命战争时期一样，抗日根据地全部处于敌后的乡村，根据地的经济也主要是农村经济，经济主体是农民。中国共产党十分重视农民利益，在根据地实行了以合理负担为基本原则的农村税费政策，有钱出钱，有力出力，合理负担。抗战初期，各根据地废除了抗战前的各种苛捐杂税，实行“救国公粮”为主的农业税。救国公粮主要是按土地的产量累计征税，并且实行统一税制，降低税率，一切税收除一次统征外，没有附加和重征。这种轻税政策使人们得到了休养生息的机会。

由于日寇的连续扫荡，国民党的围困与封锁，加上水旱等自然灾害的影响，植根于中国经济比较落后、地广人稀的西北大地的抗日根据地的财政经济在1940—1941年出现了极大的困难。毛泽东叙述那时情况时说：“我们曾经弄到几乎没有衣穿，没有油吃，没有纸，没有菜，战士没有鞋袜，工作人员在冬天没有被盖。”① 针对这一严重局面，为了与根据地农民共克时艰，减轻农民负担，中共中央和毛泽东在调整“救国公粮”制，实行统一累进税收制度的同时提出“生产自给”的方针，号召根据地军队、机关、学校开展大生产运动：“一切机关学校部队，必须于战争条件下厉行种菜、养猪、打柴、烧炭、发展手工业和部分种粮……各级党政军机关学校一切领导人员都须学会领导群众生产的一全套本领。凡不注重研究生产的人，不算好的领导。”② 大生产运动大大减轻了同在困难中的农民的负担，赢得了农民的支持。如陕甘宁边区人口只有

① 《毛泽东选集》第3卷，人民出版社1991年版，第892页。

② 《毛泽东选集》第3卷，人民出版社1991年版，第911页。

150万，尽管设置了中共中央的大批机关和学校，公务人员数量很大，但由于广泛开展了大生产运动，边区人民的负担不到其收入的9%。①

为了提高农业生产效率，中国共产党还在农民自愿互利的基础上在根据地开展劳动互助。毛泽东把组织劳动互助视为发展农业生产的“中心环节”，1943年11月他在中共中央招待陕甘宁边区劳动英雄大会上作了《组织起来》的专题报告，指出：“在农民群众方面，几千年来都是个体经济，一家一户就是一个生产单位，这种分散的个体生产，就是封建统治的经济基础，而使农民自己陷于永远的穷困。克服这种状况的唯一办法，就是逐渐地集体化；而达到集体化的唯一道路，依列宁所说，就是经济合作社。在边区，我们现在已经组织了许多的农民合作社，不过这些在目前还是一种初级形式的合作社，还要经过若干发展阶段，才会在将来发展为苏联式的被称为集体农庄的那种合作社。”② 毛泽东认为农业合作是“人民群众得到解放的必由之路，由穷苦变富裕的必由之路”。③ 此外，中国共产党还在抗日根据地采取了一系列促进农业生产的政策，如开展“吴满有运动”，提倡生产致富；鼓励农民和移民开垦荒地；发挥政府作用，兴修水利和抗灾救灾；发放农贷和推广农业科技等。④

---

① 张家骧主编：《马克思主义经济学说在中国的传播、运用与发展》，河南人民出版社1993年版，第294页。

② 《毛泽东选集》第3卷，人民出版社1991年版，第931页。

③ 《毛泽东选集》第3卷，人民出版社1991年版，第932页。

④ 有关情况参见武力、郑有贵主编：《解决“三农”问题之路——中国共产党“三农”思想政策史》，中国经济出版社2004年版，第201~208页。

可见，轻税、减租减息、大生产运动及精兵简政等是抗日战争时期中国共产党减轻农民负担着眼于减少“需求”的制度安排，而互助合作等是中共减轻农民负担着眼于增加“供给”的制度安排。

五、中国共产党解放战争时期的农民理论与政策

解放战争时期国共双方作战的军队近千万，这是中国历史上规模空前的内战，战争消耗空前严重。一个农业国要维持庞大的战费支出，必然加重农民的负担。“他们又要出公粮，又要当兵，又要当伕子，支持前线，代抗代耕，出教育费，等等”。①

解放战争时期中国共产党将农民的长远利益与暂时利益相结合，既保障革命战争开支又使农民能够维持基本的生活。正如1947年9月董必武所指出的：“群众的利益有暂时与长远的分别，我们必须善于照顾群众的暂时利益而又为其长远的利益奋斗。例如：目前群众的负担问题，因为要支持空前大规模的爱国自卫战争，群众负担是会比较重些，我们就要善于一方面使群众的负担尽可能公平、合理并过得去，一方面要用群众懂得的语言、事例，说服群众，让群众知道只有今天暂时的吃苦耐劳，才能换得打倒蒋介石，永远享太平的好光景。”②

为了统筹战争支出与农民负担能力，中共中央于1947年4月召开了华北财经会议，在调查研究的基础上对战时财经政

---

① 《刘少奇论新中国经济建设》，中共文献出版社1993年版，第101页。

② 有关情况参见武力、郑有贵主编：《解决“三农”问题之路——中国共产党“三农”思想政策史》，中国经济出版社2004年版，第266页。

策作了相应调整。

首先是人民负担能力。会议认为农民负担可以占其生产量的1%～1.5%。以华北地区每个农民平均年收入折合小米400斤为例，除去负担外，还有320～340斤，尚可维持最低生活。

其次是确定养兵规模。军队规模是与战费规模成正比例的，如何确定军队规模，要考虑两方面的情况，即“战争需要多少军队，人民最多能养活多少军队”。① 通过调查计算，1947年4月中共中央召开的华北财经会议认为养兵规模可以达到解放区人口的1%～1.5%。按当时解放区13000万人口计算，大致可以养兵200万。

最后是合理负担。抗日战争时期根据地由于没有实行地权制度的改革，因此实行地主富农多纳税、推行起征点较高的累进税制，以达到“有钱出钱，有力出力”的结果。解放战争时期，由于解放区普遍实行了土地改革，废除了封建土地所有制，农村出现中农化趋势。针对这一状况，为了公平税负，华北财经会议决定对农业税制加以改革。其要点是：扩大负担面，降低乃至取消免征点；减少累进税的差额；按土地的平均产量而不是实际产量征税，以奖励生产；对军属、烈属、工属和孤儿寡妇等没有劳动力的家庭酌减税负。②

1948年底，随着华北大城市解放在即，解放区开始把城市税收纳入视野以减轻农民负担。如1948年中共中央华北局在向中央的报告中提到：“我们认为公粮制度有改变之必要，

① 《华北解放区财政经济史资料选编》第1辑，中国财政经济出版社1996年版，第278页。

② 武力、郑有贵主编：《解决“三农”问题之路——中国共产党“三农”思想政策史》，中国经济出版社2004年版，第266、269页。

除军队和脱离生产人员的粮食暂必须征收外，其他财政开支，则尽可能地由国营工业、对外贸易及征收工商业所得税等解决之。供给工人和调剂城市居民的粮食和供应国营工厂的原料，应尽可能地用工业品日用必需品去和农民交换，使农民的商品粮食相对增加，并刺激农民增产粮食。”①

解放战争后期，新民主主义的新中国已开始出现在历史的地平线上。新民主主义经济是一种过渡型经济，它既带有资本主义性质，又包含着社会主义的因素。就当时的农村经济来说，“从封建制度解放出来的个体农民，在获得土地和生产工具以后，在给予他们以在市场上推销生产品的机会以后，就有可能在经济上保存和再度产生商品资本主义的关系……如果从这方面来说，新民主主义经济是带有资本主义性质的”。② 新民主主义农村经济的社会主义因素主要是农村的合作经济，它“是半社会主义性质的”。③ 对于新民主主义经济中的资本主义因素和社会主义因素，中国共产党领导人虽然略有歧见，但总体上都认为为了向社会主义社会过渡，不能采取等量齐观的政策，而是要有所抑有所扬。对此毛泽东在新中国成立前夕召开的中国共产党七届二中全会上所作的报告指出：“占国民经济总产值百分之九十的分散的个体的农业经济和手工业经济，是可能和必须谨慎地、逐步地而又积极地引导它们向着现代化和集体化的方向发展的，任其自流的观点是错误的。必须组织生产的、消费的和信用的合作社，和中央、省、市、县、区的合

① 《华北解放区财政经济史资料选编》第1辑，中国财政经济出版社1996年版，第414页。

② 许涤新：《新民主主义的经济》，三联书店1949年版，第20页。

③ 《毛泽东选集》第4卷，人民出版社1991年版，第1433页。

作社的领导机关。这种合作社是以私有制为基础的在无产阶级领导的国家政权管理之下的劳动人民群众的集体经济组织。中国人民的文化落后和没有合作社传统，可能使我们遇到困难；但是可以组织，必须组织，必须推广和发展。”①

正是基于向社会主义过渡的需要，解放战争后期中国共产党注意到了引导农民小农经济适应新民主主义经济和向社会主义经济过渡作准备的思想教育工作问题。

1948 年 12 月中共中央华北局在给中央的报告中分析了解放区土改后农民在未来发展道路方面的困惑：“随着土改的完成，农村的阶级关系起了根本的变化（地主阶级被消灭了），农民的思想也在发生着根本的变化……在生产问题上，几年来农民的情绪总是表现为：要就是对生产有顾虑，怕‘割韭菜’，不敢生产发家，要就是盲目地发展资本主义。现在摆在农民面前的是两条道路——或者是资本主义的道路（解决了农民生产顾虑之后，正在盲目地向这一方向发展），或者是新民主主义道路。根据农民现有的觉悟程度是解决不了这一个问题的。”针对农民的这一思想状况，该报告建议“在农民群众中深入进行新民主主义建设的教育，建立新民主主义的经济，深入地宣传组织起来进行生产，发家致富，引向合作化的道路”。②

1949 年 2 月，中共太行区党委在给中央的报告中针对农村干部群众把新民主主义经济等同于“新资本主义”的“右倾”倾向和抵制一切私人资本主义的“左倾”倾向指出：“干

① 《毛泽东选集》第 4 卷，人民出版社 1991 年版，第 1432 页。

② 《华北解放区财政经济史资料选编》第 1 辑，中国财政经济出版社 1996 年版，第 416 ~ 417 页。

部党员群众对生产前途的认识，依然在摇摆不定的状态中。当我们在结束土改中纠正了农业社会主义的倾向之后，又产生了一种“右”的倾向，这就是把新民主主义经济错误地认为就是‘新资本主义’。例如在农村中把发家致富的口号当成唯一的口号，漠视国家利益与群众的集体利益，干部党员严重地生长着盲目的发财思想……从去年10月之后，当我们注意纠正前述右的倾向后，现在许多干部又开始生长着‘左’的倾向，这就是害怕并抵制一切私人资本主义的存在和发展，把一切个体的小生产者的经济都看成是资本主义经济。”针对农村干部群众的这一思想动态，太行区党委认为必须“继续在党内和劳动群众中贯彻新民主主义经济发展道路的教育，端正生产前途的认识与生产政策的执行”。①

中国共产党在民主革命时期高度重视农民问题，关注农民诉求，在革命实践中创造性地发展了马克思主义的农民理论，制定了切合中国实际的农民政策，这是中国共产党赢得农民从而赢得中国的关键所在。但在从新民主主义向社会主义过渡的历史进程中，由于急于求成，农业集体化运动在一定程度上违背了农民意愿，造成农业发展的长期裹足不前。历史正反两个方面的经验教训对于21世纪中国农民问题的解决留下的前车之鉴令人深思。

第三节 中国共产党关于中国农村经济问题的思想

与土地问题和农民问题直接关系革命成败、具有鲜明的实

① 《华北解放区财政经济史资料选编》第1辑，中国财政经济出版社1996年版，第485页。

践性和发展的阶段性稍有不同，中国共产党的农村经济思想带有一定的理论色彩，它关系到中国农村革命性质和任务的确定以及中国农村社会经济发展的制度性安排。新民主主义革命时期除了中国共产党的领导人对中国农村经济的发展作过有关论述外，中国共产党领导的革命的理论工作者在对中国农村经济的理论探索中也发挥了非常重要的作用。

一、马克思主义经典作家的农村经济思想

农村经济是与城市经济相对应的一个概念，在社会大分工产生以前的原始社会，人类社会的经济形态都是广义的农业经济或农村经济。由于社会分工和商品经济的发展，产生了工商业同农业的分离，从而也引起城市和农村的分离及城乡利益的对立。马克思认为，在近代以前的农业社会中，城乡对立主要表现为乡村统治城市，这是因为农业是当时社会决定性的生产部门。但近代以后，随着工业化在城市的展开，农村开始落后于城市，城市开始统治农村。由于城市工人的工资收入高于农民和农业工人，工商业的收益高于农业，城市居民的文明程度高于农村居民，城乡之间出现了收入和文明程度落差，以城乡利益差别为基础的城乡二元结构开始形成。

马克思、恩格斯具体分析了近代以来城乡文明落差形成的原因：一是城市市场经济比农村发达。近代以来城市成为商品交换的中心，成为追求财富和利润的中心，而农村依靠男耕女织的自然分工而维持着自给自足的生活，商品率不高。二是由于大规模的劳动协作及机器的广泛使用，工业的劳动生产率大大提高，而农业生产由于具有地方闭塞性和分散性，其生产率的提高有限，由此形成一种历史现象，“这个历史现象就是工业（真正资产阶级的生产部门）比农业发展快。农业生产率

提高了，但是比不上工业生产率提高的程度”。① 三是城市工人集中在工厂里且人数众多，而农业工人分散和软弱，因此城市工人在提高工资水平方面与农业工人相比具有优势。四是新型的城市文明的熏陶使城市居民的文明程度高于农村居民。在城市中，“在大多数生产劳动中，单是社会接触就会引起竞争心和特有的精力振奋，从而提高每个人的个人工作效率”。②而农村居民则由于生产的分散性、地域的闭塞性、经济的贫困化、小生产的抗风险能力差而陷入落后愚昧保守的状态。

马克思、恩格斯认为，在城市化过程中，由于劳动力、土地、资本等生产要素在城乡之间和不同产业部门之间的自由流动，在工业化的早期，资本主义的生产方式首先在城市和工业中出现，农业劳动力和资本源源不断地转移到城市和工业中。工商业发展到一定程度以后，城市工商业的利润率逐步下降，农业的比较优势逐步显现，资本在利润率平均化规律调节下的自由流动将工业资本吸引到农村，资本主义生产方式逐渐支配农业，不断提高农业的劳动报酬，城乡差别出现逐步缩小的趋势。

因此，在马克思、恩格斯看来，近代工业文明进程对农村的影响在不同的历史时期产生的效应是不同的。在工业文明初期，农村生产要素不断流入城市，造成乡村社会的动荡与凋敝。以劳动力为例，“人口不断地流往城市，农村人口由于租地集中、耕地变成牧场、采用机器等原因而不断地‘变得过

---

① 何增科：《马克思、恩格斯关于农业和农民问题的基本观点述要》，《马克思主义现实》，2005 年第 5 期。

② 何增科：《马克思、恩格斯关于农业和农民问题的基本观点述要》，《马克思主义现实》，2005 年第 5 期。

剩’，农村人口因小屋拆除而不断地被驱逐”。①“人口的过剩完全不是由于生产力不足而造成的；相反，正是生产力的增长要求减少人口，借助于饥饿或移民来消除过剩人口。现在，不是人口压迫生产力，而是生产力压迫人口”。② 但随着工业文明的深化，随着生产要素的自由流动，在劳动力继续流向城市的同时，资本将回流农村，前者使农村居民人均可支配资源增加，具有拉平城乡收入效应，而后者促进了农村地区的开发。

在经典作家中，列宁 1912 年写的《中国的民主主义和民粹主义》直接提到了中国农村经济社会问题。列宁认为，中国是“落后的、半封建的农业国家”，在近五亿人民的生活日程上，只提出了这种压迫和这种剥削的一定的历史独特形式——封建制度。农业生活方式和自然经济占统治地位是封建制度的基础；中国农民这样或那样地受土地束缚是他们受封建剥削的根源；这种剥削的政治代表就是以皇帝为政体首脑的全体封建主和各个封建主。列宁这里提到的中国是一个“半封建”的农业国家，是国内外有关中国农村经济社会性质“半封建”的最早论断，对中国共产党分析中国农村经济社会性质具有重大的影响。

中国农村的现代农业文明与现代工业文明的相互激荡在 20 世纪上半叶体现出与西方早期文明史不同的历史特征。民国时期中国农村经济的衰败主要不是生产要素向城市集中造成的，而是外国帝国主义和本国封建势力的压迫等制度性因素形成的。因此，当时的中国共产党人认为中国农村经济的发展必须以中国农村社会的制度性变革为前提。

---

① 马克思：《资本论》第 1 卷，人民出版社 1975 年版，第 758 页。

② 《马克思恩格斯全集》第 8 卷，人民出版社 1961 年版，第 619 页。

二、大革命时期中国共产党有关中国农村经济的思想

中国共产党早期将主要精力集中在城市，对农村经济问题较少关注，缺乏对农村经济系统深入的研究。比如 1922 年 7 月发表的“二大宣言”认为中国农村“尚停留在半原始的家庭农业和手工业的经济基础上面”；中国政治上还处于代表封建生产关系的“军阀官僚的封建制度”所把持的状态之下。① 1923 年 6 月召开的中共三大开始关注农村经济问题，特别是注意研究外国经济侵略对中国农村经济造成的破坏、农民的失业失地问题，认识到“原料之输出，虽然使特种农作物的收集和流通渐渐进到了新式的组织”，但由于帝国主义的侵略，由于商业的畸形发展，中国“基本农业的生产力一天一天退步”，“手工业工人和农民等小生产者渐渐失掉了他们的生产资料，失业的手工业工人和失地的农民，他们的人数之众多和失业失地之迅速，比起国内工厂等新式生产机器的发展来，不知要超过若干倍，这些新式生产机器自然容不了他们”。②

在中国共产党内较早研究农村经济问题的领导人是陈独秀。1922 年 6 月，陈独秀发表《对于现在中国政治问题的我见》一文，将“内地乡村的家庭农业”、“各城市的手工业”和“沿江沿海近代资本主义式的工商业”一起，视为中国经济的三种形式之一，将其置于整个国民经济中加以考察，并

① 中央档案馆编：《中国共产党第二次至第六次全国代表大会文件汇编》，人民出版社 1981 年版，第 41～42 页。

② 中央档案馆编：《中国共产党第二次至第六次全国代表大会文件汇编》，人民出版社 1981 年版，第 51 页。

“首次谈到农村经济的性质”。① 陈独秀对鸦片战争以后中国自给自足的自然经济发生的变化，农村经济已经演变成了半封建（半资本主义）经济的状况认识不清，认为“中华民族以地大物博易于停顿在家庭农业、手工业自足的经济制度之下”，“内地乡村”是“家庭农业”，即小农自然经济。但是，他初步注意到帝国主义的经济侵略对乡村社会经济产生的一定影响，认为外国的经济侵略导致“物价腾贵”，农民破产，手工业被“外国机器制造品所毁灭”，迫使农民离开乡村到城市找工作。② 次年7月1日，在中国共产党成立两周年之际，陈独秀在《前锋》创刊号上发表《中国农民问题》一文，进一步认识到农业在中国国民经济中的地位，认为“国民经济之真正基础，还是农业”。该文从反对帝国主义的政治需要，揭露了帝国主义对中国经济侵略给中国农村经济造成的破坏，认为外国商品的输入使农产品相对价格下降，造成农村经济衰退，农民经济地位不断降低，“自耕农民多卖却其耕地降为佃农，佃农则降为雇工，或改业往城市为苦力，沿海者则移往海外，多数则流为兵匪”。③

中国共产党早期有关农村经济及其出路问题的理论建树集中体现在对当时中国思想界“以农立国”思潮的批判上。

中国近代关于中国经济发展道路的争论在19世纪50—60年代就已开端绪。中国传统的以农立国论在早期改良派“以商立国”的时代急呼中日渐势微，而甲午战争以后，以商立

① 武力、郑有贵主编：《解决“三农”问题之路——中国共产党“三农”思想政策史》，中国经济出版社2004年版，第52页。

② 《陈独秀文集选编》（中），三联书店1984年版，第185、254页。

③ 《陈独秀文集选编》（中），三联书店1984年版，第316页。

国论又开始被“以工立国”口号所取代。自此以后以工立国逐渐成为中国朝野关于中国经济发展道路的共识。但20世纪以后中国工业化进程中农村经济的衰败引起了中国思想界对中国经济发展道路的再反思。20世纪20年代以后中国思想界重新出现了一股以农立国的思潮。这股思潮以恢复发展农业为号召，反对工业化和城市化，试图恢复过去田园式的生产方式和生活方式。这种思潮既包含对资本主义制度弊端的批判，又抱有逃避先进生产方式的“复古”倾向。

大革命时期以农立国论最有影响的人物是章士钊。他于1922年底在湖南《大公报》上撰稿提出“以农立国”的主张。次年8月在上海《新闻报》上发表《业治与农》一文，列举18世纪以来欧洲工商业发展的许多弊端，同时也分析了中国工业化道路的种种梗阻，由此得出结论说：“世界真工业制之已崩坏难于收拾也如彼，吾国伪工业病之复洪胀不可终日也如此，此愚所为鸟瞰天下，内观国情，断然以农村立国之论易天下，无所用其踌躇者也。”① 同年11月他又发表《农国辨》一文，进一步阐述他的“以农立国”主张。

章氏为代表的以农立国论对工业社会的指陈有切中时弊的一面，加之以农立国在具有重本抑末思想传统的中国又具有其深厚的群众、社会基础，因此特别能引起一定的社会反响，赢得一部分人的支持和喝彩。而文章深藏的反对社会主义道路、反社会进步的思想底蕴是具有迷惑性和欺骗性的。因此，以农立国论遭到主张工业化和社会进步的中国共产党人的批判。

1923年10月30日，恽代英在《申报》上发表《中国可

① 罗荣渠主编：《从“西化”到现代化》，北京大学出版社1990年版，第683页。

以不工业化乎》一文批评以农立国论的迂腐之见，认为中国作为农业国，根本不可能脱离世界上的工业国而独立存在，工业国压迫农业国或将其变为殖民地是不争的事实，因此“中国亦必化为工业国然后乃可以自存”。中共另一位领导人瞿秋白也撰文指出，由于近代外国资本主义侵入中国对中国传统经济的破坏，今日中国早已不是章士钊所说的仍然是一个农业国，绝非可用“农国”二字所能表示其经济组织。“中国以农业立国而受此帝国主义的逼迫，早已滚入世界资本主义的旋涡中，成了世界经济里的一个齿轮”，“已渐入工业的范式”。①

对以农立国论批判最有力的是当时中共党内负责宣传、教育工作的理论家杨明斋。他撰写的《评〈农国辨〉》一文针对章氏攻击西方工业文明“过重物质文明”，导致人心不古，道德沦丧，“贫富两极相去太殊”，而农业经济因其具有“寡欲”长乐、平等“戒争”、“素淡宗教”、“不喜朋党”等好处，可以解救西方工业文明之弊，因而应“逃工归农”、“长为农国”的论调，逐条进行了驳斥。例如针对章士钊宣扬“农业的生产分配取义在均，使有余不足之差不甚相远”，攻击工业国“贫富相去太远”，杨明斋以中国的生产分配为例，列举地主“一户三五口据地田万余亩”，而千百万贫农则租地甚或沦为乞丐，揭穿其虚誉落后农国的不实之词；杨明斋同时指出，欧洲各工业国贫富悬殊，“劳资两阶级相对如寇仇”，并非是工业兴起以后才有，“并不是工业生产的病，而是分配和财产分配制度的病”。所以中国既不能倒退“返农”，也不必全盘照搬西方资本主义的那一套，而是要选择既高度发展工业经济，

① 彭明主编：《中国现代史资料选编》第2册，中国人民大学出版社1988年版，第292页。

又能避免西方资本主义弊端的“社会主义”。①

三、土地革命战争时期中国共产党有关中国农村经济的思想

1927 年国共两党分裂之后，国内从事社会科学的学者围绕“中国的前途与命运”这一主题，展开了关于中国社会性质（包括农村社会性质）问题的大讨论，讨论一直持续到 20 世纪 30 年代抗日战争爆发。这一争论的出现不是偶然的。

大革命失败以后，苏联共产党和共产国际内部首先在对中国问题的认识上发生了分歧。以斯大林、布哈林为首的“多数派”认为，在中国，封建势力是各省压迫的基本形式，因此，中国革命的性质仍然是资产阶级民主革命，革命的任务是反对封建残余的斗争和反对帝国主义斗争的结合。而以托洛茨基、拉狄克为首的“少数派”认为，中国自秦汉以来就已经是商业资本主义社会，封建势力只是一种残余，中国革命的首要问题是向帝国主义争取“关税自主权”，1928 年以后中国民族资产阶级已统治了中国，“中国已进入资本主义稳定发展时期”，中国并无革命的形势与要求。②

苏联共产党和共产国际内部的分歧也反映到中共党内。1928 年 7 月在莫斯科召开的中共“六大”作出的决议指出：“中国现在的地位是半殖民地”，“现在的中国经济制度，的确应当规定为半封建制度”，中国的革命“是资产阶级民主革命，反帝反封建是现时革命的根本任务”。关于中国农村经济，“六大”决议认为，中国农村资本主义化与其他各国的不

① 余世诚：《杨明斋》，中共党史资料出版社 1988 年版，第 47 页。

② 吴雁南等主编：《中国近代社会思潮》第 3 卷，湖南教育出版社 1998 年版，第 409 页。

同之处在于，中国农村资本主义化的过程，“是在一般的经济停滞过程中”，尤其是“农村经济停滞”之中。此外，“中国没有大农经济，差不多完全是最小的中农经济”。由于“不断的军阀混战”和“帝国主义的横暴侵略”，小农经济多处于破产状况；中国受着资本主义发展的“最厉害的坏处”，而没有受着资本主义的“伟大的好处”，“即生产力的增高”。在此情形之下，“中国境内的资本主义的发展，尤其是农村资本主义的发展，是非常困难的非常之畸形的半途而废的”。

“六大”决议指出中国农业资本主义的发展道路有三种可能。一是“一方面保存地主土地占有制，另一方面有资本主义式的农家经济之现象”的“欧洲式的模范的资本主义或农家经济之发展”。但由于中国工业发展不足，这种发展的可能性很小。二是“大封建地主（或半封建地主）经济变成大资本主义的农业经济”。这种可能性也很小，因为“中国完全没有封建式的地主阶级”，此外中国农业领域的投资“还必须停止内战，确立资产阶级的法律程序，将农民运动全部镇压下去，才可以投资”。三是“外国大资本家投资在中国农业，组成很大的农业公司”。这种道路可使“资本主义发展的速度加强，生产力底增高加速”。但是中国农业的这种资本主义发展方式，也不能有更大的范围，因为“这是保存着帝国主义的压迫，而且还会更加增加这种压迫，简直要将中国的半殖民地变成殖民地”。①

因此，“六大”决议认为中国在工农群众取得政权以后“一定是赶快准备过渡到无产阶级专政的条件”，消灭资本主

① 张家骧主编：《马克思主义经济学说在中国的传播、运用与发展》，河南人民出版社 1983 年版，第 203 ~ 204 页。

义市场而代以有组织的经济，即走向社会主义的前途。除此之外，“没有第二条路可以解放自己”。

但是“六大”决议并没有统一全党的认识，陈独秀等人拥护托洛茨基的观点，反对“六大”决议对中国问题的估计。陈独秀于1929年7月28日、8月5日、8月11日连续3次致信中共中央，就中国社会性质、阶级关系、革命的性质与任务等问题，申述自己的观点，引起中共党内在中国农村社会性质等问题上的论争。

1929年8月5日陈独秀公开发表《关于中国革命问题致中共中央信》，认为“中国的封建残余，经过商业资本的长期侵蚀，自国际资本主义侵入中国以后，资本主义的矛盾形态伸入了农村，整个的农民社会之经济构造，都为商品经济所支配”，加上1925—1927年之革命的冲击，封建势力已经是“残余之残余”①，在中国已无进行土地革命的需要。同年12月15日陈独秀起草的中国托派的纲领性文件《我们的政治意见书》再次认为中国封建制度已经崩坏，土地权归了自由地主与自由农民，商品的生产与消费及货币经济，连穷乡僻壤都达到了，自然经济已扫荡殆尽。“资本主义的作用及其特有的矛盾形态，不但占领了城市，而且深入了乡村，乡村重要部分经济都直接间接隶属于市场，因此城市经济绝对地支配了乡村，因此一切封建残余的政治势力都不得不力求资本主义化以自存”。陈独秀认为，中国土地早已是一种个人私有的资本而不是封建的土地，地主已资本家化，因此资本主义的经济关系在中国不

① 《陈独秀著作选》第3卷，上海人民出版社1993年版，第41页。

占决定的优势地位，“只是常识的判断，而不是科学的观察”。① 依据对中国社会性质的判断，陈独秀认为，中国已基本上完成了反帝反封建的资产阶级民主革命，从此“开始了中国历史上一大转变时期”，即以国民党政权为代表的资本主义发展时期，社会的主要任务是“经济复兴”，中国共产党应该停止武装斗争，主要工作是为“召集国民会议奋斗”。②

与中国共产党内要求取消革命相呼应的是南京国民政府的文化围剿。由国民党官僚戴季陶、陈果夫、周佛海等为代表的“新生命”派，创办新生命书局，出版《新生命》杂志，抛出许多反共文章，认为中国自战国以来就是一个封建制度已经分解而资本主义生产又不发达的特殊社会。因此，中国既不需要资产阶级民主革命，也不需要社会主义革命，只有“三民主义”才能拯救中国。此外，国民党“改组派”、国家主义派、无政府主义者及以陶行知、晏阳初、黄炎培、中国华洋义赈救灾总会等为代表的农村改良主义者都通过各种形式反对和抵制中国共产党在农村进行的土地革命。

中国社会的性质决定着中国革命的性质，正如1928年11月1日蔡和森在《中国革命的性质和前途》一文所指出的，要正确认识中国革命的性质，必须首先明了中国社会的性质。如果承认中国是封建社会，中国革命是资产阶级革命，革命的任务就是反封建；如果承认中国是资本主义社会，中国革命是社会主义革命，革命的任务就是反对资产阶级；如果承认中国是半殖民地半封建社会，中国革命是资产阶级民权革命，革命

① 张家骧主编：《马克思主义经济学说在中国的传播、运用与发展》，河南人民出版社1983年版，第220~221页。

② 《陈独秀著作选》第3卷，上海人民出版社1993年版，第40页。

的任务就是反帝反封建。①

为了应对陈独秀及“新生命”派等散布的观点，澄清有关中国社会性质问题上的思想，中共中央宣传部决定组织进步的社会科学工作者，通过合法的或秘密的方式，组织进步社团、创办刊物，利用大学讲坛从事中国社会和革命问题的研究与宣传工作。1929 年 11 月，中共中央文化工作委员会以“创造社”的名义创办的《新思潮》杂志在上海出版。次年 4 月，《新思潮》月刊第 5 期推出了《中国经济研究》专号，就中国社会性质问题进行了集中讨论，刊登了潘东周的《中国经济的性质》、王学文的《中国资本主义在中国经济中的地位及其发展前途》、向省吾的《帝国主义与中国经济》《中国商业资本》、吴黎平的《中国土地问题》、李一氓的《中国劳动问题》等文章，集中批驳托陈取消派和“新生命派”的论调。同年 5 月，为了有效组织革命的社会科学工作者，认真研究中国革命的理论和实践问题，在中国共产党的直接组织和领导下，于上海成立了“中国社会科学家联盟”。

20 世纪 30 年代，随着中国共产党在长江流域广大农村地区开展的土地革命如火如荼地发展，农村问题引起了南京国民政府的重视，国民政府为了扭转农村动荡不安的局面，提出“农村复兴”的口号，国民政府的御用文人也通过各种方式或论证农村封建剥削的合理性，或力图改良农村，发起乡村建设运动。在此背景下，农村经济和社会问题引起革命的社会科学工作者的关注。1933 年主持中央研究院社会科学研究所的中共秘密党员陈翰笙发起成立中国农村经济研究会，次年该会创

① 张家骧主编：《马克思主义经济学说在中国的传播、运用与发展》，河南人民出版社 1983 年版，第 223 页。

办《中国农村》月刊，开展农村经济问题的深入调查研究，与国民党御用文人展开中国农村社会性质问题的争论。

有关中国农村社会性质问题的论争内容十分广泛，这里仅介绍中国共产党领导的革命的社会科学工作者在中国农村社会性质问题上的主要观点。

（一）中国农村社会性质论

针对陈独秀及“新生命”派等认为中国农村已经是资本主义社会，因此中国农村问题主要是资本问题而不是土地问题的观点，革命的社会科学工作者撰文指出，帝国主义的侵略虽然促进了自然经济的解体和城乡商品经济的发展，为资本主义生产造成了某些客观条件，资本主义的生产方式在农村也一定程度上存在，但是这种变化“并没有使封建势力走向自身的否定”。相反，帝国主义、买办阶级和封建势力紧密结合起来，残酷地统治着中国的农村。农村绝大部分土地仍然控制在少数封建地主手里，广大农民只有很少土地或没有土地，不得不以租佃的形式租种地主的土地。这种关系，“不是资本主义的剥削，而是封建式的剥削”。因此，中国的农村社会是半封建性质的，占据统治地位的是封建剥削阶级。在西方资本主义农业中，是资本家雇佣农业工人，以资本家的工具、肥料、资本来进行生产，工人得其全部的必需劳动的生产价值（工资），资本家得其全部的剩余价值（利润）。而中国的农业生产是地主将土地租给农民，地主完全不参加生产，农民以自己的生产工具、肥料、资本以及劳动所生产的产品交给地主。“这样的剥削关系，是农奴制之强迫劳动的残余，因此，它是封建关系”。①

① 张家骧主编：《马克思主义经济学说在中国的传播、运用与发展》，河南人民出版社1983年版，第234～235页。

革命的社会科学工作者还分析了欧洲资本主义下的地租与中国封建制下的地租的差别，认为中国地租与资本主义的欧洲的地租是不一样的。中国地租是向农民强取其全部的剩余生产品以及其一部分的生活必需品。而欧洲资本主义的地租是分取其剩余价值的一部分，并且是小部分。

革命的社会科学工作者认为要打破中国农村的封建式的剥削关系，就必须解决农民的土地问题。“土地问题一日不得解决，中国农村经济的发展，中国农民的解放，一日没有希望。所以，土地革命，是数万万农民群众的切身的急迫的要求，是中国革命目前阶段上的中心问题，是中国资产阶级革命的关键”。①“同时由于这种封建残余是被帝国主义所维持，所以反对封建主义跟反对帝国主义变成劳苦大众争取解放的不可分离的任务”。②

（二）关于中国农村经济研究的视角与方法

20世纪30年代中国农村社会性质的论争虽然具有十分强烈的政治斗争色彩，但论争双方在形式上保持了学术论争的特点。理论分析必然涉及分析的视角与方法，革命的社会科学工作者在中国农村经济研究的视角上反对局限于农村经济的技术性方面特别是生产力方面的研究，主张着力研究农村的生产关系，认为虽然研究农村经济，必须或多或少地考虑自然条件、生产技术以及“单纯的封建剥削或是商品生产”等，但“我们必须进而研究中国农村社会的复杂的经济结构，以及直接间

---

① 吴黎平：《中国土地问题》，《新思潮》，1930年第5期。

② 薛暮桥、冯和法：《〈中国农村〉论文选》（上），人民出版社1983年版，第118页。

接支配着中国农民的整个经济体系”。①“中国农业经济研究的对象是中国农村的生产关系，或是在农业生产、交换和分配过程之中人与人间的社会关系，而不是别的”。“假如我们研究的出发点是在旧程序的持续和局部改良，那么我们一定会以片段的、静止的对于生产力的技术的考察，作为我们的主要任务。反之，假如我们的出发点是在求农业彻底的改造，那么我们一定会以对于农村生产关系在其发生、成长和没落的过程之中全面地把握其本质与归趋，作为我们的主要任务。二者必居其一，而我们是站在后者的一面”。②

有的马克思主义者对于研究农村的生产关系的具体内容作了概括，认为“农业经济学的研究对象是：地主与农民间的关系；农业经营者（农业资本家）与雇农（农村雇佣劳动者）间的关系，整个农村与都市经济以至国际市场（对殖民地而言为国际帝国主义）的关系”。③

在中国农村经济的研究方法上，革命的社会科学工作者针对南京金陵大学农业经济系教授卜凯从国外引进的当时国际上比较流行的实地调查的方法，提出用马克思主义的阶级分析法来研究中国农村经济。卜凯反对用阶级分析方法来研究和解决中国农村经济问题，认为中国农村贫困及农场经营规模小、效率低的总根源是农村人口的过剩，解决这一问题的最好的治本的办法是实行人口节制。马克思主义者指出卜凯在研究中国农

① 薛暮桥、冯和法:《〈中国农村〉论文选》(上)，人民出版社 1983 年版，第 43 ~ 44 页。

② 薛暮桥、冯和法:《〈中国农村〉论文选》(上)，人民出版社 1983 年版，第 87 ~ 88 页。

③ 薛暮桥、冯和法:《〈中国农村〉论文选》(上)，人民出版社 1983 年版，第 44 页。

村问题上承袭了马尔萨斯人口论的衣钵，“丝毫没有把握细小农场经营的核心问题”，“重压在这种细小经营之上的负担，并不是什么万恶的人口过剩，倒是高昂的地价，过重的地租，以及那些和土地所有凝结着的商业资本、高利贷和一切苛杂的剥夺”。①

孙冶方在《中国农村》上撰写《怎样分类观察农户经济》一文，进一步提出了如何运用阶级分析研究中国农村经济的问题。他肯定了中国共产党提出的按照占有土地的多少、自己是否耕种、所种田地的多少、地权关系以及是否出雇或雇工等，将农村居民划分为地主、富农、中农、贫农、雇农等。他批评了当时流行的几种划分农村阶层的方法：一是将农民划分为自耕农、半自耕农和佃农，他认为这种方法“忽视了农民与地主的具体关系”，“也并不能确切地全面地表现出他们真正的经济地位”；二是按农户所种田亩的多少，将农民划分为大农、中农和小农，他认为这种方法“没有顾到地主的地位”，也“抹杀了农户所耕田亩的田权关系”；三是按照全部村户所有田地的多少，将农民划分为地主、大农、中农和小农，他认为这种方法“不能精确地区别出哪些人是地主，哪些人是农民”，也“忽略了毫无田地的村户之存在”。②

（三）对“第三条道路”的批判

20世纪上半叶中国农村经济的急剧破产，引起社会各界人士的广泛注意。“救济农村”、“复兴农村”，成为社会的普

① 薛暮桥、冯和法：《〈中国农村〉论文选》（上），人民出版社1983年版，第922页。

② 薛暮桥、冯和法：《〈中国农村〉论文选》（上），人民出版社1983年版，第61～65页。

遍呼声。在此情况下，一批既不满意中国国民党的统治及其乡村政策，又不赞同中国共产党的土地革命的知识分子纷纷下乡，试图寻找既不同于中国国民党也不同于中国共产党的改造中国农村的“第三条道路”①，这一被称为“乡村建设派”的成员成分非常复杂，其中最有影响的知识分子是文化保守主义者、其主张有着鲜明的中国传统色彩的梁漱溟。他在经济思想方面与前期的以农立国派同调，主张“农业引发工业”，“从乡村生产力购买力辗转递增，农业工业叠为推引，逐渐以合作的路，达于为消费而生产，于生产社会化的进程中，同时完成分配的社会化”。② 梁漱溟的从农业引发的工业，既不是重工业，也不是机器生产的轻工业，而只是农村副业性质的家庭手工业，因此，他本质上是反对中国工业化的。在政治上梁漱溟鼓吹改良，反对革命，提出“政教合一”，以“协助政府”清剿共产党领导的土地革命，主张“不独要清除共产党分子，并要清除共产党理论”。③

乡村建设派不是站在农民的立场来观察农村社会，他们没

---

① 乡村建设派试图在国共两条道路之外，开出第三条道路的企图在梁漱溟的一段自白中说得非常明白：“此时我看南京的国民党是站在我右边；它倡言建设而无方针，简直不晓得它要往哪里去，不说背叛革命，亦是忘记革命。江西的共产党是在我左边的；它倒是始终没有忘记革命，而盲目破坏，有害无益。若其昧于认识中国问题，则两党所犯之病相同。只有我从历史文化认出了中国革命唯一正确之路。”见梁漱溟：《我的努力与反省》，漓江出版社 1987 年版，第 402 ~ 403 页。

② 梁漱溟：《乡村建设旨趣》，《梁漱溟全集》第 5 卷，山东人民出版社 1990 年版，第 579 页。

③ 梁漱溟：《主编本刊(〈村治〉) 之自白》，《梁漱溟全集》第 5 卷，山东人民出版社 1990 年版，第 27 页。

有抓举中国农村的政治经济的根本问题，以愚、穷、弱、私及“文化失调”来掩盖帝国主义侵略和封建地主阶级剥削是造成中国农村落后破产的根本原因这一事实，没有弄清中国农村最需要急迫解决的问题是什么。他们给建设中国农村开出的处方，不是直接触及帝国主义和封建主义的统治，只想在现存的统治秩序之下做些改良以达到消弭土地革命、拯救农村的目的。

对于土地革命战争时期兴起的乡村建设思潮和乡村建设运动，中国共产党领导的革命思想界进行了激烈的批驳，孙冶方、千家驹、李紫翔、张志敏、张锡昌、薛暮桥、钱俊瑞等都发表了相关方面的文章。其中孙冶方 1936 年 5 月发表的《为什么要批评乡村改良主义工作》一文比较全面地说明了中国共产党对乡村改良运动批判的出发点和目的。

孙冶方指出，虽然“许多从事乡村改良主义运动的工作人员底精神，是可以佩服的，他们都抛弃了都市的享乐，而到农村中去做那些艰苦工作；在他们主观方面，或者以为他们所做的工作确实是足以拯救中国农村之崩溃”，但“一切乡村改良主义运动，不论它们底实际工作是从哪一方面着手，但是都有一个共有的特征，即是都以承认现存的社会政治机构为先决条件，对于阻碍中国农村，以至阻碍整个中国社会发展的帝国主义侵略和封建主义残余势力的统治，是秋毫无犯的”。因此，“他们底主观方面的好意，决不能掩饰他们底工作在客观上的开倒车作用”。

孙冶方认为，乡村改良主义运动的批评者并不否认教育和科技的意义，“不过他们认为在现存社会秩序下，教育和技术是不能发展的。退一步说，即使农民们能够识得字，能够读书看报了，又不能解除他们底痛苦；即使农民们能够相信改良技术，使农民的每亩能够多产一石谷，多结几十斤棉花了，然而帝国主义的一场倾销，就可以使你的农产物跌去一半价钱，两次兵差一派，就可以吞蚀了你的全部收入。所以要发展教育改良技术，就应该从铲除阻碍教育发展和技术改良的原因——帝国主义侵略和封建残余势力——着手，这才是真正爱护教育，真正提倡技术和奖励生产的办法。”①

1938年与梁漱溟见面以后，中共领导人毛泽东也对乡村建设派抹杀农村阶级和阶级斗争的思想进行了批评。毛泽东针对梁漱溟在《乡村建设理论》一书中提出的中国社会的经济，是“伦理本位的经济”，“其经济结构隐然有似一种共产”的观点指出“地主与农民不共财、不相恤、不互相负责，贫民生计问题并无保障，仅有残酷的剥削关系存在”。所谓“伦理本位经济”，实质上是一种“封建经济”；所谓“共产”的特征，“只是一种建立在封建剥削关系上的家庭共产主义”。②

土地革命战争时期革命的社会科学工作者展开的农村社会性质论战进一步揭示了中国半殖民地半封建的社会性质，使国统区知识分子对中国农村社会性质和中国农业改造的道路有了比较明确的认识，加深了对中国共产党领导的土地革命的政治路线的理解。论战过程中革命的社会科学工作者开展了扎实的农村经济调查，通过对中国农村经济的调查研究，对中国社会的小农、商品、雇佣劳动、原始市场等进行了比较深入的切合中国实际的研究，大大推进了马克思主义经济学的中国化进

① 薛暮桥、冯和法:《〈中国农村〉论文选》(上)，人民出版社1983年版，第244～249页

② 武力、郑有贵主编:《解决“三农”问题之路——中国共产党“三农”思想政策史》，中国经济出版社2004年版，第152～153页。

程。从经济思想的视角看这次论战，革命的社会科学工作者的主要不足是在生产力与生产关系二者的关系上更多地强调了生产力的社会性，对生产力的技术因素重视不够。

四、抗日战争和解放战争时期中国共产党有关中国农村经济的思想

土地革命战争时期，革命的社会科学工作者展开的有关中国农村经济的研究主要还只是一种学理的研究，中国共产党领导人在严酷的军事斗争环境下对于经济理论问题不可能多加关注。抗日战争时期中共领导人所在的陕甘宁地区相对稳定，有条件进行系统的理论研究。正是在这一时期毛泽东特别注重研究经济问题。1941 年 3 月，他在致重庆周恩来、董必武的信中，委托周、董二人代订国统区的《中央日报》《扫荡报》《新蜀报》《新民报》《时事新报》等报纸和《四川经济参考资料》《贵州经济》《日本对支经济工作》《中外经济年报》《中外经济拔萃》《中国工业资本问题》等书刊。同一时期毛泽东与抗日根据地主管经济工作的领导人书信往来频繁，或商讨经济问题，或索取经济资料、调查材料。正是在深入研究并借鉴革命的社会科学工作者的理论成果的基础上，抗日战争时期毛泽东写出了《中国革命和中国共产党》《新民主主义论》等经典理论文献，其中也包含有关中国农村经济问题的精彩分析。

毛泽东和其他几个在延安的同志于 1939 年冬季合写的《中国革命和中国共产党》一文对近代以来西方资本主义侵入对中国社会经济特别是农村自然经济的影响作了深刻分析，迄今仍闪耀着理性之光。该文认为，“自从 1840 年的鸦片战争以后，中国一步一步地变成了一个半殖民地半封建的

社会”，“中国封建社会内的商品经济的发展，已经孕育着资本主义的萌芽，如果没有外国资本主义的影响，中国也将缓慢地发展到资本主义社会。外国资本主义的侵入，促进了这种发展。外国资本主义对于中国的社会经济起了很大的分解作用，一方面，破坏了中国自给自足的自然经济的基础，破坏了城市的手工业和农民的家庭手工业；又一方面，则促进了中国城乡商品经济的发展”。“这些情形，不仅对中国封建经济的基础起了解体的作用，同时又给中国资本主义生产的发展造成了某些客观的条件和可能。因为自然经济的破坏，给资本主义造成了商品的市场，而大量农民和手工业者的破产，又给资本主义造成了劳动力市场”。①

毛泽东认为中国社会包括农村社会这一资本主义的发生和发展的新变化，只是帝国主义侵入中国以来所发生的变化的一个方面，“还有和这个变化同时存在而阻碍这个变化的另一个方面，这就是帝国主义勾结中国封建势力压迫中国资本主义的发展”。“帝国主义列强侵入中国的目的，决不是要把封建的中国变成资本主义的中国。帝国主义列强的目的和这相反，它们是要把中国变成它们的半殖民地和殖民地”。毛泽东分析了帝国主义列强为达到上述目的所采取的军事、政治、经济和文化压迫手段，其中有关中国农村经济的内容包括“使中国的农业生产服从于帝国主义的需要”；“在中国经营了许多轻工业和重工业的企业，以便直接利用中国的原料和廉价的劳动力”；“帝国主义列强从中国的通商都市直至穷乡僻壤，造成了一个买办的和商业高利贷的剥削网，造成了为帝国主义服务的买办阶级和商业高利贷阶级，以便利其剥削广大的中国农民

① 《毛泽东选集》第2卷，人民出版社1991年版，第626～627页。

和其他人民大众”；“于买办阶级之外，帝国主义列强又使中国的封建地主阶级变为它们统治中国支柱”，“帝国主义到处致力于保持资本主义前期的一切剥削形式（特别是在乡村），并使之永久化，而这些形式则是它的反动的同盟者生存的基础”。因此，“帝国主义侵入中国以后的新变化的又一方面，就是把一个封建的中国变为一个半封建、半殖民地和殖民地的中国的血迹斑斑的图画”。①

毛泽东认为半封建社会中国农村经济的特点是“封建时代的自给自足的自然经济是被破坏了；但是，封建剥削制度的根基——地主阶级对农民的剥削，不但依旧保持着，而且同买办资本和高利贷资本的剥削结合在一起，在中国的社会经济生活中，占着显著的优势……中国的广大人民，尤其是农民，日益贫困化以至大批的破产”。②

抗日战争时期中国共产党领导的武装力量在大江南北的农村建立了十几个大的根据地，这些根据地没有帝国主义的统治，没有半殖民地性质，具有新民主主义的性质：“各根据地的政治，是一切赞成抗日和民主的人民的统一战线的政治，其经济是基本上排除了半殖民地因素和半封建因素的经济，其文化是人民大众的反帝反封建的文化。因此，无论就政治、经济或文化来看，只实行减租减息的各抗日根据地，和实行彻底的土地革命的陕甘宁边区，同样是新民主主义的社会”。③

以毛泽东为代表的中国共产党人提出了在新民主主义根据地通过互助合作发展农业的思想。

---

① 《毛泽东选集》第2卷，人民出版社1991年版，第629~630页。

② 《毛泽东选集》第2卷，人民出版社1991年版，第630~631页。

③ 《毛泽东选集》第2卷，人民出版社1991年版，第101页。

毛泽东较早就认识到在农村发展合作组织特别是非生产性合作组织的必要性，1926 年他主持农民运动讲习所时，就为学员设置了“农村合作概论”课程。1927 年他在《湖南农民运动考察报告》中，充分肯定了农村的合作社，他列举农民协会办的 14 件大事中的第 13 件就是“合作运动”。他说：“合作社，特别是消费、贩卖、信用三种合作社，确是农民所需要的。他们买进货物要受商人的剥削，卖出农产要受商人的勒索，钱米借贷要受重利盘剥者的剥削，他们很迫切地要解决这三个问题。”①

土地革命时期，在领导建立农村革命根据地过程中，毛泽东重视在土地改革的基础上，以互助合作的形式将农民组织起来，以克服生产和生活中的困难。1933 年 8 月，毛泽东在中央革命根据地南部十七县经济建设大会上所作的《必须注意经济工作》的报告中，要求各级政府和财政经济部门把“发展合作社”等作为中心任务之一，“经常放在议事日程上面去讨论，去督促，去检查”。在发展合作事业中，他还要求采取农民所喜欢的群众化的方式，而不要采取命令主义，“命令主义地发展合作社，是不能成功的”，其“结果是失去信用，妨碍了合作社的发展”。② 次年 1 月，毛泽东在江西瑞金召开的第二次全国工农兵代表大会上所作的《我们的经济政策》的报告中特别强调了建立生产合作以调剂根据地劳动力：“劳动互助社和耕田队的组织，在春耕夏耕等重要季节我们对于整个农村民众的动员和督促，则是解决劳动力问题的必要的方法”。“组织犁牛合作社，动员一切无牛人家自动地合股买牛

① 《毛泽东选集》第 1 卷，人民出版社 1991 年版，第 40 页。

② 《毛泽东选集》第 1 卷，人民出版社 1991 年版，第 124 ~ 125 页。

共同使用，是我们应该注意的事”。毛泽东将“合作事业”、“国营事业”和“私人事业”列为根据地国民经济的三个方面，认为“合作社经济和国营经济配合起来，经过长期的发展，将成为经济方面的巨大力量，将对私人经济逐渐占优势并取得领导的地位。所以，尽可能地发展国营经济和大规模地发展合作社经济，应该是与奖励私人经济发展，同时并进的”。①

抗日战争时期毛泽东对于农村合作经济的发展有了新的理论提升，他进一步把农村合作经济视为发展农村集体经济，从根本上改造农村并使其逐步过渡到社会主义社会的重要制度创新。1943年11月毛泽东在中共中央招待陕甘宁边区劳动英雄大会上作了有关论述合作经济的专题报告——《组织起来》。毛泽东分析了根据地合作经济的性质、作用及其发展的趋向，他指出：“在农民群众方面，几千年来都是个体经济，一家一户就是一个生产单位，这种分散的个体生产，就是封建统治的经济基础，而使农民自己陷于永远的穷苦。克服这种状况的唯一办法，就是逐渐地集体化；而达到集体化的唯一道路，依据列宁所说，就是经过合作社。在边区，我们现在已经组织了许多的农民合作社，不过这些在目前还是一种初级形式的合作社，还要经过若干发展阶段，才会在将来发展为苏联式的被称为集体农庄的那种合作社。我们的经济是新民主主义的，我们的合作社目前还是建立在个体经济基础上（私有财产基础上）的集体劳动组织。”② 毛泽东要求“在华北华中各抗日根据地内，都应该在群众自愿的基础上”，广泛组织合作社，他认为农业合作是“人民群众得到解放的必由之路，由穷苦变富裕

① 《毛泽东选集》第1卷，人民出版社1991年版，第132～134页。
② 《毛泽东选集》第3卷，人民出版社1991年版，第931页。

的必由之路”。① 在这里，毛泽东一方面依据列宁的经过合作社把农民引向集体化的思想论述了组织合作社对于中国农村发展的深远意义；另一方面又明确地指出了当时根据地的经济还是新民主主义的，当时的合作社还是建立在个体经济基础上的，与苏联社会主义的集体农庄是有区别的。

1949 年 3 月，毛泽东在新中国成立前夕召开的中共七届二中全会上所作的报告中认为“合作经济是半社会主义性质的”，是新民主主义的五种经济成分之一。他进一步强调要通过合作社改造中国农村的小农经济：“占国民经济总产值百分之九十的分散的个体的农业经济和手工业经济，是可能和必须谨慎地、逐步地而又积极地引导它们向着现代化和集体化的方向发展的，任其自流的观点是错误的。必须组织生产的、消费的和信用的合作社，和中央、省、市、县、区的合作社的领导机关。这种合作社是以私有制为基础的在无产阶级领导的国家政权管理之下的劳动人民群众的集体经济组织。中国人民的文化落后和没有合作社传统，可能使得我们遇到困难；但是可以组织，必须组织，必须推广和发展。单有国营经济而没有合作社经济，我们就不可能领导劳动人民的个体经济逐步地走向集体化，就不可能由新民主主义社会发展到将来的社会主义社会，就不可能巩固无产阶级在国家政权中领导权。谁要是忽视或轻视了这一点，谁也就要犯绝大的错误。”②

中国共产党的其他领导人也把合作经济视为小农经济过渡到社会主义集体农业经济的桥梁。如 1948 年 9 月，张闻天在为中共中央东北局起草的文件中指出：“无产阶级在领导农民

---

① 《毛泽东选集》第 3 卷，人民出版社 1991 年版，第 932 页。

② 《毛泽东选集》第 4 卷，人民出版社 1991 年版，第 1432 ~ 1433 页。

起来消灭封建制度的时候，用一种直接革命方法，即行政手段就可以达到目的，但要在经济上去领导农民小生产者，要使千千万万的农民小生产者依照无产阶级的计划进行生产，并在将来要使他们走向社会主义的前途，采取这种行政手段，将是完全不中用的，而且是很危险的。无产阶级必须采用农民小生产者所能接受的经济上的办法，才能在经济上组织与领导农民小生产者。这种经济上的办法，就是合作社农场等。”①

中国共产党在新民主主义革命时期的合作思想就其发展农村经济的价值目标而言主要包括两个方面：一是通过劳动互助提高劳动生产率。毛泽东认为：“互助的集体生产组织形式，可以节省劳动力，集体的劳动强过单独劳动”。“如果不从个体劳动转移到集体劳动的生产方式的改革，则生产力还不能获得进一步的发展。因此，在建设以个体经济为基础（不破坏个体的私有财产基础）的劳动互助组织，即农民的生产合作社，就是非常需要的了。只有这样，生产力才可以大大提高”。“如果全体农民的劳动力都可以组织在集体互助之中，那么，现有全边区的生产就可以提高百分之五十到百分之一百，这办法，可以行之于各抗日根据地，将来可以行之于全国，这在中国经济史上是要大书特书的”。② 20 世纪 50 年代初，毛泽东提出：既然西方资本主义在其发展过程中有一个工场手工业阶段，即尚未采用蒸汽机动力机械，而依靠工场分工以形成新生产力的阶段，则中国的合作社，依靠统一经营形成

① 《张闻天选集》，人民出版社 1985 年版，第 403～404 页。

② 张家骧主编：《马克思主义经济学说在中国的传播、运用与发展》，河南人民出版社 1983 年版，第 306～307 页。

新生产力，去动摇私有制基础，也是可行的。① 毛泽东正是借用这个案例说服全党加速推进农村合作化的。二是通过劳动互助促进中国农村政治、经济、文化的进步，为新民主主义社会向社会主义社会过渡创造条件。毛泽东认为，合作社“这种生产团体一经成为习惯，不但生产量大增，各种创造都出来了，政治也会进步，文化也会提高，卫生也会讲究，流氓也会改造，风俗也会改变；不要很久，生产工具也会有所改良。到了那时，我们的农村社会，就会一步一步地建立在新的基础的上面了”。② 毛泽东把农村的合作事业视为中国农村生产关系上的一次“革命”：“这样的改革，生产工具根本没有变化，生产的成果也还不是归公而是归私的，但人与人的生产关系变了，这就是生产制度上的革命，这是第二次革命”。③ 他认为中国农村如果不进行这样一场革命，就不可能由新民主主义向社会主义过渡。

中国共产党在新民主主义时期通过合作社方式改造中国农村小农经济，使其逐步过渡到社会主义社会的农村经济的思想为中华人民共和国成立后农业的社会主义改造的理论和政策作了铺垫，打下了基础。值得注意的是，毛泽东在新民主主义时期发展农村合作经济并不否定农民对于土地产权的私有属性，当时的合作社是建立在农民的私有财产制度的基础上的。但是，新中国成立以后并没有坚持农民合作的自愿性，而是不断

① 薄一波：《若干重大决策与事件的回顾》（上卷），中共中央党校出版社 1991 年版，第 191 页。

② 《毛泽东选集》第 3 卷，人民出版社 1991 年版，第 1017 页。

③ 赵德馨主编：《毛泽东的经济思想》，湖北人民出版社 1993 年版，第 206 页。

推动合作组织形态的“高级化”，并最终消灭农民的私有产权制度。建立在集体所有制基础上的农村集体经济，将中国农村经济的发展引向长期停滞的轨道。合作经济是商品生产者的自由联合体，它存在和发挥作用的前提是要有商品生产者自由个性的觉醒、经济理性的成熟，作为契约主体的独立人格的存在以及社会交换关系的发达等。而在中国计划经济时代的中国农村集体经济是一种压抑个性自觉、否定契约人格的经济。

中国农村经济发展的历史并没有证明农村合作经济能够大幅度提高农村劳动生产率。相反，中国自20世纪70年代末启动农村经济体制改革以来，一家一户的小农经济却不断创造着中国农村经济的发展奇迹。即使在当今西方高度发达的经济体中，农村经济也仍然是以家庭生产为主。农业经济生产的空间的广大、农民居住的分散都决定了农业集体生产存在很高的劳动协作成本和监督成本，工业需要协调配合的流水线作业，而农业机械大量的是单机作业。对于这一点，中国近代主张发展农村合作经济的政治组织与学者——无论是中国共产党、中国国民党还是主张走“第三条道路”的乡村建设派都是有所忽视的。正如有的学者所论述的，“互助组的作用是解决劳力与畜力不足的困难”，“在这个范围内理解互助组的集体劳动有促进劳动生产率提高的作用是符合实际的。如果超出了这个范围，例如把互助组的集体劳动与资本主义工场手工业分工协作的集体劳动对于发展生产力的作用等同起来，甚至从机器大生产对于劳动方式要求的角度，来论证互助组集体劳动的客观必然性与进步性，那就不妥了”。①

① 赵德馨主编：《毛泽东的经济思想》，湖北人民出版社1993年版，第208页。

从学术史的角度来比评中国共产党的农村合作思想与当时国内其他团体和个人的农村合作思想，我们认为，中国共产党的高明之处是它看到了中国农村的合作制度必须建立在农村土地制度的变革及政治革新的基础之上，其不足之处是没有很好地发挥作为合作主体的中国农民的主观能动性，往往越俎代庖，使合作运动“国家化”。

第六章 乡村建设派的“三农”思想

当前，中国文化界、史学界出现了一股研究民国时期知识分子史热潮，有学者认为这是新文化运动后的再次启蒙，指出人们对于民国知识分子历史的兴趣，所折射的不仅仅是对那个时代知识分子群体的缅怀与哀悼的情绪，更多的是指向今天的中国知识分子，是希望通过这种对于民国知识分子的精神生命、学术世界与社会生活的书写，来为今天的中国知识分子，乃至今天的中国文化灌注一种“隔代的养分”。① 可见，民国时期知识分子的学术思想、精神境界、关注社会的情怀等仍然深深地影响着中国当代的知识分子，闪耀着时代的光辉。

那么，20 世纪 20—30 年代，中国农村在帝国主义的侵略、封建统治者的掠夺和天灾人祸的多重打击下出现衰败景象之际，民国时期的知识分子又做了怎样的努力呢？民国时期的知识分子们面对中国农村经济的破产、中国农民生活的日益贫困，以促进农业生产、振兴农村经济、改善农民生活为目的，开展了一系列解决“三农”问题的活动，形成了丰富的“三

① 唐小兵：《透视民国知识分子史热：新文化运动后再次启蒙》，http：//news. sohu. com/20080503/n256629405. shtml。

农”思想。由于知识分子们组织成不同的团体、从不同角度和不同领域开展各种活动，因而形成的“三农”思想也是精彩纷呈、各具特色的。本书将之分为两章，本章主要研究民国时期乡村建设派的“三农”思想，重点分析了梁漱溟、晏阳初、卢作孚的乡村建设思想以及中国华洋义赈救灾总会的以工代赈思想和农村合作思想。第七章则研究了民国时期的“三农”学术思想，包括马克思主义学者的“三农”思想、南开经济研究所关于“三农”问题的研究、民国时期海外留学生的“三农”思想及外籍人士视野下的中国“三农”问题。

第一节　民国时期乡村建设运动概述

乡村建设运动是20世纪20—30年代，一场由知识分子倡导的，在试图保持中国传统经济文化自我延续性的基础上，通过开发乡村劳动力的经济潜力，重构社会经济组织、注入现代农业科技因子等资源优化整合过程，来达到复兴农村经济的和平建设运动。这场运动，是中国现代史上的一件大事。

20世纪20年代末、30年代初，中国农村经济在帝国主义的入侵、封建残余的剥削以及天灾人祸等多重侵袭下日益走向飘摇。面对这种情况，一批知识分子提出“救济乡村”、“复兴乡村”的口号，并通过在农村设立实验区以探索振兴农村之路，由此掀起了一场轰轰烈烈的乡村建设运动。尽管这场运动因其自身的局限性而未能完全达到预期的目的，但是其乡村建设的思想及经验教训，对于当今的农村改革，对于解决当今的“三农”问题以及社会主义新农村建设仍然有着重要的借鉴意义。

一、乡村建设运动的兴起

关于乡村建设运动兴起的原因，当时社会各界认识不一。同被誉为乡村建设运动三杰的梁漱溟和晏阳初（还有一位是卢作孚）就各有不同的观点。

梁漱溟认为乡村建设运动是由于“乡村破坏”造成的，引起乡村破坏的原因从表面上看是天灾人祸和风气改变，而根本的原因则是政治问题。在 1936 年出版的《乡村建设大意》一书中，梁漱溟写道：“因为近几十年来的乡村破坏，中国文化不得不有一大转变，而有今日的乡村建设运动。”“那么，乡村破坏又怎么讲呢？这有两层：（1）天灾人祸的破坏乡村。……（2）风气改变的破坏乡村。”“虽然破坏乡村的，有天灾，有人祸，有国际的因素，有国内的因素等分别。细按起来，天灾不能怪天，皆由人事未尽；其责实在政府。所以人祸固属政治问题，天灾也是政治问题；国际的侵略压迫也亦不能怪人家，而实由自己不能应付环境。……所以国内的因素固属政治问题，国际的也还是一个政治问题。总起来说，中国乡村之破坏完全在政治。”①

对此，晏阳初则另有看法。他认为中国是一个农业大国，农村经济的兴衰对国民经济的发展起着至关重要的作用，因此，中国的衰败是由中国农村的衰败引起的，中国农村贫困落后的原因，则在于中国农民普遍存在的“愚、贫、弱、私”四大毛病。1934 年，他撰写了《农村运动的使命》，其中指出：“中国今日的生死问题，不是别的，是民族衰老，民族堕

① 梁漱溟：《乡村建设大意》，《梁漱溟全集》第一卷，山东人民出版社 2005 年版，第 604 ~ 605 页。

落，民族涣散，根本是‘人’的问题；是构成中国的主人，害了几千年积累而成的很复杂的病，而且病至垂危，有无起死回生的方药问题。……农村运动，就是对着这个问题应运而生的。它对于民族的衰老，要培养它的新生命；对于民族的堕落，要振拔它的新人格；对于民族的涣散，要促成它的新团结新组织。所以说中国的农村运动，担负着‘民族再造’的使命。为什么‘民族再造的使命’，要‘农村运动’来担负呢？因为中国的民族，人数有四万万，在农村生活，要占80%。以量的关系来说，民族再造的对象，当然要特别注重在农村。……就质的关系来说，民族再造的对象，当然也要特别注重在农村。”①

除了上述两种观点外，中国共产党人对于乡村建设运动兴起的原因还有不同的见解。著名学者薛暮桥认为，乡村建设运动是一批知识分子走的改良主义之路，他说：“在大革命失败以后，一般知识分子不满意地主资产阶级的反革命的统治，但又没有决心去参加反对地主资产阶级统治的土地革命运动。他们想找第三条道路，就是改良主义的道路，因此乡村改良运动便蓬勃发展起来。”② 著名革命家李维汉在其著作《回忆与研究》中谈及乡村建设运动时，说：“形成于1927年大革命失败以后的时期。当时由于帝国主义的加紧侵略和连年军阀混战，造成农村破产，不仅贫雇农无法生活，就是富农和中小地

---

① 晏阳初：《农村运动的使命》，《晏阳初全集》第一卷，湖南教育出版社1989年版，第294～295页。

② 薛暮桥：《关于中国农村经济研究会及白区工作问题——给刘少奇同志的报告》，薛暮桥、冯和法编：《〈中国农村论文选〉》（上），人民出版社1983年版，第23页。

主也遭到损害，因而产生资产阶级乃至地主阶级的乡村改良运动。”①

对于乡村建设运动兴起的原因尽管有着不同的观点，但大家一致认为，乡村建设运动的目的是为挽救中国日益凋敝的农村经济，解救中国广大农民脱离贫困落后的悲惨状况。

二、乡村建设运动的性质

关于乡村建设运动的性质，郑大华在其论文《关于民国乡村建设运动的几个问题》中有过阐述，笔者基本赞同这一观点。他认为乡村建设运动“是一场社会改良运动，即在维护现存社会制度和秩序的前提下，采用和平的方法，通过兴办教育、改良农业、流通金融、提倡合作、公共卫生和移风易俗等措施，以复兴日趋衰落的农村经济，实现所谓‘民族再造’或‘民族自救’”。② 关于乡村建设运动的改良性质，还有人这样描述，“它希望用和平的、非暴力的手段建设乡村，刷新中国政治，复兴中国文化。这是与中国共产党领导的以农村包围城市、武装夺取政权的运动相对立的，但它也不同于国民党政府所推行的社会改良政策。在政治倾向上，乡建派是处于共产党与国民党之间的‘中间派’，代表着一部分爱国的知识分子对中国现代化建设道路的选择与探索”。③

乡村建设运动的社会改良性质是由乡村建设的工作者，尤

① 李维汉：《回忆与研究》（下），中共党史资料出版社 1986 年版，第 688 页。

② 郑大华：《关于民国乡村建设运动的几个问题》，《史学月刊》，2006 年第 2 期。

③ 郭蒸晨：《梁漱溟在山东》，人民日报出版社 2002 年版，第 67 页。

其是他们的领袖人物对中国农村问题的看法决定的。如前文所述，乡村建设的主要领袖人物认为中国农村的基本问题要么是由于中国农民的“愚、穷、弱、私”而造成的，要么是由于西方文化的输入使中国传统文化崩溃、中国农村政治衰败而造成的。既然如此，要拯救中国农村经济就没有必要进行反帝反封建的革命，只需要在现存的社会制度和秩序之下进行社会改良，解决农民的“愚、穷、弱、私”问题以及中国传统文化缺失问题即可。乡村建设运动的这一性质又决定了其建设的主要内容均是围绕兴办教育、改良农业、流通金融、提倡合作及移风易俗等进行。

乡村建设运动的社会改良性质使得他们是不反对政府的。但是，在最初阶段，他们也不提倡和政府联系，取得政府的资助。梁漱溟就曾讲道：“我们的乡村组织，在最初的意思，很想用教育的力量提倡一种风气，从事实上去组织乡村，眼前不与政府的法令抵触，末后冀得政府的承认。”① 而且他认为，如果政府把教育当成行政来办理，参与到乡村教育中，则是办不好的：“如果在最近的未来，这种乡村运动的风气开展——政府自己来提倡乡村建设，举办乡村建设事业，添设乡村建设机关，这种风气开了之后，那么，我们要退出官办的乡村建设事业。如不退出来，则乡村建设事业将缺乏活力。我们能退出来，倒很容易办（不是说退出来容易作，而是说退出来能有作法），能让乡村建设事业可以更深一度的往深刻里去；若乡村建设变为行政，则不能往深刻里去。”②

然而，事实证明，不与政府合作，仅靠各教育和学术团体

① 《梁漱溟全集》第二卷，山东人民出版社 2005 年版，第 393 页。
② 《梁漱溟全集》第二卷，山东人民出版社 2005 年版，第 395 页。

以及大中专院校的力量来推进乡村建设，是困难重重的。如果没有取得政府当局的支持，那么一些地方政府就会制造事端，给乡建工作者出难题，干扰甚至破坏乡村建设活动；如果得不到政府当局的支持，一些乡村建设活动就无法开展，比如调查研究工作中的调查户口、丈量土地等；如果得不到政府当局的支持，乡村建设实验的成果也无法向更大的范围推广。

因此，随着乡村建设运动的进一步开展，一些领导人意识到：“由学术立场去建设农村是由下而上的工作；由政治的立场去建设农村是由上而下的工作。两者必须扣合起来，方可博收成效。”① 于是，他们提出了“政教合一”的口号。所谓政教合一，“其内容就是：办社会教育的机关，借政府力量施行他的社会教育；而政府则借社会教育工夫，推行他的政令。或将下级行政机关，合并于社会教育机关（江苏昆山等处以区公所合并于民众教育馆）；或就下级地方组织，而设教育机关（江西等处就保甲组织设保学）；或以教育机关，而兼负下级行政的任务”。② 简而言之，就是乡村建设的各种教育机关与各级政府合作，共同推进乡村建设运动。

可是，“政教合一”的结果是什么呢？是“有让乡村工作行政化的趋势——乡村工作变成地方下级行政”。③ 这使得乡村建设工作面临一个重要的难题：高谈社会改造却又依附于政权。梁漱溟在1934年10月25日的一次演讲中指出：乡村建设遇到了两大难处，其中之一就是高谈社会却又依附政权。他

① 中华平民教育促进会编印：《二十五年平教工作概览》，第8～9页。

② 《梁漱溟全集》第二卷，山东人民出版社2005年版，第470页。

③ 《梁漱溟全集》第二卷，山东人民出版社2005年版，第574页。

说：“乡村建设是要完成社会大改造，而非枝枝节节的做一点好事。既然是社会改造，那就不应当接近政权，依靠政权。因为，如果你（乡村建设者）承认现在的政权是一个革命政权，你所要完成的社会改造，也就是他所要完成的社会改造，那么，就用不着你作什么社会改造运动了。既然要进行社会改造，就说明现政权改造不了。他既改造不了，你就应当否认他，你就应当夺取政权来完成社会改造！你既不否认他，而又顺随他在他底下活动；那么，你本身就失掉了革命性，又怎么能够完成社会改造呢？你不但在他底下活动，而且依附于他，这怎么能完成社会改造呢？”“我们要求社会大改造，而实际上靠现政权做事，这是一个大矛盾！”① 而这一矛盾的产生正是乡村建设运动的改良性质所造成的。

三、乡村建设运动的派别与联合

据南京国民政府实业部的调查，20世纪20年代末至30年代中期，全国从事乡村建设工作的团体和机构有600多个，先后设立的各种实（试）验区1000多处。这证实了乡村建设运动的代表人物之一章元善的观点，他认为，乡建运动的显著特点是“化零为整”，即它首先是在民间分散地从某一区域和政治、经济、军事、文教、卫生等某一方面作为入手处和中心点，形成各自的特色和派别，然后在内容上扩展到其他方面，并与外面的派别发生交换和联系，化合成有机的整体。② 所以，中国的乡村建设运动是由许多派别共同构成的。

---

① 《梁漱溟全集》第二卷，山东人民出版社2005年版，第574页。

② 章元善：《农村运动之今日》，《独立评论》第128号，1934年11月。

在乡村建设运动初期，比较有影响力的有梁漱溟的邹平村治，晏阳初的定县平民教育，陶行知的晓庄生活教育，高践四、俞庆棠的无锡民众教育，黄炎培、江问渔的徐公桥职业教育等五大派别。而随着乡村建设运动的发展，在高潮时期就涌现出更多的派别，按当时教育家姜琦的观点，除了上述五大派别外，还有孙中山、沈玄庐的“国民党的农民运动”，汪精卫的农村复兴委员会，冯和法的中国农村经济研究会，雷沛鸿的广西国民基础教育，观点各异的庄泽宣、崔载阳、古楳、千家驹、杨开道等“普通大学教授派”，邰爽秋的“念二社派”以及章元善的华洋义赈会等十多个派别。①

乡村建设运动的诸多派别大多是在乡村教育的基础上发展、转变过来的。中国的近代教育产生于西学东渐之后，尤其是1906年废除了科举制度以后，中国的近代教育得到了较快的发展。但是，直到民国初年，中国的教育只限于城镇，乡村教育无人重视，五四运动以后这种状况才发生改变。原因主要有三点：一是民主思想的发展，人们认识到对广大民众包括农民进行教育对于实现民主是非常重要的；二是推行义务教育的失败，人们认识到要实现义务教育的普及就必须重视开展乡村教育；三是西方国家尤其是美国对乡村教育的重视也影响了国人的观念，许多留学海外的学子就是专门从事乡村教育研究的，所以回国后积极提倡乡村教育。于是，全国教育界开始重视乡村教育，号召知识分子下乡去，各大专院校也在农村设立分校或兴办乡村小学。晏阳初领导的中华平民教育促进会（简称平教会）、黄炎培领导的中华职业教育社（简称职教

① 曹天忠：《民国时期乡村建设的派分与联合》，《社会科学战线》，2008年第2期。

社)、陶行知负责的中华教育改进社等纷纷将办学重点由城市转向农村，一时间乡村办学蔚然成风，汇集而成乡村教育运动。然而，随着帝国主义的入侵，封建统治者的掠夺，以及天灾人祸的打击，中国农村经济出现了严重的衰落。广大农民对于乡村教育提出了质疑，有的农民说：“看见某某读过书还是没有饭吃。”有的农民说：“你老的好心肠，饱不了我的饿肚皮。”面对这些问题，乡村教育工作者开始反思。晏阳初就曾指出：“在农村办教育，固然是很重要的，可是破产的农村，非同时谋整个的建设不可。”① 无锡江苏省立教育学院院长高践四也指出：“一般办理民众教育乡村教育者，虽知积极改进乡村，改善农民生活，但终不免枝枝节节的帮忙农民，给他们一点好处，而不知组织农民，训练农民，使他们自觉发生力量，解决自身问题。所以令人不满意而发起乡村建设运动。”② 再加上中国共产党领导的农民运动的影响，西方国家通过农民运动而使国家得到复兴的经验，都促进了中国乡村教育向乡村建设的转变。

随着乡村教育向乡村建设的转变，以前一些在农村设立学校从事乡村教育的机构、学术团体、大专院校纷纷将工作重心移到乡村建设上来，由此设立了各种实验区，在当时影响力较大的有：黄炎培负责、在中华职业教育社的基础上，选择江苏昆山的徐公桥，设立了徐公桥乡村改进试验区，“纯以教育、经济、组织三项为主要的指导训练目标”；晏阳初领导、在中华平民教育促进会的基础上，选择河北省定县成立了乡村平民教育实验区；高践四负责、在江苏省立教育学院的基础上，成

---

① 《晏阳初全集》第一卷，湖南教育出版社1989年版，第246页。

② 高践四：《民众教育》，商务印书馆1934年版，第40～43页。

立了“无锡实验区”，包括黄巷实验区、北夏实验区和惠北实验区；曾任中华教育改进社总干事的陶行知，在乡村教育运动中创办了晓庄中心小学，后因故被迫关闭，遂在晓庄小学的旧址上创办“山海工学团”，在“工以养生，学以明生，团以保生”的宗旨下，把工厂、学校和社会打成一片，形成了一个改造乡村的富有生活的新细胞；梁漱溟以山东乡村建设研究院为依托设立了邹平乡村建设试验区，后来与河北定县实验区及无锡实验区一起成为乡村建设运动的三大中心。除此以外，全国各高校也纷纷加入乡村建设运动的行列，选址创办了各种各样的实验区，如北平燕京大学社会学系主办的清和实验区、中央农业推广委员会和金陵大学联合创办的乌江农业推广实验区、山东齐鲁大学创办的龙山实验区、北平师范大学以“为建设乡村训练人才、从实事中培养学生解决乡村问题的能力”为目的而创办的乡村教育实验区、北平大学农学院的农村建设实验区等。①

由于各实验区的领导人物的理论基础和所处环境不同，所以各个实验区工作的重点是有所不同的，从而在实际上形成了乡村建设运动的各个派别。但是，这些派别之间却也没有各自为政，而选择了相互联合。因为，各派就建设的宗旨而言，都是为整个农村经济的复兴而探索办法，所以从根本上没有冲突；其次，他们都认识到中国的重心在于农村和农民，“大家

① 郑大华：《民国乡村建设运动》，社会科学文献出版社 2000 年版，第 77～107 页。

要在农民身上，农村里面，培养民力，扶植生机”。① 在农村和农民问题重要性方面的共识是他们联系的基础。

乡建运动各派联合的最初形式是“乡村工作讨论会”。该会议一年召开一次，于 1933 年、1934 年、1935 年分别在邹平、定县和无锡召开了三次年会。会议旨在加强乡村建设各派的联络、交换知识、群策群力，以增进乡村建设的功效。在邹平召开的第一次年会，就使得各派不仅对于本单位的工作有了新的见解，而且对他人的工作也有了新的认识，并且在共同讨论的基础上达成了共识，即认识到乡村工作不能急于求成；乡村工作不能只效法国外，还必须结合中国的国情，因地制宜；乡村建设也不能只偏重于一方面，必须以整个社会为对象。此共识也成为各派乡村建设工作的行动指导。在定县召开的第二次年会，共有 76 个团体的 150 多名代表参加，比前一届增加了一倍多。在这次会议上，更加明确地指出乡村建设者的目标“是想在一个地区，用实验的方法，努力寻求着整套的或部分的切实有效的复兴农村方案，以推行于全国各个农村。……故必须设法使各方提携团结，用群的力量去寻求研讨，然后共同的目标方有迅速达到的可能”。② 在无锡举行的第三次年会，共有 19 个省市的 99 个单位的 171 人参加。在此次会议上，各派再次达成共识，即经济问题是一切社会问题的核心，是乡村建设能否取得实效的关键。于是，许多代表参与了经济组的讨论，第一次分组讨论时，大家分别就如何提倡土货以裕民生、

---

① 《庆祝全国乡村工作讨论会开会》，《大公报》第 128 册（影印本），人民出版社 1982 年版，第 559 页。

② 章元善、许仕廉编：《乡村建设实验》第 2 集，中华书局 1935 年版，第 2 页。

如何扩大公路效用以使农民充分利用、如何提倡公民服务促成治黄治江浚湖、乡村工作如何以民生为中心、如何提倡地方性小规模灌溉放淤及抽水工程以化水患为水利等议题进行了讨论；第二次分组讨论时，大家又围绕以下经济问题进行了讨论：如何拟定改革农村的整个方案、如何使无产民众参加合作社、合作运动推广后对金融监督工作如何分工合作进行、如何划一各省合作制度、改进信用合作后应如何注重放贷用途、如何提倡农民储蓄以防农村资金外流、合作学术机关与实施机关应如何联络、如何看待阎锡山在山西推行的土地村有制度。这些议题，反映出当时乡村建设实际工作中遇到的共同的问题，通过大会的交流，使各派关于乡村建设工作达成进一步共识。

除了三次乡村工作讨论会以外，乡村建设学会的成立和华北农村建设协进会的建立也都体现了乡村建设各派走向合作的趋向和愿望。乡村建设学会成立于 1933 年在邹平召开的第一次乡村工作讨论会期间，其任务主要是负责筹备和主持乡村工作讨论会。其成员都是当时国内乡村工作的先进分子，如晏阳初、梁漱溟、瞿菊农、高践四、杨开道、章元善、江恒源等著名的乡建领导人。乡村建设学会成立后，除筹备和主持乡村工作讨论会外，还与天津《大公报》合作，创办了《乡村建设》副刊，主要刊登各地乡村建设的实际工作报告和一些宣传讨论乡村建设理论的文章，这对扩大乡村建设的影响，加强各地乡村工作者的联络和经验交流，起到了积极的作用。“华北农村建设协进会”成立于 1936 年 4 月，由南开大学、清华大学、金陵大学、燕京大学、协和医学院和平教总会等 6 个单位联合组成，其目的是培养乡村建设的人才。各个单位按照分工合作的原则，对人才培养的具体工作进行了分工：清华大学负责工程，南开大学负责经济及地方行政，燕京大学负责教育及社会行政，协和医学院负责公共卫生，金陵大学负责农业，平教总会负责“连锁的农村建设工作”。协进会以河北定县及山东济宁为研究训练基地，为乡村建设培养了大批的人才。协进会的成立，反映了当时各高等学府作为人才培养中心开始担负起培养乡村建设人才的重任，开始更多地参与到乡村建设事业中。

无论是乡村建设学会、乡村工作讨论会，还是华北农村协进会，他们在抗战时期，都没能将抗日救亡工作纳入自己的行动计划，所以，在抗战时期都纷纷停止了活动，没有持续进行下去。各派的乡村建设工作也在经历了短暂的繁荣后，归于沉寂。

民国时期的乡村建设运动中有着无数的乡村建设团体和派别，也出现了一大批乡村建设运动的活动家。其中最为著名、也最有代表性的活动家有三位，即被誉为“乡村建设运动三杰”的晏阳初、梁漱溟和卢作孚。他们以自身的文化思想背景为出发点，对乡村建设的使命、步骤及内容提出了自己独到的看法，并在各自的实验区进行实践，形成了民国时期乡村建设的三大模式：晏阳初的“平民教育——乡村科学化”模式、梁漱溟的“文化复兴——乡村学校化”模式和卢作孚的“实业民生——乡村现代化”模式。下面主要对这三种代表性模式进行研究。

第二节　梁漱溟乡村建设思想

梁漱溟是 20 世纪伟大的教育家、思想家和社会活动家，其乡村建设思想及 30 年代在山东邹平领导的乡村建设实验在中华民国乡村建设中占有着很重要的地位，他也因此被称为

“30年代农村改革的全国性发言人”。① 其“文化复兴—乡村学校化”模式成为民国乡村建设运动中的三大典型模式之一。

梁漱溟的乡村建设思想是关于实现中国现代化的思想，他的乡村建设理论是有关于中国社会的全盘考虑和关于乡村建设的整体设计。他的设计是以乡村为根本、为起点，进而实现全中国的现代化。他的思路是：救活旧农村、开出新道路、创造新文化，建立新的社会组织构造。梁漱溟因为从事乡村建设运动，而被艾恺教授称为“最后一个儒家”，因为他具有一个传统儒者所应具有的品格——不是为学问而研究学问，而是将自己对宇宙、人生、社会的认识应用到实际当中，希冀去影响社会、改造社会。因此，在研究和评述梁漱溟的乡村建设思想时，我们要结合他作为一名传统儒者的身份，正确地认识这位“为思想而行动”的乡村建设运动代表。

梁漱溟的乡村建设思想主要反映在他的两本代表作中，即1936年出版的《乡村建设大意》和1937年出版的《乡村建设理论》。概括其乡村建设思想的内容，主要可以分为乡村建设的意义、乡村建设的主体、乡村建设的基本条件及乡村经济建设的路向等四个方面。

一、乡村建设的意义：救活旧农村，创造新文化

关于乡村建设的意义，梁漱溟在其1936年出版的《乡村建设大意》一书中，明确地给予了总结。他说：“乡村建设究竟是由何而来的呢？关于这个意思，要详细地讲明白，须用很多的话，现在我先总括地回答这么一句‘因为近几十年来的

① ［美］艾恺：《最后的儒家——梁漱溟与中国现代化的两难》，江苏人民出版社2004年版，第9页。

乡村破坏，中国文化不得不有一大转变，而有今日的乡村建设运动’”。① 也就是说，“因为近几十年来的乡村破坏……而有今日的乡村建设运动”。所以，“救济乡村便是乡村建设的第一层意义；至于创造新文化，那便是乡村建设的真意义所在”。②

在对乡村建设的意义进行描述的过程中，梁漱溟首先对中国的乡村破坏进行了分析。他认为，中国乡村的破坏分为两层：一是天灾人祸的破坏；二是风气改变的破坏。天灾人祸是历代社会有的，只是到了近几十年来，其程度更加深加重加速了：“兵灾匪患……烧杀掳掠，直闹得几十里路没有人烟。更兼连年的水旱天灾，蝗虫为害，农民终岁勤劳，不得温饱。而政府里还要加捐派税，暴敛苛征，农民简直没法子供应！有时年景好了，而又要丰收成灾，谷贱伤农，虽有粮食，也换不出来钱；甚而至于贱卖而无人要。这样层层压迫，农民如何能不经济破产？如何能有好日子过呢？”③ 可是，更要紧的还不是天灾人祸的破坏，而是乡间风俗习惯的改变。“因为风俗习惯的改变，让乡村破坏更渐渐地到了深处”。中国的社会制度是依靠社会的风俗习惯来维持的，而社会风俗习惯的改变、崩溃必然导致中国社会秩序的紊乱。

那为什么会出现社会风俗习惯的改变呢？主要原因是近代出现了世界大交通，中西方文化相遇后，中国人抵不住西洋人的压迫，羡慕他的文明，遂改变自己去学他以求应付他，结果

---

① 《梁漱溟全集》第一卷，山东人民出版社 2005 年版，第 603～604 页。

② 《梁漱溟全集》第一卷，山东人民出版社 2005 年版，第 611 页。

③ 《梁漱溟全集》第一卷，山东人民出版社 2005 年版，第 604 页。

学他未成，反而把自己的乡村破坏了，因此，“中国近几十年来的乡村破坏，完全是受外国影响的”。① 梁漱溟关于乡村破坏缘于中国向西方学习的观点受到学者们的质疑，郑大华就曾写道：“把乡村破坏的原因归结于近代中国人向西方的学习，这显然是错误的。”② 他认为，造成中国近代乡村破坏的根本原因有三个：一是帝国主义的侵略，把中国广大乡村变成它们的商品倾销市场和原料产地；二是封建统治者敲骨吸髓的掠夺，如政府的苛捐杂税，地主的高额地租和高利贷者的利息盘剥，使广大农民生活在水深火热之中；三是军阀的连年混战，给农民的生命财产造成的重大破坏。

因为有乡村破坏，所以要进行乡村建设。关于乡村建设，梁漱溟认为“除了消极地救济乡村之外；更要紧的还是在积极地创造新文化。所谓乡村建设，就是要从中国旧文化里转变出一个新文化来”。③ 可见，梁漱溟将中国的乡村建设看作是在中西文化冲突中对中国文化出路的选择。为什么中国文化要从乡村中着手建设呢？因为“乡村就是我们中国文化有形的根”。④ 中国的乡村遭到了破坏，也就是中国文化的根遭到了破坏，因此，“从创造新文化上来救活旧农村”就是中国的“乡村建设”。梁漱溟将乡村建设视作一种广义的文化建设，而非单纯的救济农村，或从政治、经济及教育方面来改造农村的思想，这正是他区别于同时代其他乡村工作者的乡村建设思

① 《梁漱溟全集》第一卷，山东人民出版社 2005 年版，第 606 页。

② 郑大华：《民国乡村建设运动》，社会科学文献出版社 2000 年版，第 161～162 页。

③ 《梁漱溟全集》第一卷，山东人民出版社 2005 年版，第 611 页。

④ 《梁漱溟全集》第一卷，山东人民出版社 2005 年版，第 613 页。

想的特色之处。

然而，20世纪二三十年代中国农村社会遭受破坏的根源真的是中国人学西洋吗？对于这个问题，不同阶级和个人从不同的角度进行过多方的探求，比较共性的认识是：帝国主义和封建主义的双重压迫，加之自然灾害的频仍发生，导致了中国农村社会的崩溃。因此，梁漱溟关于乡村破坏原因的认识最终决定了他的乡村建设思想是正确和错误、合理和落后并存的，正如朱汉国所讲，“梁漱溟的乡村建设，产生于中国农村崩溃的二三十年代，就其‘建设农村’这个主旨而言，有其合理的现实意义；但由于梁氏缺乏对中国农村社会的正确认识，因而他的理论和实践，又不可避免地带有空想性和不现实性”。①

二、乡村建设的主体：农民

梁漱溟认为，乡村建设的主体应该是农民自己。乡村建设就是救济乡村，“但是谁能救得了乡村呢？除了乡下人起来自救之外，谁也救不了乡村；”虽然外在的帮助对于救济乡村有一定的作用，但是“单靠乡村以外的人是救不了乡村的。必须乡下人自己起来想办法，才能把乡村救得好；并且这个好才能保得长久”。因为，靠着外来的人力财力表面上可以把乡村救好，但是这个好不能持久，一旦没有了外来人力财力的供给，所有的好也就消失了。而且，外来的力量毕竟不如农民自己了解乡村，所以有些时候还可能好心办坏事，没有救济到乡村反而祸害了乡村。“例如政府所办各种新政，哪一项不是原

① 朱汉国：《梁漱溟乡村建设研究》，山西教育出版社1996年版，第14页。

想造福于人民，而结果竟害了人民呢?”① 因此，乡村建设必须靠农民自己来完成，“乡村问题的解决，天然要靠乡村人为主力”。② 而要使农民成为乡村建设的主体，就必须启发农民的自觉。

什么叫农民的自觉呢?梁漱溟认为，“所谓农民自觉，就是说乡下人自己要明白现在乡村的事情要自己去干，不要再和从前一样，老是糊糊涂涂地过日子，迷迷糊糊地往下混，这样子是不成了！现在一切事情，都要自己起来想办法，去打算，不要再等着候着了！……乡下人如果真能照此去干，这便叫做乡村自救。农民自觉，乡村自救，乡村的事情才有办法”。③ 为了启发农民的自觉，梁漱溟提出了在广大农村兴办村学乡学的主张，由知识分子深入农村，对农民进行传统文化教育，传授现代化的农业科学知识，灌输现代民主的基本观念等，使农民真正成为“解决乡村问题的主力”。为此，梁漱溟进一步提出，乡村建设的主体虽然是农民，“农民自觉”虽然是乡村建设成功的关键，但是，仅仅有农民的自觉是不够的。因为当时中国乡村的问题，农民本身是不能解决的。农民虽然认识到乡村问题的严重性，但是不知道这些问题产生的原因；农民虽然有解决问题的愿望，但是没有解决问题的方法和才能。所以，“乡村问题的解决，第一固然要靠乡村人为主力；第二亦必须靠有知识、有眼光、有新的方法、新的技术（这些都是乡村人所没有的）的人与他合起来，方能解决问题。没有第一条

① 《梁漱溟全集》第一卷，山东人民出版社2005年版，第616~617页。

② 《梁漱溟全集》第二卷，山东人民出版社2005年版，第351页。

③ 《梁漱溟全集》第一卷，山东人民出版社2005年版，第618页。

件，固然乡村问题不能解决；没有第二条件，乡村问题亦不能解决”。①

另外，在强调乡村建设必须依靠农民，必须由知识分子开发出广大农民身上蕴藏的巨大潜力才能改变农村的同时，梁漱溟还批评了国民政府对于乡村建设的干预和控制。他认为，国民党及其各个地方政权，“其自身皆为直接破坏乡村的力量”，对于由农民自下而上组织的乡村建设运动，政府的干预都将必然对它产生遏制作用，因此，“乡村建设的事，不但不能靠它（引者注：政府），并且以它作个引导都不行。乡村建设天然是中国社会的一种社会运动，要靠知识分子来引导，要靠乡村自身为主力”。那么，政府对于乡村建设应该采取何种态度呢？梁漱溟认为，“政府最贤明的政策，是间接地与这种运动以种种的方便，而助成其事，却不是政府包揽负责来做。……社会一般人如果以此期望政府，便是增加乡村的破坏。政府如果真这样负责直接来做，便增添政治的纷扰并且扰乱社会”。②

梁漱溟将农民作为乡村建设主体的思想，对于当今中国解决“三农”问题有着重要的启示意义。要真正解决“三农”问题，政府应当秉承“有所为、有所不为、无为而治”的理念，少一些行政干预、多一些扶持教育，从农村的内部入手，即让农民成为解决问题的主体，调动农民的自觉，通过提高农民的人文素质，使之胜任农业现代化的重任。

① 《梁漱溟全集》第二卷，山东人民出版社 2005 年版，第 351 页。
② 《梁漱溟全集》第五卷，山东人民出版社 2005 年版，第 377 页。

三、乡村建设的基本条件：乡村组织

农民自觉了，明白乡村的事要自己去干了，但是该怎样去干呢？梁漱溟认为要靠乡村组织来解决。对于乡村组织的重要性，他在《乡村建设大意》中曾指出：“在许多新方法中，究竟哪一项是要紧的呢？……照我说顶要紧的有两点：（1）农民自觉；（2）乡村组织。乡村建设所包括的事情固然很多，而顶要紧的则在这两点。有了这两点一切事情才好办；如果没有这两点，乡村建设简直没有法子谈。”① 他还说：“天下事无论什么都不是一个人干所能干得好的。如果你干你的，我干我的，大家各不相顾，各不相谋，结果谁也干不成功；必须大家组织起来，也就是说必须大家合起来一齐去干，才有办法，才能干得好。”② 梁漱溟还列举了事例，说明乡村组织无论是对内还是对外都有着非常重要的作用，“例如抵制外货，说一声抵制大家便一齐抵制，全国人没有一个人买外货；那么，外货自然就可以抵制住了。这还是就对外来说；即就对内而言，若有了团体，一切事情也就有了办法。例如乡村若能成功一个团体，则不怕土匪的祸患，不怕军队的骚扰，也不怕官府的虐政或暴敛苛征……什么都不怕，我们对于一切，都有力量制止他。现在我们为什么不能制止他？就是因为没有团体组织的缘故”。③ 同时，在《乡村建设理论》中，梁漱溟在谈乡村建设的各项事业时，也是“先讲乡村组织，次讲政治问题，又次

① 《梁漱溟全集》第一卷，山东人民出版社 2005 年版，第 166 页。

② 《梁漱溟全集》第一卷，山东人民出版社 2005 年版，第 618 ~ 619 页。

③ 《梁漱溟全集》第一卷，山东人民出版社 2005 年版，第 628 页。

讲经济建设，末后讲我们所可成功的社会”。① 由此可见，梁漱溟十分重视乡村组织建设，并将之作为乡村建设的基本条件。

梁漱溟不仅强调了建立乡村组织的重要性，而且论述了建立乡村组织的具体方案。

（一）关于建立乡村组织的原则：必须以中国固有精神为主

梁漱溟之所以把乡村组织作为乡村建设的头等大事，是基于他对中西社会的比较而得出的结论。他认为，中国由于没有团体而在与西方国家沟通的过程中处处失败，他列举了在经济上因缺乏团队组织而失败的例子，由此提出中国必须团结起来，形成组织。而组织的建立，必须从乡村做起，并且从经济上和政治上对其理由进行了阐述：“一点就经济上说，在今日经济竞争剧烈之秋，散漫的中国人，非联合起来组织起来不能自立自保。譬如生产，零散的生产就不行；必须生产者联合组织起来，采用进步的技术，运用团体的力量才行。但是中国的生产者就是乡下农民（因工人太少），所以说组织就要从乡村起了。又如消费多用外国货，则中国工业便起不来，中国必亡；但非消费者联合组织起来，则人人各顾自家，没法不买外国货。说到消费者又是乡下人（城里人消费虽大，但人数仍不如乡下多），所以组织又要从乡村起。一点就政治上说，不外国家施政行政的一面和人民参与为政作主的一面，都必须靠地方组织来发挥运用；那在中国社会的基层就是乡村了。譬如行政不达到乡村，即空浮等于没有；要想达到乡村，即必须乡村有组织。又如政权的运用（按照孙先生政权治权的分法），

① 《梁漱溟全集》第二卷，山东人民出版社2005年版，第147页。

民意的发挥，更非乡村有组织是不行的。”①

那么，在建立中国的乡村组织时，能否把西方那一套组织办法搬到中国来呢？梁漱溟认为是不行的。一则是因为中国缺乏西方式的组织基础。西方的组织，来自于宗教，来自于阶级。而中国自古以来，既无宗教，也无阶级。二则是因为西方的文化风气不适合中国组织团体。梁漱溟认为，西洋近来的风气，可概括为“权力为本，法律解决”，它要求团体对于个人的尊重，要求承认个人的自由。这种风气实在是由于团体过强干涉个人的结果。我们组织团体，绝对不可以用它。因为“中国的病原来就在分散，就在分子是太离心；现在就应当投之以合，投之以向心的药。如其不然，你现在反要提倡‘个人主义’，‘自由主义’，‘权利观念’，岂不是药不对症吗？‘个人主义’发达了，则团体里的分子一个个都硬起来，更往离心的方向去；这岂不是让他散而更散吗？现在讲权利，讲自由，实在不是让中国走上团体生活之道”。②

梁漱溟认为中国乡村组织的建立必须遵循这样的原则：以中国固有精神为主，同时吸收西方的长处，即“我们的新组织一面与我们固有精神完全相合不冲突，而同时对于西洋近代团体组织的长处也完全容纳没有一点缺漏”。③

那么，何为中国的固有精神？何为西方的长处呢？梁漱溟认为：中国的固有精神就是中国的老道理。中国的老道理是人类所不能废弃的，其内容虽然非常丰富，但其要点可以概括为

① 《梁漱溟全集》第一卷，山东人民出版社 2005 年版，第 652 页。

② 《梁漱溟全集》第一卷，山东人民出版社 2005 年版，第 663～664 页。

③ 《梁漱溟全集》第二卷，山东人民出版社 2005 年版，第 295 页。

两个：一是互以对方为重的伦理情谊；一是改过迁善的人生向上。而西方近代团体组织的长处，梁漱溟将之归结为四点：“一是团体组织——此点矫正了我们的散漫；二是团体中的分子对团体生活有力的参加——此点矫正了我们被动的毛病；三是尊重个人——此点比较增进了以前个人的地位，完成个人的人格；四是财产社会化——此点增进了社会关系。”

在这样一个总体原则的基础上，梁漱溟提出了五条具体的组织原则①：

一是“应该求进步的团体组织”。所谓进步组织，即是团体中多数分子应该是有主动作用的。

二是“应该从小范围做起”。小范围，在中国即是乡村。

三是“应从切近生活的事实来促进组织”。也就是“使农民从组织的力量来解决他们生活上的问题，借着解决问题而成功组织”。

四是“要从伦理本位来求组织”。

五是“发挥人生向上之精神来组织团体”。

由此可见，梁漱溟所期望建立的乡村组织，“是一个伦理情谊的组织，而以人生向上为前进的目标（这两项很要紧，西洋人也将转变到这里来）。整个组织即是一个中国精神的团体组织，可以说是以中国固有精神为主而吸收西洋人的长处”。②

（二）关于乡村组织的具体设计：乡约与乡农学校

梁漱溟认为，乡约是他所企求的乡村组织，因为“乡约

---

① 朱汉国：《梁漱溟乡村建设研究》，山西教育出版社 1996 年版，第 73～74 页。

② 《梁漱溟全集》第二卷，山东人民出版社 2005 年版，第 308 页。

这个组织，既合乎我们以前所讲的原理原则，为我们所要求的一个组织，是一个伦理情谊化的组织，而又是以人生向上为目标的一个组织。以之与现行地方自治法规相比较，其气味很不相同。现行地方自治法规，恰好缺乏这两点，他是把人生向上的意思除外；同时以权利为本位，伦理情谊的意味也没有了”。① 乡约是中国古代社会的一种制度，梁漱溟虽然提倡以乡约来建立乡村组织，但是他一再强调我们的乡村组织是对古代乡约的“补充改造”，而不是完全照搬。如何补充改造呢？那就是建立乡农学校。“所谓乡农学校这个东西，是补充改造后的乡约中自然要有的机关。这个机关主要的是讲求进步；而同时我们即以乡农学校来表示乡约，表见我们的组织。乡农学校，一面是为讲求进步所不可少，一面是用以形著我们的组织”。② 因此，在梁漱溟看来，乡农学校不是一般普通的学校，而是一种乡村组织。其与普通学校之不同主要体现在组织机构的设置、课程设置以及其作用意义等方面。

在组织机构的设置方面，乡农学校不同于普通乡村学校。首先，其人员构成是由四部分成员组成：校董会、校长、教员以及学员。其次，它必须划定办学的范围，否则就“没有组织乡村之意，故不能成功组织”。再次，校董会必须是乡村领袖，因为“我们的乡农学校也是靠乡村领袖的提倡才能成功”。最后，学员必须是本地农民，尤以成年农民为主。在课程设置方面，乡农学校也不同于普通学校，它的课程分为两类：一是各乡校通用的课程，如识字、音乐唱歌、精神讲话等；二是各乡校根据自身情况而设置的课程，如邹平乡农学校

---

① 《梁漱溟全集》第二卷，山东人民出版社 2005 年版，第 322 页。
② 《梁漱溟全集》第二卷，山东人民出版社 2005 年版，第 346 页。

开设的乡村合作、农业改良、移风易俗等，主要是向农民传授新的农业科技知识。关于乡农学校的作用和意义，梁漱溟更是进行了高度总结，他认为乡农学校是完成中国社会改造，完成中国新文化建设的一个机关，其意义非常重大。当然，乡农学校要担此重任，必须成为一个社会系统。梁漱溟指出，“我们必须成功一个系统。这个系统或名之曰社会运动团体系统，或名之曰文化团体的系统。……这个大系统的建立，是推进社会的一个根本，没有这个系统，则不能推进社会；有这个系统，对于各种学术的研究，各种知识技术，都能利用得上。这个系统仿佛是个总的脑筋，乡农学校的教员，是一个末梢神经；有此总的脑筋，才可以应付种种问题，解决种种问题”。① 他相信，乡农学校作为一种新的乡村组织，会慢慢地发展成为一个理想的社会，就是中国将来的政治制度，也不外乎这个乡村组织。

梁漱溟在组织乡农学校的过程中，关于教育对象和教育内容的主张，对于当今中国的新农村建设，仍然有着积极的意义。他把乡农学校视为一种进步的乡村组织，而非一个单纯的教育机关，因此，他的教育对象不仅仅是青少年，而是包括了一定区域内的所有男女老幼；另外，他还把学校教育与社会教育结合起来，在教育内容上进行改革，把乡村问题以及农民关心的切身问题作为授课的内容，这在当时是一大创举，于今日也意义重大。

四、乡村经济建设的路向：由农业引发工业

梁漱溟对于乡村经济问题的重视，是他的乡村建设理论区

① 《梁漱溟全集》第二卷，山东人民出版社 2005 年版，第 359 页。

别于其他乡村改良理论的一个显著特征。其他的乡村改良理论，虽也提出了经济建设的主张，但从内容上看主要限于农业的改良、推广以及乡村教育和社区建设。梁漱溟则不同，他从一开始，就强调乡村经济建设在整个乡村建设中的重要性。他说："所谓乡村建设，事项虽多，要可类归为三大方面：经济一面，政治一面，教育或文化一面。虽分三面，实际不出乡村生活的一回事；故建设从何方入手，均可达于其他两面。例如从政治方面入手，先组成乡村自治体；由此自治体去办教育，去谋经济上一切改进，亦未尝不很顺的。或从教育入手，由教育去促成政治组织，去指导农业改良等经济一面的事，亦可以行。但照天然的顺序，则经济为先；必经济上进展一步，而后才有政治改进教育改进的需要，亦才有政治改进教育改进的可能。如其不然，需要不到，可能性不够，终是生强的作法。我们从事乡村建设，原是作促进社会进步的工夫，固不能待其天然自进；然于此中相因相待之理不知留意，建设必将无功。"① 那么，中国乡村经济建设，究竟应该沿着怎样的路径进行呢？梁漱溟提出了"由农业引发工业"的路向。关于此路向，梁漱溟从原因到具体做法都进行了深入的分析。

首先，关于"由农业引发工业"的路向选择的原因，梁漱溟总结了四条：第一，从外部对中国经济的影响来看。当时，中国各方面都受到国际社会的压迫和侵略，但相对于工业来讲，农业所受到的压迫要松缓一些，因此，"我们要从农业谋翻身"。第二，从中国社会对经济的需求来看。农业经济是

① 《梁漱溟全集》第五卷，山东人民出版社 2005 年版，第 227～228 页。

农业社会的标签，且自古以来就是我国国民经济的基础，"以农为本"一直是历代统治者坚守的基本国策。农业的问题不仅是农人的问题，而是整个中国人的问题。所以，从社会对经济发展的要求来看，也必须从发展农业入手。第三，从中国经济发展的自身条件来看。从中国当时的情况来看，发展农业生产力比发展工业要容易一些，因为"我们在农业上根基厚，要翻身，这里比较是个凭借。头一样，工业生产的要件是资本；农业生产的要件是土地。土地是我们现成的；资本是我们所缺乏的。第二样，工业生产需要人工少，农业生产需要人工多。人工在我们是现成的，工业上所需动力是不现成的。第三样，工业生产需得找市场；不要说国外市场竞争不来，就国内争回市场来说，一则适值中国人购买力普遍降低，二则正在外国人倾销政策之下，恐怕很少希望。农业生产极富于自给性，当此主要农产品还不能自给时，似乎不致像经营工业那样愁销路"。① 第四，从中国农业发展的趋势来看。中国农业的恢复和发展，必然会从农业生产和农民消费两方面来促进工业的兴起和发展。

接着，梁漱溟阐述了发展农业、建设工业的具体措施。他认为，中国农业发展有四大障碍：一是治安问题；二是运输问题；三是农民负担问题；四是灾害问题。因此，经济建设的第一步就是扫除妨碍农业发展的障碍。第二步就是积极把握好能促使农业进步的三大要点，即土地、人才和资本。如何把握呢？一是建立农业科技推广机关，引入科学技术；二是建立乡治讲习所，培训指导经营合作的人才；三是开办农民银行，吸收都市资本转输于农村。第三步就是由农业到工业。梁漱溟是

① 《梁漱溟全集》第二卷，山东人民出版社2005年版，第504页。

一个重农派，但是他并不反对工业化。他清醒地认识到工业化在现代化中的重要地位，肯定中国的兴亡系于能否实现工业化，认为“农业是我们图翻身的一种凭借；要翻到工业上，才算是翻起身来”。① 同时，梁漱溟认为，如果农业有了进一步的发展，工业必然会跟着开发出来。他说：“因为农业进步则农民富裕，其消费自然增多；且农民购买力一大，已是现成的市场，不必另外去求，故工业即可随之而兴，如农具之制造，农产品之装制等，大家有了需要后，即由合作社联合会设工厂，以应此需要。”②

目前，中国农业在国民经济中所占比例逐渐降低，农业发展水平与工业等产业的发展水平严重脱节，在一些地区甚至出现了工业与农业二元对立的局面。这一切都不适应加入 WTO 后的实际要求，不利于农业的持续发展，有碍于现代化的顺利实现。可见，梁漱溟乡村建设理论中的高度重视农业地位、科教兴农等观点仍然有着现实指导意义。

五、梁漱溟的乡村建设思想述评

梁漱溟的乡村建设运动虽然失败了，但是他的乡村建设理论思想及其实验仍然是中国建设农村的一份珍贵的文化历史遗产，对于中国当前的社会主义新农村建设仍然有着十分重要的借鉴意义。

（一）中国农村建设中的传统文化的作用

梁漱溟强调文化建设的思想对于当今的社会主义新农村建设仍然有一定的启示意义，即建设社会主义新农村不能割断传

① 《梁漱溟全集》第二卷，山东人民出版社 2005 年版，第 547 页。

② 《梁漱溟全集》第五卷，山东人民出版社 2005 年版，第 651 页。

统文化。因为，文化的发展是具有连续性的，传统文化在人们身上的烙印是磨灭不掉的。对于传统文化，要取其精华去其糟粕，这样才有利于社会的发展、有助于新农村的建设。但是，他夸大了文化在改造社会中的作用，试图通过创造新文化来救济旧农村，通过教育来解决当时农村存在的问题，他甚至认为农民参加乡村建设也不应该是为自身的物质利益考虑，应该是一种超物质的、道德的考虑。可是，当时中国农民的生活是极度贫困的，农民最关心的根本问题是土地问题、生计问题，如果不改变封建的生产关系，如果农民分不到土地，他们就不会去关心并支持这场建设运动。同时，梁漱溟的乡村建设运动是在国民政府的支持下开展的，他代表了国民政府的利益，而未能代表广大农民的要求，从而形成了乡村建设“运而不动”的局面。

（二）中国农村建设中农业与工业的关系

梁漱溟强调农业对工业的基础地位，这对于当今的社会主义建设仍然是非常重要的。在20世纪二三十年代中国思想界出现了“以农立国”、“以工立国”的讨论。前者认为只有发达农业之后才能来引发工业，后者则认为只有发达工业之后才能来发展农业。梁漱溟虽然没有直接参加这场论争，但是其“由农业引发工业”的经济发展路向表明了他“以农立国”的立场。由此可见，梁漱溟也只是片面地理解了农业、工业在国民经济中的作用，而没有正确认识到二者之间的辩证关系。但是，他们在当时能够提出这一问题，本身就具有相当重要的意义。中国的农业与工业之间如何协调发展，直到今日也是一个值得探讨的问题。

（三）中国农村建设与教育的关系

梁漱溟视教育为乡村建设的一种重要手段，他说：“乡村建设就是民众教育，民众教育不归到乡村建设就要落空，乡村建设不取道民众教育将无办法可行。”① 尽管梁漱溟期望用教育的方法来建设乡村的愿望未能实现，但是他强调教育在改造旧农村、建设新农村的重要作用，是值得我们借鉴的。同时，他在强调教育的重要性时，必然地就强调了知识分子的重要性。在梁漱溟看来，士、农、工、商，士为上，即知识分子是非常重要的，因此，他要求知识分子到乡间去，向农民传授新知识、新技术，并与农民相结合共同建设乡村，这种精神是非常可贵的，对于我们今天的社会主义新农村建设也有重要的借鉴意义。

第三节 晏阳初乡村建设思想

晏阳初的乡村建设是从平民教育开始的，因其在推广平民教育中所取得的成绩而被誉为“世界平民教育之父”。1943年，他还被美国“哥白尼逝世四百周年全美纪念委员会”推选为“现代世界最具革命性贡献的十大伟人”（与爱因斯坦、杜威、福特、劳伦斯等并列）之一，委员会称其是“杰出的发明者：将中国几千文字简化且容易读，使书本上的知识开放给以前万千不识字人的心智。”② 1955年，他被美国《展望》（*Look*）杂志评选为“当前世界最重要百名人物之一”。美国著名作家、诺贝尔奖获得者赛珍珠，称颂他“在世界黑暗之

① 转引自朱汉国：《梁漱溟乡村建设研究》，山西教育出版社1996年版，第211页。

② 吴相湘：《晏阳初传——为全球乡村改造奋斗六十年》，岳麓书社2001年版，第34页。

处点燃了一盏明灯”。

晏阳初之所以从事平民教育事业，与他1918年到法国从事华工识字运动是分不开的。他在法国战地与华工相处一年后，发现中国农民的智慧很高，能力也很强，只是没有读书求知的机会，同时他也为中国高级知识分子完全不认识自己多数同胞的“苦”与“力”而感到痛心，于是，他开创了自己的平民教育事业。1920年学成归国后，晏阳初即以上海基督教青年会为依托从事平民教育推广工作，1923年成立了中华平民教育促进总会后他出任总干事。最初，他们的工作重点是在城市进行识字扫盲教育。不久，晏阳初认识到，中国是以农立国的国家，中国的大多数人是农民，农村是中国85%以上人民的着落地，大部分的文盲也在农村而不在城市，于是他把平民教育工作的重点转向了农村。在他看来乡村平民教育是救国建国的基本，乡村的精神和物质都是当日中国的主干，也是中国未来的基础。为此，他由平民教育走上了乡村建设之路。

1928年，晏阳初到河北定县开展“平教运动”实验，从识字运动转道“乡村建设”，总结了一系列经验，取得了一系列成就。1932年后，晏阳初在国民政府的直接支持下，在美国财团的经济援助下，把“定县平民教育试验区”变为国民政府御用的“河北县政建设研究院”，仍以定县为试验区，改称“县政建设试验区”，后因日本帝国主义的侵略而被迫搬至四川，继续开展平民教育与乡村建设运动，创办了中国教育史上第一所为乡村改造培养专门人才的高等学校——中国乡村建设院。

晏阳初在平民教育和乡村建设的实践中，形成了独特的“平民教育——乡村科学化”模式，形成了丰富的乡村建设思想。下文将晏阳初的乡村建设思想概括为四部分加以研究。

一、乡村建设的使命：民族再造

为什么要进行乡村建设呢？晏阳初认为，由于外敌入侵“使中国整个国家日陷于不宁和纷乱的状态，而受祸最烈的莫若乡村”，农村濒于破产；而“中国人——尤其是大多数的农民——的衰老、腐朽、钝滞、麻木和种种的退化现象，更叫中国整个社会的问题，严重到不可收拾”。他认为，要挽救民族危亡，“在民族没有力量之前，一切的一切都是虚话”，“沉下心来反求诸己，觉得非在自己身上想办法，非靠自己的力量谋更生不可。这就是所谓自力更生的觉悟。乡村建设更是这个觉悟的产儿，因为一回头来想到自己，就发现中国的大多数人是农民，而他们的生活基础是乡村，民族的基本力量都蕴藏在这大多数人（农民）的身上，所以要谋自力更生必须在农民身上想办法。而自力更生的途径也必须走乡建的一条路”。①

那么乡村建设的使命是什么呢？当时有人认为是“农村救济”，有人认为是“办模范村”，对此，晏阳初都予以了否定。他认为，乡村建设的使命是“民族再造”。1934 年 10 月，晏阳初在《农民运动的使命》一文中对此进行了阐述。他说：“中国今日的生死问题，不是别的，是民族的衰老，民族的堕落，民族的涣散，根本是人的问题；是构成中国的主人，害了几千年积累而成的很复杂的病，而且病至垂危，有无起死回生的方药的问题。”这个问题非常严重，如果不能很好地解决，

① 宋恩荣：《晏阳初全集》第一卷，湖南教育出版社 1989 年版，第 559～560 页。

则对于其他一切问题的努力和奋斗都是白费力气。乡村建设就是为了解决这个问题而兴起的，“它对于民族的衰老，要培养它的新生命；对于民族的堕落，要振拔它的新人格；对于民族的涣散，要促成它的新团结新组织。所以说中国的农村运动，担负着‘民族再造’的使命”。①

乡村建设何以能担当起民族再造的使命呢？晏阳初对此也给予了阐述。他认为乡村建设具有非常重要的地位，主要体现为三个方面。第一，乡村是中国的经济基础。以农立国的中国，如果离开了农业、农村和农民，国家就不能存在。第二，乡村是中国的政治基础。中国政治的基础不在中央，也不在省，而在乡村，因中央政府与省政府都是政治的上层建筑，与农民的关系是间接的。只有县政府区政府和乡政府才与农民的利益休戚相关。因此，中国政治的出路，必须从建设最基层的农村政治开始。第三，乡村是中国人的基础。土地、主权和人民是构成国家的三要素，而这三要素中，“人民”是最重要的要素。他说：“我们都希望有一个更好的世界，但其确切含义是什么？世界最基本的要素是什么？是黄金还是钢铁？都不是，最基本的要素是人民！在谈及一个更好的世界时，我们的确切含义是需要素质更好的人民。”② 而中国四万万人民中，有80%在乡村，因此，最能代表中国的，不是城市居民，而是农村人口。近代以来，中国所以会积贫积弱，受到列强的侵侮，甚至面临亡国的危险，一个重要的原因就是对人是立国的根本和对中国人的基础在乡村这一问题认识不够。晏阳初认

① 宋恩荣：《晏阳初全集》第一卷，湖南教育出版社1989年版，第294页。

② 摘自 http：//baike. baidu. com/view/112667. htm。

为，乡村是中国经济、政治和人的基础，发展了乡村当然就复兴了民族。

二、乡村建设的内容：四大教育，三大方式

晏阳初认为要解决中国的问题首先要解决“人”的问题，因此，乡村建设的重点应该是教育。他主张教育是建设的根本，必须以教育推进建设，因为“一项改革计划，如果强加予人民，而没有他们的参与，注定是短命的。只有人民创造了新的思想意识，乡村建设才能实现。而新习惯、新技能，又只有通过四个方面的教育计划渗入他们的生活之中，才能获得”。①

晏阳初提出的四大教育，是建立在他对中国农村问题的总结基础之上的。他认为中国农村的问题是千头万绪的，而在诸多问题中，“四种问题，是比较基本的。这四大基本问题，可以用四个字来代表它，所谓愚、贫、弱、私”。② 鉴于此，晏阳初提出乡村建设的主要内容就是要解决这四大问题，为此，他提出了四大教育，即解决“愚”的文艺教育、解决“贫”的生计教育、解决“弱”的卫生教育、解决“私”的公民教育。通过四大教育，培养农民的知识力、生产力、强健力和团结力，并且强调：“这四种力，是今日国民最不可少的。具备了这四种力，才可以在国家将亡的今日有救国图存的能力。”③

① 宋恩荣：《晏阳初全集》第一卷，湖南教育出版社 1989 年版，第 259 页。

② 宋恩荣：《晏阳初全集》第一卷，湖南教育出版社 1989 年版，第 247 页。

③ 宋恩荣：《晏阳初全集》第一卷，湖南教育出版社 1989 年版，第 434 页。

在四大教育的实施过程中，晏阳初提出了两个原则和三大方式。

所谓两个原则，第一个是四大教育应连锁进行，相辅相成，而不能分开割裂。晏阳初指出，乡村建设的目的，“既要谋整个生活的建设，因此针对人生生活上四种缺点的四大教育，不能不在整个的计划之下，连锁进行，互相辅助，文字教育与生计教育相关，生计教育又与公民教育相关。若各自为谋分割隔离，则难收实效”。① 第二个是四大教育应切合农民的生活。因为教育的目的是使受教育者养成合宜的精神态度，取得相当的知识技能，以解决其生产困难，改进其生活需要。能否达到这一目的，能否真正帮助到农民，关键就在所有的教育能否切合农民的生活。为此，他反对照搬西方的经验，而提倡一切教育的内容都要符合中国的国情。正是在这一思想的指导下，他特别重视社会调查，认为社会调查能“使我们对于农民生活、农村社会的一般与特殊的事实与问题有充分的了解与明了的认识”，而“一切的教育与社会建设必须有事实的根据，才能根据事实规划实验方案”。正是由于重视社会调查与实践，他才能以定县实验区的具体情况为基础，不断丰富和完善着自己的乡村建设思想。

所谓三大方式，是指学校式、社会式、家庭式三种教育方式。这三大教育方式，是晏阳初经过长期的摸索、研究，于实践中逐渐形成并完善起来的。他在《中华平民教育促进会定县实验区》的一份文件中讲道：“四大教育的主要实施方式有三种，一是学校式，一是社会式，一是家庭式。从前的看法以

---

① 转引自郑大华：《民国乡村建设运动》，社会科学文献出版社 2000 年版，第 145 页。

为学校之课程的教授是教育的全部，从平民教育的立场看，学校的方式只是一种方式。学校式的实施以文字教育为主，注重于工具知识之传授与基本训练，注重于个人的教学。社会式的实施以讲解表演及其他直观与直感教育的方法为主，注重团体的共同教育。家庭式的教育或为中国特殊的而又是必须的一种方式。家庭在中国社会结构上，占有特殊的地位，欲改善中国的生活方式，必须从家庭做起。”①

三、乡村建设的步骤：研究实验—训练人才—表证推广

晏阳初在提出乡村建设的使命以及乡村建设的内容和方式之后，进一步指出，要完成民族再造的使命，要实现四大教育的内容，应该要遵循三个步骤：

第一步是研究实验。乡村建设从研究实验开始是晏阳初实用主义思想的集中体现。他指出，中国近几十年来教育上最大的错误，在一切制度方法和材料，大多从东洋西洋抄袭而来，不适应中国国情，尤其不适应广大农村的实际情况，这种教育的恶果之一是把无数的农村青年变成了“肩不能挑，手不能提，在乡村不安，到城市无能，不文不武的无业游民”。因此，要实现民族再造的使命，乡村建设就不能不吸取这一深刻的教训，“不能不深入乡间从农民实际生活里去找创造的改造生活的教育，去求方法来研究实验”。②

晏阳初将研究实验工作选择在河北定县，其在定县的实验又是从社会调查开始的。定县的社会调查特别注重实用性和准

---

① 《晏阳初文集》，四川教育出版社1990年版，第39页。

② 宋恩荣：《晏阳初全集》第一卷，湖南教育出版社1989年版，第299页。

确性。就实用性而言，它不是为纯学理的研究而调查，而是为了实用而调查，为随时满足乡村建设的需要而调查。对此，晏阳初曾明确讲道：“调查的目的，既是为了了解事实，但事实的了解不是工作的终了，而是工作的开始。所以调查工作不是为调查而调查，必须要着眼于社会实际改造。要根据建设的需要，调查事实。”① 为了保证调查的准确性，晏阳初也提出了三条意见：（1）从事农村调查的工作人员必须到民间去，与农民共同生活，这样才能了解农民生活的真相，得到正确的数字；（2）调查必须通盘筹划由多方面施以互相为用的工作，因为调查的目的是为了整个农村社会建设工作，单独的进行是难以得到事实真相的；（3）从事调查的人必须了解现代社会调查的科学理论、技术及方法，同时还必须顾及中国的民间生产状况而制定出适合中国国情的方法和技术来。② 正是由于社会调查的实用性和准确性，当时形成的调查材料，直到现在，仍然是国内外研究中国社会问题尤其是农村问题的权威性材料。

第二步是训练人才。晏阳初认为，无论是研究实验，还是推广研究实验的结果，都需要大量人才。中国虽然号称有四万万人民，然而大多只是些生物学意义上的自然人，而不是社会学意义的社会人。所以要改造中国，实现乡村建设承担的民族再造的使命就必须训练乡村建设的人才。对此，晏阳初进一步分析了为什么要训练、由谁来训练以及训练什么这三大问题。

① 宋恩荣：《晏阳初全集》第一卷，湖南教育出版社1989年版，第197页。

② 宋恩荣：《晏阳初全集》第一卷，湖南教育出版社1989年版，第197页。

总体而言，就是为了完成复兴农村、改造农村、建设农村的任务，广大乡村建设的先进分子就得负起训练人才的责任和义务，通过训练，使乡村建设者都成为既有专门知识，又有创造能力，还有应世手腕的人。

第三步是表证推广。所谓表证推广，就是将研究实验所取得的成果用表证的方法推广到全国广大农村。晏阳初认为表证推广主要是由地方政府去完成，“我们工作的原则是只从事研究与实验，设立实验学校、表演学校，将研究结果，贡献给地方当局，让他们去推广”。①

晏阳初虽然将乡村建设分为三个步骤，但是他同时又强调，这三个步骤之间存在密切联系，三者缺一不可。这三步工作，是互相连锁的，没有第一步的工作，则第二步第三步工作是无根；没有第二第三步工作，则第一步工作是无足。无根的没有生命，无足的虽有生命但不能远行。所以要实现农村运动的使命，完成改造民族生活的方法，需得要有这三个步骤。

四、乡村建设的队伍：“农民化”

晏阳初提出，要完成民族再造的历史使命，其关键是“化农民”的问题。所谓“化农民”就是通过四大教育，使中国人口80%以上的农民成为“有文化的中国新农民”。为了达到“化农民”的目标，他对乡村工作者提出了一个要求，即“农民化”。当时，乡村建设队伍的主要构成是广大知识分子，他们很多都是国内外知名的专家和学者，其中一些是学有专长的归国留学生，不少人都取得了硕士博士学位。如中国平民教

---

① 宋恩荣：《晏阳初全集》第一卷，湖南教育出版社1989年版，第247页。

育促进会的总干事晏阳初本人，就是普林斯顿大学政治学硕士；私书长兼公民教育部主任陈筑先，曾有8年时间在日本和美国留学；秘书主任谢扶雅，是哈佛大学的哲学博士；社会调查部主任李景汉，是哥伦比亚大学社会学硕士；学校式教育部主任汤茅如，是哥伦比亚大学社会学硕士；生计教育部主任冯锐，是美国康乃尔大学农学博士；乡村教育部主任傅葆深，是美国康乃尔大学博士；戏剧教育委员会主任兼民间社社长熊佛西，是哈佛大学博士；乡村工艺部主任刘拓，是艾阿华大学博士，等等。①

针对这样一种情况，晏阳初提出了乡村工作者要“农民化”的主张，即要求乡村工作者转变思想立场，“抛下东洋眼镜，西洋眼镜，都市眼镜，换上一副农夫眼镜”，去观察问题，解决问题，只有这样，“才能接近农民，亲近农民，从而影响农民”。② 而要做到“农民化”，首先要求乡村建设者们深入民间，到农村和村民们一起劳动和生活，这样才能通过与农民的接触而感受到他们的痛苦，了解到他们的需要，从而更好地为他们服务。深入民间，和农民一起生活劳动，说起来容易但真正实行却是非常困难的。晏阳初曾指出：“到民间去这条路，好似遍地荆棘，颇不好走。都市里的人往土门土户的乡下拉，自然不易拉得上。同样，哥伦比亚、牛津、剑桥、东京帝大、清华、北大等学校所学的，亦不易拉到土门土户的乡下去。”为此，他身先士卒，1929年秋举家从北平迁到定县，和

① 郑大华：《民国乡村建设运动》，社会科学文献出版社2001年版，第467页。

② 宋恩荣：《晏阳初全集》第一卷，湖南教育出版社1989年版，第221～222页。

农民一样住进茅屋里。在他的感召下，许多知识分子放弃了城市里舒适的生活条件和环境，以及大学教授、校长的优厚待遇，心甘情愿地居住到条件艰苦的定县农村去了。

晏阳初认为，要实现“农民化”，除了深入民间和农民一起生活外，还要虚心向农民学习，“要给农民作学徒。农民虽然不知科学的名词，虽然未曾受过书本式的教育，然而对于实际生活的知识与技术，我敢说，值得我们去学。一个青年，小学而中学而大学而留学东洋西洋，结果，学校越进得多，离社会越远。一般人以为书本形式的教育越受得多，便越有学识，越能了解社会。其实是很大的谬误”。①

如前文所讲，晏阳初认为中国农民其实是很有智慧的，他们当前的“愚”和“穷”，都是知识分子向来不重视农村，轻视农民造成的。从这个意义上，他也特别强调乡村建设工作者要“农民化”。

五、晏阳初的乡村建设思想述评

晏阳初认为乡村建设运动应该是一个和平的建设运动，它补救了太平天国运动、戊戌维新运动、辛亥革命、五四新文化运动以及国民革命的缺陷，它注意到了大多数人的教育问题，它使国内人人平等地享受国家的权利，它使国家的建设注意到大众化的问题，它使人民把国家的政令、法律法规等看成是自己生活的一部分。这些都是整个民国乡村建设运动在中华民族现代化问题上找到的突破和努力的方向。时至今日，晏阳初关于乡村建设的若干思想依然是我国进行社会主义新农村建设的

① 宋恩荣:《晏阳初全集》第一卷，湖南教育出版社 1989 年版，第 221 ~ 222 页。

主旨。2003年7月，温铁军在定县创办乡村建设学院时，就将当时晏阳初提出的搞好平民教育和乡村建设应遵循的九大信条雕刻在晏阳初塑像身后的墙上，以此作为社会主义新农村建设可资借鉴的宝贵经验。

晏阳初以农民教育为突破口来解决中国社会问题，提倡开发农村劳动力，投资农村人力资本，对农民进行教育、培训、提高健康水平和社会公德意识以实现农村现代化的具体方法，对于当今中国的农业现代化建设，仍然有着非常重要的意义。目前我国农村形势仍很严峻，“三农”问题令人担忧，一个重要的原因就是农民自身的问题，即农民的文化、科学素质不高。党中央曾明确提出了“科教兴国”方略，在新的历史条件下，知识分子有必要继承和发扬晏阳初的“博士下乡”精神，再创博士下乡洪流，提高农民的科学文化知识，帮助农民脱贫致富，担负起改造农村，建设农村的历史重任。当然，今天的农民、农村、农业已然发生了实质性的变化，要解决“三农”问题，是需要多方面因素来共同发挥作用的。平民教育、乡村建设思想无疑是一个重要的奠基工作，正如晏阳初先生所讲：“在人民有能力改造自己的生存环境时，要发起任何社会、经济或政治上的改造都有基础，原因是人民已掌握这些事情。在进行基础训练和掌握基本纪律之后，人们知道如何同困难作斗争，在灾难面前，他们不再表现得无能为力了，他们有了力量。这是一个民族和国家发展的道路。”①

另外，晏阳初的乡村建设思想是具有现代化意义的。现代化的主题就是社会生产力的不断进步与发展，社会的转型特别需要生产力不断进步。晏阳初在乡村建设的内容上，提

① 摘自 http：//baike. baidu. com/view/112667. htm。

倡对民力的开发和四力合建，始终把发展农村生产力作为乡村建设的主要目标，是符合世界现代化进程的一般潮流的；在社会转型的价值取向上，他的乡村建设思想也是面向现代化的。

当然，晏阳初的思想也有历史局限性。他没有正确认识到当时社会的真正病根所在，而将病根所必然带来的病象即愚、贫、弱、私当作社会的祸乱之源。他始终没有认识到帝国主义侵略与封建残余的剥削，才是当时中国社会落后的最根本的原因，以致 1987 年他回国期间看到我国改革开放所取得的成就时无限感慨，说：“比较起来，我当年搞的只不过是一种方法和研究，要真正改变广大农村的面貌，还得有现在这样的制度才能成功。”但作为一个知识分子，一个热心教育事业的教育家，能够身体力行、力排干扰，一心为人民办教育的精神仍然是难能可贵的。

第四节　卢作孚乡村现代化思想

民国时期的乡村建设运动的发动者主要是知识分子，他们更多地主张从其所熟悉的文化教育领域着手改造乡村。卢作孚①是唯一的一个以企业家的身份投身乡村建设的人士，他的这种职业角色使他的乡村建设的思想与实践别具一格，立足于

---

①　卢作孚（1893—1952），四川合川人。早年加入同盟会，曾参加四川保路运动。辛亥革命后长期从事教育、新闻工作。1925 年受实业救国思潮的影响在其家乡合川集资创办“民生实业股份有限公司”，任总经理，从事长江内河航运，经过 10 余年的发展，民生公司成为民国时期中国最大的民族资本航运企业，卢作孚因此被称为“中国船王”。他与张之洞、张謇、范旭东一起曾被毛泽东誉为旧中国实业界“四个不能忘记”的人物。

经济的角度，以经济建设为中心推动乡村建设。卢作孚还是民国时期唯一在中国西部地区开展乡村建设运动的历史人物。

一、乡村建设的重要性

卢作孚一生是以实业家著名，而非以乡村建设者显身。但卢作孚非常热心于乡村建设，发表了许多关于乡村建设方面的演说和论文，提出了颇具特色的乡村建设思想。

作为企业家的卢作孚高度重视乡村问题，他从政治、教育、经济三个方面论述乡村问题的重要性，“乡村地位仍是十分重要”。“第一是政治的关系。政治上最后的问题是全国的问题，他的基础却在乡村。无数乡村乃仅仅绕一城市，乡村人口的总和亦不知若干倍于城市，乡村地位之重要，就此已可证明”。“第二是教育的关系。人每每说‘中国人受教育的太少’。要知道这些太少的数目，绝不是在城市，是在乡村……就数量说，乡村教育的经营远在城市以下，乡村教育的需要却远在城市以上。就结果说，乡村中间的少壮年人是常常向城市迁移的，至少也常常在城市里求生活的。乡村是不断的供给城市人口的地方，如因教育缺乏，供给的都是无知识的人口，那不惟于城市文明没有帮助，反而妨碍不小。乡村教育如果不发达，不但是乡村问题，而且变为城市问题了”。“第三是经济的关系。乡村的经济事业愈不发达，乡村的人民便愈往城市跑，乡村的农作和工作，便乏人担负了。城市的商品，虽大多数是经过工业制造来的，虽大多数的工业都在城市里，原料却来自乡村。或须开发，或须培植，或须就乡村里制造完成，这些事业里做工的人都跑到城市去了，就会减少开发培植制造之量，就会引起城市原料的恐慌。再则城市工业进步甚快，交通事业发展亦快，原料需要增加之量因而愈大，乡村经济事业如没有同样的速度进展，即不衰退，亦必引起城市原料的恐慌”。①

卢作孚指出，如果人们继续不断地重视城市而不重视乡村，努力于城市的经营而不努力于乡村的经营，必然会“促成人口集中于城市”，“不但乡村人口逐渐减少，会成了乡村问题，城市人口无底止的逐渐加多，更会成了城市问题。人口集中于城市，在现今的欧洲、美洲已经成了问题，在未来的中国，亦自必成为问题的”。②

二、乡村现代化思想的内容

卢作孚 1934 年 10 月 1 日在中华书局出版的《中华教育界》上发表的《四川嘉陵江三峡的乡村运动》一文，阐述了他的乡村建设思想。卢作孚对于当时梁漱溟、晏阳初、陶行知、黄炎培、高阳等所开展的以教育为中心的乡村运动和华洋义赈会以救济为中心的乡村建设不以为然，认为乡村建设的目的“不只是乡村的教育方面，如何去改善或推进这乡里的教育事业；也不只是在救济方面，如何去救济这乡村里的穷困或灾变”，“我们的要求是要赶快将这一个乡村现代化起来”。③可见，卢作孚把乡村建设的目标定位于乡村现代化，通过乡村现代化推动国家现代化，这一乡村建设的理念在当时是独树一帜、富有远见的。

① 凌耀伦、熊甫编：《卢作孚文集》，北京大学出版社 1999 年版，第 87 ~ 88 页。

② 凌耀伦、熊甫编：《卢作孚文集》，北京大学出版社 1999 年版，第 89 页。

③ 凌耀伦、熊甫编：《卢作孚文集》，北京大学出版社 1999 年版，第 353 页。

卢作孚所理解的“现代”包括物质建设、社会组织和人的训练三个方面：“现代是由现代的物质建设和社会组织形成的，而现代的物质建设和社会组织又都是由人们协力经营起来的，人都是训练起来的。”①

物质建设主要是经济建设，它是乡村现代化的中心。为什么要以经济建设为中心呢？卢作孚的回答是，“第一，任何建设，政治的或文化的，皆应以经济建设为基础”；“第二，必须增进人民的富力，乃能增进人民对于国家完纳赋税的负担力”；“第三，经济活动为国家最大多数人所必须参加的活动，一个国家只需要最少数的人作政治活动和文化活动。管理的效率愈高，运输和通讯的设备愈进步，愈可减少政治活动的人数，有了广播、幻灯、电影的便利，愈可减少文化活动的人数。从事经济活动的人数将愈加多。政治应为最大多数人谋最大幸福，对于最大多数人从事的经济活动，应首先予以帮助，故应先致全力于经济建设的运动”。②

卢作孚主张因地制宜，在嘉陵江三峡地区吸引新的经济事业。“这里有煤矿，产煤都在山间，运输不便，促成煤业有关的人们组织北川铁路公司，建筑一条轻便铁路在江北、西山的山间。不久又有宝元煤矿公司筑堤以成运河在璧山县属东山之下，而且采用机器采煤了。我们又进一步联络北川铁路沿线的五个煤厂组织一个天府煤矿公司，准备改用机器采煤。促成友人组织洪济造水厂利用水利，组织嘉陵江煤球厂利用煤粉。欢

① 凌耀伦、熊甫编：《卢作孚文集》，北京大学出版社 1999 年版，第 353 页。

② 凌耀伦：《卢作孚与民国乡村建设研究》，人民出版社 2007 年版，第 81 页。

迎义瑞桐油公司购地大种桐林，重庆友人集资培植果园。除开我们直接经营的三峡染织厂，集资经营的北碚农村银行外，凡这许多事业需要帮助的时候都尽量予以帮助。”卢作孚认为嘉陵江三峡地区的以上经济现代化建设是“几个现代的模型”，目的是将其“装置在乡村人们的理想里”，以便“乡村的人们对这许多事业有一种认识，认识生产是应这样变成现代的”。①

卢作孚在乡村建设方面的远见卓识还体现在他特别关注乡村的公共品的供给，他主张在乡村地区大力“筹备关于经济的公共事业”。“第一是气象台。乡村农人最感痛苦的是天灾，或苦久晴，或苦久雨，或苦风雹，不但是（使）他们无法宰制，亦并无法预料。气象台便是测量气象变化的机关，它可以把最近的将来气象如何变化告诉农人，农人便可对农作设法预备，对灾害设法预防。第二是农事试验场。可以将各种不同的种子，不同的播种期，不同的土壤，不同的肥料，不同的距离，通通试验出来，比较成绩的好坏，告诉农人，并且指导他们怎样改良种子，改良土壤，改良肥料，改良一切种植的方法，改良农具，期于节省生产费，提高并加多生产品。第三是设立苗圃。培植各种关于园艺和森林的苗木，指导农人讲求园艺，培植森林。第四是开辟公用的堰塘或凿公用的井。蓄水以灌农田，或购公用的吸水机。第五是设立农村银行。在农人青苗不接的时候，贷与款子，并办理存储及汇兑。第六是提倡合作社——提倡消费合作社。供给农人廉价的消费品，并分与最后所获的红利；提倡生产合作社，以公共的保证，帮助需要借款的农人，取得随时可以借款的权利。此外还须指导农人改良

① 凌耀伦、熊甫编：《卢作孚文集》，北京大学出版社1999年版，第354～355页。

副业——改良养蚕的方法，置设公共缫丝厂，公共干茧室”。①

卢作孚对于农村的交通建设也相当重视。他认为“交通事业，是现代人们生活上最需要的事业。货物，全世界的要相互交换。人们，全世界的要相互往还，一个人常与距离到万里的人们有关系，常常要知他们的消息，常常要和他们通问讯。这断断不是人力或以畜力的交通事业办得到的”。“世界的交通建设，差不多都以城市为中心，铁路、马路、航路、航空，都是某城市与城市之间的联络……交通事业，总须由城市而逐渐及于农村，于城市与城市的联络以外，亦须逐渐谋乡村的联络，尤其要谋乡村输出输入的便利，以辅助改良乡村人民的经济生活”。卢作孚认为乡村交通建设要从四个方面重点推进：一是“建筑道路”；二是“经营河流”；三是“开办邮政”；四是“安装电话”。②

卢作孚在嘉陵江三峡地区的乡村建设的目的，不仅仅是为了一个地区的乡村现代化，而是为了中国国家的乡村现代化：“在这一乡村里为中华民国作小小的试验，供中华民国小至乡村大至国家的经营的参考”。③

1933 年 11 月卢作孚在《中国的建设与人的训练》一文中对他在嘉陵江三峡地区所展开的乡村建设的前景作了如下展望：“我们的理想是建设成功一个美满的三峡，是从经济上、从文化上、从风景上、从治安上建设成功一个美满的三峡，我

① 凌耀伦、熊甫编：《卢作孚文集》，北京大学出版社 1999 年版，第 94～95 页。

② 凌耀伦、熊甫编：《卢作孚文集》，北京大学出版社 1999 年版，第 95～96 页。

③ 凌耀伦、熊甫编：《卢作孚文集》，北京大学出版社 1999 年版，第 353 页。

们便要从各方面包围着这整个的三峡活动。"①

通过10余年的努力，卢作孚基本上实现了自己的理想。卢作孚在以北碚为中心的峡江地区"创建了北川铁路公司，修筑了新中国成立前四川唯一的一条轻便运煤铁路，创办了四川最大的煤矿——天府煤矿，四川第一个机器织布厂——三峡织布厂，四川第一所科学研究院——中国西部科学院和学校、公园、医院、报馆、银行等企事业。几年时间即将一个贫穷落后、社会治安非常混乱的'土匪窝'建设成一个初具规模的社会秩序安定的北碚文化风景区"。② 卢作孚以经济建设为中心推动乡村建设的模式在当时就引起了社会各界、包括在东部地区以教育为中心开展乡村建设的人士的关注和好评，如1939年晏阳初参观北碚后的一次演讲中说："重庆的北碚有卢作孚先生所热心经营的乡村建设区……我看那里的工矿经济建设事业，都很有成绩，将来希望本会（指晏阳初领导的中华平民教育促进会）能和那边合作，使他们的经济建设，与我们的教育政治工作，有一个联系。"③ 这里，晏阳初既注意到了中华平民教育促进会与卢作孚开展的乡村建设的着力点不同，也承认卢作孚开展的以经济建设为中心的乡村建设"很有成绩"。

---

① 凌耀伦、熊甫编：《卢作孚文集》，北京大学出版社1999年版，第259页。

② 凌耀伦、熊甫编：《卢作孚文集》，北京大学出版社1999年版，前言。

③ 凌耀伦：《卢作孚与民国乡村建设研究》，人民出版社2007年版，第77页。

三、卢作孚乡村现代化思想述评

卢作孚是民国乡村建设运动中提出乡村现代化思想的第一人，他因成功创建民生公司、发展交通业而被毛泽东称赞为中国实业界四个“不能忘记”的人之一。在乡村建设的实验中，他是我国第一个系统阐述并实践乡村“现代化”、“都市化”思想的人。

首先，卢作孚明确提出乡村建设的宗旨是谋民生、保民享。他通过对中国社会发展状况的分析，指出在中国传统文化情节下衍生的“两重集团生活”是阻碍中国社会前进的最大障碍。所谓的“两重集团生活”是指家庭生活和由家庭生活扩大而成的亲戚邻里朋友关系。农民就生活在这两重关系中，从而缺乏更为广泛的道德和责任，因此，需要谋民生、保民享的乡村建设计划，只有这样才能积极地增进人民的幸福。这是卢作孚不同于同时代乡村建设者的显著特点之一。

其次，卢作孚以经济建设为中心来推进乡村现代化建设，这是不同于梁漱溟、晏阳初等人的地方。卢作孚不仅从理论上全面阐述了以经济建设为中心的必要性，在乡村建设的实践中更是以经济建设为中心来加以推进。他不仅在北碚建立了铁路公司、煤矿、织布厂和水电厂等实业，而且在经济建设的基础上创建了各种文化事业和社会公共事业。这种以经济建设为中心的乡建运动，是符合经济基础决定上层建筑这一历史规律的。

最后，卢作孚的乡村现代化建设是富有成效的。在卢作孚的领导下，四川北碚不仅在经济事业方面建成各类厂矿及铁路，在文教事业方面建成各类学校、图书馆及博物馆，而且在社会公共事业方面也建成了一些公园、医院及道路。可以说，卢作孚基本实现了其乡村现代化的建设构想，这又是他优于其他乡村建设者的地方之一。

卢作孚不仅是乡村建设的理论家，而且是乡村建设的实践家。与当时在中国东部地区从事乡村建设的一般知识分子在财政上完全依赖政府不同，作为成功的大企业家，卢作孚在嘉陵江三峡地区开展的乡村建设运动具有民生公司坚实的财政支持的有利条件，因此能够在当时的条件下就能超前实现“以工补农”、“以城带乡”。从这个意义上说，在当时中国处于工业化初期及战乱频仍的时代条件下，卢作孚的乡村建设实践尽管堪称完美，但并不可复制，不过其作为乡村建设的一份珍贵的思想遗产仍是具有重要的历史价值的。

第五节　中国华洋义赈救灾总会的以工代赈思想和农村合作思想

早在 19 世纪 70 年代，西方传教士为了传教的需要就开始有组织、有计划地在中国从事对灾民的救济工作。1878 年来华西方人士在上海成立了中国近代第一个救济机构——中国赈灾基金委员会。民国初年在北洋政府奖励义赈政策的推动下成立了以唐宗愈为会长的中国义赈会。

1920 年，华北地区发生自清末“丁戊奇荒”以来最为严重的大旱灾，灾区广及河北、山东、山西、陕西、河南 5 省，灾民 2000 多万，死亡 50 多万。四分五裂的北洋政府已失去整合社会的能力，民间慈善组织承担起了本应由政府承担的救灾责任。为统一领导赈灾，是年 11 月，中外慈善团体代表在北京成立国际统一救灾总会。次年 11 月由国际统一救灾总会发起，联络其他中外慈善团体成立永久性的、由中外人士联合组成的近代中国最大的华洋合组的民间国际性慈善团体——中国华洋义赈救灾总会（China International Famine Relief Commission，简称华洋义赈会），选举美国人艾德敷为总干事，总会事务所设于北京。总会设执行委员会，华、洋委员各半，由总干事负责日常事务。

在办赈的实践中，华洋义赈会认识到“急则治标，固未尝不可收效于一时；若夫治本之道，首在预防”①，只有防患于未然，才可以收到事半功倍之效。正如华洋义赈会重要中方成员、担任该会副总干事、总干事10多年、长期主持该会日常工作的章元善1933年7月在第一次全国乡村工作讨论会的发言中所指出的：“当民国九年开办的时候，敝会唯一目的，就是捐下钱来，到东三省及张家口去买红高粮（粱）。买来之后，放给难民吃。当时国有铁道，华商洋商轮船，都是满载着赈粮向灾区输送。那次的办赈，真是有空前绝后的盛况。化（花）去的款子有1700万元的光景。像这样的办赈，真是浪费极了！得到了这次教训，于是‘防灾’一个名词，应时而生。吾们认定凡是可以帮助农民增加生产力的一切设施，都有防灾的效能；兴办这些事业，就是防灾。”② 基于此，华洋义赈会提出以“筹办赈济天灾，提倡防灾事业”作为办赈方针。

要科学地防灾就需要对中国农村的社会经济状况有准确的把握。“由于中国是一个缺乏可靠统计的国家”，很多结论都

---

① 中国华洋义赈救灾总会编：《中国华洋义赈会概况》，1936年编，“弁言”。

② 薛毅：《中国华洋义赈救灾总会研究》，武汉大学出版社2008年版，第403页。

是从偶然观察而来，而不是通过“表格向一家家的农人去调查”来取得，结果防灾往往无的放矢。① 华洋义赈会成立后开启了大规模中国农村经济调查的先河，为研究灾害成因和农村经济，1922 年 6 月，华洋义赈会出资，委托在燕京大学任教的戴乐仁（J. B. Tayler）负责，抽调 9 所教会大学的 61 名学生到河北、江苏、山东、安徽、浙江的 240 个村庄从事社会经济调查。调查内容涉及人口（包括人口密度、年龄和性别的分布、出生率和死亡率、迁移情况等）、家庭规模和构成、住房、土地（包括土地的大小、产权和改良）、工业、家庭收入来源等。这次农村经济社会调查为华洋义赈会制定切实可行的防灾对策提供了科学依据。

在具体的防灾方面，华洋义赈会的“主要事功”围绕两个方面的工作展开：一是用以工代赈②的办法兴修水利，改善排灌及便利交通等，以优化农业发展的条件，提高农作物产量；二是在农村地区开展合作事业，特别是信用合作事业，改善农村金融环境，以“增加农民经济能力”。③

一、以工代赈思想

华洋义赈会是中外合办的慈善团体，主要经费来自国外，管理严格。这种背景使其更重视赈灾的科学性与经济性，以充分发挥赈灾资金的经济效益。在当时的西方发达国家，以工代赈是政府及慈善组织进行公共工程建设、赈灾济贫的重要方

① 卜凯：《中国农家经济》，商务印书馆 1936 年版，第 565 页。

② 以工代赈指在灾区以按劳取酬办法吸纳灾民举办公共工程的赈灾方式。

③ 中国华洋义赈救灾总会编：《建设救灾》，1934 年编，第 11 页。

式。华洋义赈会受此影响，“不专务消极的救济，尤注重积极的建设”①，将以工代赈奉为“唯一不二之原则”。②“华洋义赈会首任总干事艾德敷为该会制定的工作目标就十分强调通过建设防止灾害发生：‘预防之法，又端赖建设’，‘欲以人力之建设，谋天灾之防卫，秉此主张，努力经营’”。③ 在建设救灾中，主要采取以工代赈的方式。

华洋义赈会以工代赈的具体实施原则包括以下五个方面：对灾区之难民，不空施以金钱；对灾区之难民，不空施以粮食；凡壮丁及能工作之人，皆应从事相当之工作以养家糊口；于粮食缺乏之地，应以粮食为工资，其他也可酌量施以金钱；工资应按工作单位核实施给。④

工赈的具体形式包括疏浚河道、铺设公路、开挖水渠、掘井、植树造林、兴办实业等。从华洋义赈会投入的以工代赈的资金来看，工赈可分为大工赈和小工赈。小工赈主要是以劳务报酬的形式支出，一般针对房屋修理、局部河道疏浚、桥梁修护等；修护河流的干堤、修建公路等，需要巨额资金，属于大工赈。

华洋义赈会专门编写《查放细则》就以工代赈工程的确定、人员的招募等技术性问题作出了详细的规定：“第一步，招编壮丁工人，从事已拟定之大工程。第二步，派人往各户调

① 中国华洋义赈救灾总会编：《中国华洋义赈会概况》，1936 年编，第 11 页。

② 中国华洋义赈救灾总会编：《中国华洋义赈救灾总会丛刊》乙种第 14 号，1925 年编，第 2 页。

③ 中国华洋义赈救灾总会编：《中国华洋义赈会概况》，1936 年编，“弁言”。

④ 中国华洋义赈救灾总会编：《赈务指南》，1924 年编，第 3 页。

查老弱残废孕妇等之需要，发予赈票，俾领义赈。办竣，应再组织小工厂，设立灾区学校。第三步，雇集能工作之妇女，入此项工厂作工，招收未及年龄之儿童，入灾区学校。第四步，倘于某村举办二、三步，而该村并无第一步所称大工程足资招编壮丁者，则应即筹备若干小题目之工程，如清道、疏沟、掘井，以及小规模之筑路等，以便利用壮丁，从事工作。如无大工程，则以第二步为起点，三、四两步继之。业经第一步招编之灾村，即不在该村进行二、三、四三步，此种村中，如有缺乏壮丁，无工可做之户，自应领受义赈。故即于招编壮丁之后，切实查放，发给赈票，实行第二步之办法，于必要时，再以第三步补充之。”①

工赈项目大多为劳动密集型工程，因此，如何有效管理劳动力就成为工赈能否成功的关键。为此，华洋义赈会制定了一套非常严格的管理办法：将工人按“排”编列，每排 31 人，更举一排头，同排之人，一般以同居一村编列。各排按次编号，而每排又按名编号。“每排个人之编号，为自 0 号之 30 号。0 号为排头之号数，而各排排号，由招工人员在总编工员所指定之号数内，自行编列，依次排号。工排号自 40 号起，以免混淆。例如 44/0 乃第 44 排之排头，76/23 乃第 76 排第 23 号工人等是”。②

以工代赈与传统的救济方式相比具有明显的优点：一是减灾与防灾结合起来，既兴办了公共工程，又救济了灾民，标本兼治。直接赈钱赈谷，灾民只能受惠于一时，无法从根本上改变处境，而工赈组织灾民以实物的形式对灾区进行基础设施建

① 中国华洋义赈救灾总会编：《查放细则》，1924 年编，第 27 页。

② 中国华洋义赈救灾总会编：《查放细则》，1924 年编，第 29 页。

设投资，恩泽后世，收益无穷。二是调动灾民积极性，改变灾民遇到灾荒无所作为、等待救济的传统观念，为他们指出了一条自力更生、主要依靠自己的力量重建家园的道路。三是增加就业，刺激经济增长。工赈的基础设施建设使因灾失业的劳动力能够重新就业，使灾民不致流离失所，有利于社会安定，又通过投资增加全社会的有效需求，拉动经济增长。四是降低公共工程成本、提高公共工程的经济效益。一方面灾情发生时往往是经济不景气时期，生产资料等的价格趋落，兴建公共工程的各种材料的价格下降；另一方面由于灾民众多，以工代赈的工人劳动力比较廉价，可以降低劳动力成本。

工赈的不足是工赈需要的是青壮年劳动力和技术人员，家中无此人员则得不到赈济。而且工赈“只可行于受灾较轻之地，而不可行于灾重之区，只可行于赈济之后，借以补助，不可行无赈之区”。①

由于以工代赈良好的社会效应，华洋义赈会在全国各地展开的工赈工程得到民国各级政府的积极支持，形成政府与社会团体合力开展公共工程建设的良性互动。如1931年完工的、可灌溉120余万亩的绥远民生渠工程得到绥远省政府的财政支持，由省政府与华洋义赈会各出一半经费，共同修建。工程紧张时，绥远省政府还动用军队支持工程建设。正是在政府的大力配合下华洋义赈会以工代赈取得了历史性的突出成就。如在公路建设方面，“民国时期大规模修筑公路，就始于华洋义赈会”，在国内14个省主持或参与修建3800多英里的公路，其中省际公路如西安至兰州间的全长1400多英里的西兰公路，

① 杨琪、徐林：《试论华洋义赈会的工赈赈灾》，《北方论丛》，2005年第2期。

云南到贵州的公路；省内公路如湖南的湘潭到宝庆的公路、山东济宁至曹州的公路；在兴修水利方面，主持修建的大型水利工程多达11项，其中以绥远的民生渠和陕西的泾惠渠为最大，另在长江、黄河、淮河、海河等干支流两岸修筑堤防900多英里。①

二、农村合作思想

除以工代赈外，华洋义赈会将防灾的重点放在推动农村的制度变革、建立农村合作方面。正如华洋义赈会第二任总干事马罗立所言：“华洋义赈会早就窥透了设办乡村借贷事业的必要，它在经过了一番充分之研究后，已从西方诸国所得的经验中，获得了一个相当的解决方法。这个方法并非别的，就是农村的借贷合作计划。”②

早在1922年4月该会的农利委员会就开始调查农村经济，研究农村信用合作问题，草拟了《农村信用合作社章程》。次年4月在对草拟的章程经过五次大的修改以后，正式制定颁布该章程。8月，华洋义赈会设立合作委员会，专司合作事宜，负责农村合作的设计与规划。1925年10月，华洋义赈会设立农利股作为合作运动的执行机构，负责调查、组织、承认合作社，并区分合作社之等级及放款数量。

华洋义赈会成员中有许多是民国时期著名的合作问题专家。如章元善（1892—1987），早年留学美国，1923年，在河北香河县推动组建了中国第一个农村信用合作社，专心从事农

---

① 薛毅：《中国华洋义赈救灾总会研究》，武汉大学出版社2008年版，第250~258页。

② 马罗立：《饥荒的中国》，上海民智书局1929年版，第177页。

村合作事业10余年，先后担任过陕西省合作事务局主任、国民政府实业部合作司司长等职；于树德（1894—1982），早年留学日本京都大学经济系，专攻合作经济，回国后加入中国共产党，为李大钊挚友，曾在北京大学、燕京大学讲授过“合作”课程，国共合作时期担任广州农民运动讲习所教员，主讲“农村合作概论”、“合作运动与农村之关系”等课程，为中国近代著名的合作理论专家，出版过《合作之经营与理论》（中华书局1929年版）等著作。

华洋义赈会及其成员论述农村合作思想的文献极其庞杂，内容极其丰富，概括言之，包括以下几个方面：

（一）农村合作必要性论

为什么要开展农村合作，这是必须首先回答的问题。华洋义赈会认为中国农村最突出的问题是农村金融环境恶劣，农民缺乏资金，不能维持简单再生产，更不能扩大再生产。“农民有时为生产上及生活上必须借几个钱去购买肥料、籽种、牲畜，以及修圩补房的时候，则非向村中专放高利贷的人借贷不可”。①“中国农民也和印度一样，都感觉被重利盘剥的痛苦；一个农民一经负债，就变成无形的奴隶，甚至被债所累，以致田园荒芜，那（哪）有工夫去改良农业。照现在中国农村经济状况说，假如没有信用合作社这一类的金融组织居中介绍，那么乡间的有钱人，只得把他们的钱藏起来，或是冒一点险把这钱放给农民以外的人。这样一来，不独农村金融因之停滞，并且有钱的不能放，没钱的无法借，于是那些等钱的农民，就

① 中国华洋义赈救灾总会编：《合作讲习会讲义集》，1936年编，第1页。

不得不向那专靠放债的人去借了”。① 华洋义赈会调查了150个乡村的通行利率，年利率最低者只有一个乡村，为15%，最高者达到180%，70%的放款利率在30%～35%。②

为什么华洋义赈会不提倡在农村建立现代金融机关而主张建立农村信用合作社呢？该会认为，现代金融机关进入农村不仅不能缓解农村金融问题，反倒会使农村经济雪上加霜。他们以西方国家的金融体系为例指出：“在欧美各国，金融机关很发达，关于平民储蓄机关，除去一般银行外，又特设很多储蓄银行，又特设邮政储金局，以吸收平民间零星储金。在欧美各国，这些储蓄机关，差不多普遍于全国各处，就是极荒僻的农村，若有零零碎碎的余款，也都不愁没处去储蓄生息。不过这些储蓄机关有最大的一种弊害，就是把农村间的资金，全都吸收到大都市去；把农民间的资金，全都吸收了去供工商资本家、企业家的运用。所以此种储蓄机关越多，越使农村的金融紧迫，越使农业资金缺乏。”“惟独信用合作社，一方面从农民间吸收储金，一方面仍将该储金放给农民，使民间有无相通，化无用为有用，化不生产的金钱而为生产的资金。又使农民间金融流通，信用增大，能使1元充10元之用，促进地方产业之发达，增大地方之繁荣”。③ 因此，华洋义赈会主张信用合作作为农村合作的首选，再渐次推广其他各种合作。“自信用合作社入手，逐渐推及他种合作社，因为信用合作社农民

① 章元善：《1000个农村里的信用合作社》，《合作资料》，1932年第5期，第41页。

② 蔡勤禹、侯德彤：《二三十年代华洋义赈会的信用合作实验》，《中国农史》，2005年第1期。

③ 中国华洋义赈救灾总会编：《合作讲习会讲义集》，1936年编，第1页。

需要比较的急切，而又比较容易经营。一俟农民团结坚固，经营能力增进以后，自然就可以兼营他种合作社了"。①

（二）农村合作的倡导方式论

合作制度是近代以后从西方舶来的。中国近代合作制度变迁是一种移植性变迁，它是在外来因素的作用与影响下移植产生进行的。移植性变迁中，政府往往扮演着非常重要的角色，它一般表现为"由政府命令和法律引入和实行"的自上而下的变迁。②

民国时期，无论是南京国民政府还是中国共产党建立的革命根据地都注重运用公共权力督促、推进农村合作制度建设。中华人民共和国成立以后，农村合作化运动更完全异化为一种政府行为。华洋义赈会认为合作社是农民自愿参加、互惠互利的自治性经济组织，因此对待合作社的态度是帮办而不代办，指导而不领导，自始至终采用的都是让农民自主选择、自主管理的方式，"敝会虽是提倡合作社，但并不派人到各地替农民组织合作社，必俟各地农民有组织合作动机，通信要求协助之后，然后始通信指导他们如何组织，如何登记，并寄给空白章程及各种表格，甚至登记用的呈文。因为敝会所提倡之合作社，乃在广大地区内，一省甚至数省，广播合作种子，并不是划定一小地区做实验工作，所以一切推行设施，多半利用农民

① 《中国华洋义赈救济（灾）总会的水利道路工程及农业合作事业报告》，见章元善、许仕廉主编：《乡村建设实验》第1集，中华书局1934年版，第132页。

② 邹进文：《论中国近代制度变迁的家族特色》，《经济社会体制比较》，1996年第3期。

自动的情势，因势利导，用不着多大勉强灌注的力量”。①

农民提出开办合作社的申请，必须向华洋义赈会填报请愿书、社员一览表、社员经济调查表及印鉴等，接受义赈会严格的审核考察。义赈会接到请愿书及其附件，经该会派员调查、确认组织健全者才予确认，并提供贷款。调查的内容包括：社员是否讲信用、社员入社是否自愿、村民对合作社是否有恶感、有关办事人员是否公道等。获得批准的称为“已承认社”，未获批准的称为“未承认社”。后者必须通过学习、改进后才能再申请。

由此可以看出，华洋义赈会倡导合作的方式既与中国国民党和中国共产党强调公权力的强力介入、合作运动“国家化”不同，也与晏阳初在河北定县、梁漱溟在山东邹县等开展的乡村建设运动中建立固定的实验区、通过专门的乡村建设实验机构并借助地方政府自上而下推进乡村合作事业的“社会与国家互动”的发展模式有别。它是类似于西方自下而上的通过“诱致性变迁”产生的合作社的类型。应该说华洋义赈会倡导合作的方式虽然使合作事业的发展进程比较缓慢，但通过这种方式发展起来的合作社机制比较健全，能充分发挥农民办社的主观能动性，生命力最强。中国近代以来合作运动的变异与失败从根本上说是与合作运动的“国家化”导致其很难植根于中国乡村社会相关的。1933 年于树德在总结华洋义赈会倡办合作事业 10 年来的经验及心得时指出：“10 年来，华洋义赈会已向各合作社放款 36 万多元，始终未发生过呆账，亦未提

---

① 《中国华洋义赈救济（灾）总会的水利道路工程及农业合作事业报告》，见章元善、许仕廉主编：《乡村建设实验》第 1 集，中华书局 1934 年版，第 133 页。

起过诉讼，由此可见农民信用非常可靠。此举吸引上海、中国、金城等银行通过华洋义赈会无条件向农村合作社放款，开创了中国都市资金向农村流动之新纪元，化不生产之金钱为生产之资金，化工商业资金为农业资金。”①

由于农民借贷和储蓄的规模太小，金融机构在农村设立分支机关与农民个人开展业务交易成本很高。但农村地区成立信用合作社以后，对金融机构来说，合作社是团体性借款组织，其借贷规模大大提高，加上合作社对借贷资金的自行管理可以减少银行的交易费用，因此华洋义赈会组织的信誉优良的农村信用合作社能够获得金融机构的贷款。华洋义赈会倡导的农村信用合作社创造了商业资本流入农村的先例，引起当时社会各界的极大关注。当年英国的合作专家施克兰（C. F. Strickland）也给予其非常高的评价：“在合作事业为史甚浅之国家，商业银行多不肯放款予合作社，而中国之商业银行如上海、中国、金城等业已开始放款予各地之农民合作社，此诚中国独有之现象。”②

华洋义赈会探索出了一条比较成功的改良中国农村的新路径：将商业银行和国家金融机构的外部资金引入农村，依靠管理章程和实际指导，将合作社借贷关系制度化，以金融为切入点改良中国农民经济。1931 年春，上海商业储蓄银行与华洋义赈会订立“搭成放款”合同，向华洋义赈会开办的农村合作社放款 2 万元，开启了纯粹商资流入农村合作社之先河。由

① 薛毅：《中国华洋义赈救灾总会研究》，武汉大学出版社 2008 年版，第 404 页。

② 施克兰讲、谷源田记：《中国农村合作问题之探讨》，天津《大公报》，1934 年 9 月 26 日。

于这笔放款全部按时收回，效果良好，1932 年上海商业储蓄银行对华洋义赈会开办的农村合作社放款增加到 5 万元，并成立农业合作贷款部，使农贷成为一项事业。1933 年该行农业放贷进一步增加到 10 万元。由于上海商业储蓄银行办理农贷成功的示范效应，中国银行、金诚银行、交通银行、大陆银行、中南银行、浙江兴业银行、新华银行、国华银行等也相继开办与华洋义赈会的合作贷款。

（三）合作教育论

“重视教育，是合作主义经典理论家普遍关注的问题，是世界合作运动的基本原则之一，更是合作事业的重要组成部分。合作事业的兴旺发达，有赖于合作教育的不断发展，不断培养优秀的合作指导人才”。① 对于缺乏合作传统、文化普及程度极低的中国近代农村来说，提高农民的合作意识和合作知识水平是发展农村合作事业的头等重要的事情。在这方面华洋义赈会给予了高度重视，早在成立之初制定的《促进合作事业工作计划大纲》中就有“合作教育之实施”的内容。从 1925 年起连续举办了 12 期合作讲习会，开中国合作讲习会之先河，探索了一条颇具特色的合作教育之路。

关于合作教育的目的，华洋义赈会认为主要在灌输合作知识，培养合作人才。“合作乃农民自身之组织，其发达与进展，应基于人民之自觉与努力，但在农民能力尚在薄弱之时，本会应尽力灌输关于合作之知识技能，及供给资金之便利，以冀引起农民之兴趣与热心，以达纯由农民自动组织合作社及联

① 薛毅：《中国华洋义赈救灾总会研究》，武汉大学出版社 2008 年版，第 334 页。

合社之境地。”①

关于合作教育的内容，华洋义赈会利用冬季农闲时间开办的讲习所时间短的只有五、六天，长的达到三个月。主讲教师除本会工作人员外，还聘请了来自高等院校、金融机构及其他社会团体的研究合作问题和农业问题的专家学者和社会活动家，许多为当时一流学者，如张元善、于树德、李景汉、马寅初、顾翊群、董时进等。开设的课程既有有关合作本身的知识的，也有农业技术方面的，还有其他有关农村社会问题的，内容非常广泛，如“合作概论”、“信用合作论”、“编填各种表式之常识”、“信用合作之经营”、“中国农民之地位及责任”、“农业的重要和特点”、“购买合作社”、“售卖合作社”、“实用农学”、“救济农民之方法”、“害虫防除法”、“普通簿记学”、“会计学大纲”、“农具”、“商业果树概论”、“合作法规”、“信用合作社章程”、“查账”、“乡村社会”等。为了开阔学员眼界，华洋义赈会还通过中国科学社邀请中国一流的自然科学家和社会科学家到讲习所演讲，如李四光的“新风水谈”；竺可桢的“天气预测的方法”；梅贻绮的“农人应有的物理常识”；翁文灏的“说地”；张伯苓的“领袖的素质”；赵元任的“阳历与阴历”；陶孟和的“国民之资格”。

作为中国农民合作讲习所的学员在讲习所既能学到实用的合作知识和农业生产技能方面的知识，又能聆听中国第一流的自然科学家和社会科学家的精彩而深入浅出的演讲，这对于开阔他们的视野，增长他们的知识是非常有益处的。而知识分子与农民的结合也有利于培养其高尚的情操和坚强的意志。这种

① 薛毅：《中国华洋义赈救灾总会研究》，武汉大学出版社 2008 年版，第 337 页。

通过开办讲习所促进知识下乡的方式直到今天仍有其借鉴意义。

华洋义赈会通过工赈和建立合作事业以建设乡村、复兴农村所走的是一条改良主义的道路。他们对当时中国农村的根本问题——土地所有制不仅不加触动，而且对致力于推进中国农村土地改革的中国共产党的土地革命主张持反对的立场，并力图以这种改良来抵制革命。正如曾任职华洋义赈会的袁家海在该会办的《合作讯》上撰文所指出的："19世纪以来，社会主义者之主张日趋强硬，均注目于经济革命，力主均产，调和劳资。各派用意，大略相同，而方法则有缓和激烈之别。前者孙中山先生之民生主义，主张平均地权，节制资本，系相对的。后者列宁所提倡之共产主义，力主消灭所有权，是绝对的。而合作主义者，亦系其中之一。惟不似前者之深思熟虑，实现费时；又不如后者之假借武力，奖励斗争。而乃运用一平淡无奇之和平方法，约集同志，力求自拔。绝不与资本家或大地主处于敌对地位，从事斗争，只期于无形中成功一种稳妥不流血之大革命，此即合作之最得力处。目前国人心理，久已厌乱，而欲假借武力政令，补偏纠弊，以求改变经济制度，殆不可能。惟合作方法性质和平，堪可应用。"① 但是，华洋义赈会对中国农村经济的复兴仍然做出了不可磨灭的贡献，如方显廷所讲："我国农村经济之复兴工作，以华洋义赈救灾总会致力最早，该会自民国十年成立后，感于救灾不如防灾，乃兴水利以防河患，筑公路以利交通，倡合作以苏民困，藉中外人士之协力同心，惨淡经营，颇著成效，而为我国农村经济之复兴工

---

① 袁家海：《"合作讯"百期纪念感言》，《合作讯》第100期特刊，1933年11月编。

作，树一良好基础。”①

华洋义赈会对于中国共产党的批评遭到革命的社会科学工作者的回击，中国农村经济研究会的学者撰文认为，华洋义赈会的合作运动不能复兴农村经济，合作社在乡间常为村长或有势力的人把持，导致乡村土豪劣绅上下其手，将义赈会的贷款作为高利贷资本转手出借，使农民未见其利反蒙其害，因此，办好合作社的前提是改变中国农村的政治社会条件。② 民国时期由于农村政治生态恶劣，土豪劣绅把持农村合作社确实是比较普遍的情况。对此，长期担任华洋义赈会总干事的章元善有清醒的认识：“土豪劣绅是任何乡村都有的。土劣的知识，较一般乡人为高，最好出风头管事。他们骨子里虽然埋藏着自私与险恶，但是在表面上看起来，好像他们识大体明大义似的，与公正士绅几乎没有什么区别，我们办合作的人走到乡村，最先出来接头的就是这辈土劣。因为这种人最善逢迎，会讲话，夸张他们的能力威望，示意你要到乡村办事，非找他们不可。但是事情一到他们的手，便无往而不糟。”③

正是由于华洋义赈会对土豪劣绅把持农村合作社有清醒的认识，所以在倡办合作社的过程中能够认真对待，尽力加以克服。1933 年 7 月，于树德代表华洋义赈会在山东邹平召开的第一次全国乡村工作讨论会上介绍华洋义赈会倡办合作事业 10 年来的经验和心得时，主要讲了 10 点，其中之一就是比较

---

① 方显廷：《中国农村经济之复兴》，《中国经济研究》（上下），商务印书馆 1938 年版，第 164 页。

② 陈意新：《农村合作运动与中国现代农业金融的困境——以华洋义赈会为中心的研究》，《南京大学学报》，2005 年第 3 期。

③ 薛毅：《中国华洋义赈救灾总会研究》，武汉大学出版社 2008 年版，第 445 页。

好地避免了坏人把持合作社：“我国村政大抵操之于坏人之手，惟合作社大抵为村中之好人所组织。”① 华洋义赈会所倡办的合作社迄1933年共10年从未发生过呆账，这种办社的实绩可以印证于树德所言不虚。日本学者也高度评价华洋义赈会的合作事业在中国近代合作运动中的突出地位：“各机关农村合作社政策，特别是信用合作社事业，几乎都以华洋义赈会的信用合作社为样本，作为其合作社普及政策的榜样。”②

华洋义赈会作为以慈善为己任的民间社团在农村合作事业方面的工作虽然取得了不小的成就，但它对于世界上最大的农业国的农村建设只是杯水车薪，它的政治取向也决定了它自身的历史命运。但是，一代知识分子怀抱崇高的理想试图通过工赈和建立合作事业以建设中国农村的思想遗产和奋斗历程直到今天对于中国“三农”问题的解决仍有其独特的思想价值和精神力量。

---

① 薛毅：《中国华洋义赈救灾总会研究》，武汉大学出版社2008年版，第405页。

② ［日］川井悟：《华洋义赈会与中国农村》，日本同朋社1983年版，第145页。

第七章
“三农”学术思想

民国时期，中国知识分子在开展乡村建设运动，从实践上着力推动“三农”问题的解决的同时，还注意从理论上探讨中国“三农”问题，出版了有关学术论著一百多部。“这类著作在二十年代（20世纪，下同。引者注）有二十二部，三十年代有八十五部，四十年代有三十九部，而在1929—1938这十年中就刊行了九十三部。译作有二十四部，译自日本者几占半数，译自西方者八部，而译自苏联者已有五部，这显示当时中国农业经济思想正走向十字路口，到底是应走社会主义农业的道路，还是走资本主义农业的道路”。①

民国时期“三农”学术成果大体可以包括以下几个方面：

一是发表在当时报刊上的学术论文，数量当有数千篇之巨。

二是出版的中国人自撰的学术著作，据胡寄窗先生的统计，有120余部，如龚厥民编写的《农业经济学》（商务印书馆1930年版），陈翰笙编写的《封建社会的农村生产关系》（上海中央研究院社会科学研究所1930年版），黄通的《农业

① 胡寄窗：《中国近代经济思想史大纲》，中国社会科学出版社1984年版，第462页。

经济学》(1930)，丁达的《中国农村经济的崩溃》(联合书局 1930 年版)，童玉民的《农业经济学》(新学会社 1931 年版)，黄绍绪的《农业概论》(商务印书馆 1931 年版)，唐启宇、宁希庠合著的《农村经济》(世界书局 1932 年版)，董时进的《农业经济学》(北平文化学社 1933 年版)，古梅的《中国农村经济问题》(中华书局 1933 年版)，冯和法编的《中国农村经济论》(黎明书局 1934 年版)，罗克典的《中国农村经济概论》(民智书局 1934 年版)，王世颖、冯静之合编的《农村经济及合作》(黎明书局 1935 年版)，郑林庄编的《农村经济及合作》(商务印书馆 1935 年版)，范苑声的《中国农村社会经济研究》(神州国光社 1936 年版)，薛暮桥的《中国农村经济常识》(新知书店 1937 年版)，梁漱溟的《乡村建设理论》(邹平书店 1937 年版)，胡求真的《农业经济概论》(中华书局 1941 年版)，吴文晖的《中国土地问题及其对策》(商务印书馆 1944 年版) 和《农业经济论》(1947)，张丕介的《土地经济学导论》(商务印书馆 1944 年版)，刘潇然的《土地经济学》(西北农学院农业经济学会 1945 年版)，朱剑农的《土地经济原理》(1947)，林彦伦的《农业经济学教程》(1949)。

三是翻译的国外学术著作。这方面的著作有几十部，如 [奥] 菲里波维著、马君武译的《农业政策》(中华书局 1921 年版)；[俄] 恰耶诺夫著、李季译的《社会农业及其根本思想与工作方法》(亚东图书馆 1932 年版)；[日] 河田嗣郎著、李达译的《土地经济学》(商务印书馆 1933 年版)；[日] 田中忠夫著、汪馥泉译的《中国农业经济研究》(大东书局 1934 年版)；[俄] 廖谦柯著，吴觉农、赵南柔译的《农业经济学》(黎明书局 1934 年版)；[日] 河田嗣郎著、郑里镇译的《农业经济学》(商务印书馆 1935 年版)；[英] 欧伯利昂著、巫宝三译的《农业经济学》(商务印书馆1935年版)；[日] 清水长乡著、张佳玖译的《农村经济》(商务印书馆1935年版)；[俄] 廖谦柯著，吴觉农、薛暮桥译的《农业经济学》(下卷)(黎明书局1936年版)；章澄若译自日本的《应用农业经济学》(1937)；约德著、万国鼎译的《农业经济学导论》(正中书局1947年版)。

四是西方学者研究中国“三农”问题的学术成果。这方面最突出的是美国著名学者卜凯的学术贡献。

五是民国时期留学海外的中国留学生在国外发表的相关学术成果，特别是他们在国外攻读博士学位所作的有关中国“三农”问题的博士论文。

第一节 马克思主义理论家的“三农”思想——薛暮桥的《中国农村经济常识》

民国时期，以马克思主义的立场、观点进行“三农”学术研究成就比较突出的经济学家是薛暮桥。

薛暮桥（1904—2005），江苏无锡人。1934—1938年主编《中国农村》月刊，1938—1942年任新四军抗大五分校和华中总分校训练部长，1943—1947年在山东革命根据地任中共中央山东分局政策研究室主任、省政府秘书长等职，1948年任中共中央财经部秘书长，中华人民共和国成立后，历任国务院财经委员会秘书长、国家统计局局长、国家计委副主任、全国物价委员会主任，兼任中国科学院哲学与社会科学部学部委员。

早在20世纪30年代初，薛暮桥就开始进行农村经济调查。1932年他在《新创造》创刊号上发表《江南农村经济衰落的一个缩影》，该文不久由日本的刊物《改造》翻译转载。

1934年，薛暮桥在《中国农村》创刊号上发表《怎样研究中国农村经济》一文。该文运用马克思主义的立场和观点批评了当时农村经济研究对象问题上几种有代表性的学术观点：一是批评把自然条件当作主要研究对象的观点，如把“人口过剩”和“耕地不足”作为中国农村破产的根本原因，薛暮桥认为这是马尔萨斯的庸俗人口论，因为西欧人口密于中国，都市工业吸收了乡村中的过剩人口，“人口过剩”实际上是由于“大批劳力和大批土地因受现存生产关系阻碍无法配合起来”，“我们所要研究的是为什么在同样的土地和其他自然条件的影响之下，有时会产生封建制的小农经营，有时会产生资本主义的农业公司，有时又会产生社会主义的集体农场”。二是批评把生产技术当作主要研究对象，如卜凯教授通过中美农业人工成本的比较，认为中国农业生产技术落后和缺乏竞争力是中国农村破产的主要原因，薛暮桥批评道，“他们仅仅看到人类与自然之间的技术关系，根本忽视了人同人之间的社会关系；殊不知技术底进步，只有在社会关系容许着的限度以内才有可能；过此以上，除非根本改革社会关系，生产技术决难继续前进”。例如现有生产关系下，劳力太不值钱，使用机器反不合算，这是古老的生产关系阻止了使用机器。三是批评把封建剥削当作主要研究对象，如有人认为“高度地租”、“买卖不公”和“高利借贷”是中国农民贫困的三个主要动因，薛暮桥批评说，在中国，地主、商人、高利贷者剥削农民，已有两千多年悠久的历史，但现阶段的农村破产绝然不同，绝非“自古已然于今为甚”，因为封建剥削已成为帝国主义经济侵略的工具之一。四是批评把农产商品化程度当作主要研究对象，如认为中国农业中间商品生产已经相当普遍，资本主义生产方式已在中国农业中间占有支配地位，现阶段的农村破产，与先进资本主义国家的农业恐慌是一回事，都是世界经济恐慌中的一角，薛暮桥批评说，这种观点忽视了中国农村内部的封建残余，正像上述封建剥削论者忽视从外侵入的帝国主义势力，结果陷入同样的错误，商品生产的发展伴随资本主义生产方式的产生，这是一般而论，在帝国主义经济侵略下，商品生产“伴随着的不是资本主义的经营，而是千万小农的无望的挣扎”。

1937 年 1 月薛暮桥编著《中国农村经济常识》，由新知书店出版。是年冬，该书由米泽秀夫译成日文由东京从文阁出版，书名改为《支那农村经济概论》。

与 20 世纪上半叶的其他“三农”名著不同，该书并不是就当时的某一议题进行的研究，而是全面反映了半封建半殖民地中国农村经济的基本状况，综合分析研究了 20 世纪上半叶中国农村经济的基本问题。全书共 14 章，分别分析了帝国主义和中国农村、中国农村中的土地问题、中国农村中的租佃关系、中国农业中的雇佣劳动、耕畜农具和农业资金、中国现阶段的农业经营、农产商品化和农村市场、中国农村中的高利贷、中国农村中的田赋和税捐、农村副业和农民离村、中国农村经济的新趋势、农村合作运动和农产统制、知识分子的乡村改良运动。该书 30 年代的姊妹篇《农村经济的基本知识》的序论《怎样研究农村经济》充作附录。

该书观点鲜明地将民族问题和土地问题并列为解决中国农村发展的基本障碍，以事实和数据说明帝国主义扶植而不是摧毁中国的封建势力，反帝反封建是中国农村进入现代化发展的首要途径。该书在学术价值取向上具有鲜明的马克思主义色彩，成为马克思主义学者研究近代中国农村经济的代表作。

一、中国农村的基本问题

薛暮桥在《中国农村经济常识》一书中开篇明义地指出，“中国农村破产的根本原因，不是生产落后，而是阻碍农业生产发展的各种社会关系”①。因此，目前中国农村最基本的问题有两个：一是民族解放问题；二是土地问题。

帝国主义的入侵给中国农村经济带来了巨大的变化，这是不容置疑的。有人甚至认为中国农村的生产关系已发生了根本的变革，中国的农业已走向了资本主义道路。对此，薛暮桥认为是不可能的，因为中国的工业未发展，无从谈农业的发展。关于工业与农业的关系，薛暮桥认为“资本主义发展的历史，都是都市剥削农村”②，因此，工业总是先于农业，都市总是先于农村的。如果工业发展顺利，就可能不会出现农村问题。因为，如果工业发展了，即便农村的手工业破产，农民还可以到都市打工，积攒资金仍可维系农村家庭所用而不致破产；如果工业发展了，工业所需的原料及粮食得由农村提供，这样会刺激农业的发展。而中国的工业在帝国主义的侵略下根本不能发展起来，因为帝国主义在打破中国农村传统的自给自足的经济的同时，用一系列不平等条约束缚着我国工业的发展。工业未能发展，农业要走向资本主义道路就是不可能的。

那么，帝国主义的入侵究竟给中国农村经济带来了怎样的影响呢？薛暮桥客观地进行了分析，认为帝国主义对中国农村经济的影响是双重的：

---

① 薛暮桥：《中国农村经济常识》，新知书店1937年版，第4页。
② 薛暮桥：《中国农村经济常识》，新知书店1937年版，第4页。

从积极方面来看，帝国主义的入侵，打破了中国传统的自给自足的经济，促进农业与手工业分离，发展了农业中的商品生产；同时，也使中国农业与世界市场接轨。

从消极方面来看，帝国主义的入侵，阻碍了资本主义农业在中国的发展。首先，它削弱了资本主义农业发展的条件，农产价格、资本、技术都受到了限制；其次，帝国主义的榨取和剥削，使农业资本的积累无法完成；最后，它勾结封建残余和军阀，摧毁农村，剥削农民，使资本主义农业难以发展。

因此，薛暮桥认为，中国农业生产要自由发展，就必先打破两座大山，即帝国主义和封建残余。推翻帝国主义靠民族解放；而要铲除封建残余就必先解决土地问题，因为封建残余束缚农民的枷锁就是土地私有。他引用了阎锡山的话加以解释：“今日经济侵略下之农村，无田之耕农，歉岁所分之粮少，不足以供食用；丰年所分之粮贱，不足以易所需。而藉租息生活者不劳而获，反比一般贫农无论丰年歉岁生活为优。土地私有实为枷锁！”①

关于中国农村中的土地问题，薛暮桥认为其核心是土地的分配问题。中国土地分配有两种趋势，一是所有权相对集中，二是地主、富农占有的土地在数量和质量上均优于贫雇农，符合所谓的二八定律，即“仅占村户总数百分之十的地主富农占有了最多和最好的土地；另一方面，占村户总数百分之七十以上的贫农和雇农，他们因为没有土地，或是所有土地太少，不得不去仰受地主富农们的苛重剥削”。②

---

① 薛暮桥：《中国农村经济常识》，新知书店1937年版，第9页。
② 薛暮桥：《中国农村经济常识》，新知书店1937年版，第28页。

在这样的土地分配趋势下，土地关系也产生了新的动向①，即土地所有权越来越集中，而土地的使用却日益分散。在中国农村经济中，地主经济占据了主导地位，而建立在小土地私有制基础上的自耕农和依靠租佃地主土地从事农业生产活动的佃农等小农经济则处于从属地位。对此，薛暮桥认为“现今中国土地问题所以如此严重，不仅因为分配不均；最主要的还是这种土地关系妨碍农业生产力的自由发展”。②

因此，薛暮桥指出，在解决土地问题时要认识到“土地分配问题是现今中国土地问题的核心；但是仅仅研究土地分配，决不能够全面地来把握现阶段的土地问题。我们必须进而研究地主和各类农民如何利用他们所有土地，以及各种租佃关系，各种劳动方式，最后阐明这种土地关系如何阻碍农业经营的合理化——这样我们才能认识现今中国土地问题的全貌”。③

二、农业中的租佃关系和雇佣劳动

薛暮桥认为，“任何租佃关系，都从历史的发展过程中间产生出来，它是整个社会经济组织中的一个环节。离开了社会经济组织的整个改造，租佃问题是不能够单独解决的”。④他认为当时的中国农村存在六种租佃制度：永佃制、分益雇役制、分益制、定额物租制、钱租制和力租制。他认为中国的租佃关系处于从封建关系（人身依附关系）到资本主义关系（契约关系）的过渡阶段。从法律上讲，具有浓厚的契约性

① 薛暮桥：《中国农村经济常识》，新知书店1937年版，第32页。
② 薛暮桥：《中国农村经济常识》，新知书店1937年版，第25页。
③ 薛暮桥：《中国农村经济常识》，新知书店1937年版，第24页。
④ 薛暮桥：《中国农村经济常识》，新知书店1937年版，第36页。

质，而实际上地主和佃农都不愿轻易变更租佃关系，所以也带有封建式的主奴关系。

薛暮桥从地租的形态和数量上，分析了中国地租的半封建性质。“一般说来，力租和物租是封建社会的地租形态；到了资本主义社会中间，主要都是采用货币地租（地租的形态并不能够完全用来决定地租的性质。在封建社会崩溃的时候，往往流行着一种封建的货币地租；同样，在资本主义社会中间，间或也有资本主义的现物地租存在）”。“现物地租在中国仍然占着绝大的优势。根据中央农业实验所的统计，现物地租（包括谷租分租）要占地租中的百分之八十；货币地租仅占了百分之二十。从这数字上面，我们也可以看到中国现存租田制度，它是包含着怎样的社会性质”。① 接着，他又指出“决定地租性质的更重要的标志，就是地租的数量”。② “一般说来，封建性的地租包括全部的剩余价值；它所留给借地经营者（佃农）的，只是最低限度的生活资料，相当于资本主义农业经营中的工资部分。资本主义性的地租，是剩余价值中间除去利润后的剩余部分；这时候工资劳动者获得工资，借地经营者（农业资本家）获得利润，土地所有者获得剩余部分——地租。所以这两种地租虽然合用着同一名称，但是它们却各自包含着一种特殊的本质。”薛暮桥通过引用数据资料，说明中国佃农所缴纳的地租，不但包括全部剩余价值，甚至还要侵犯到相当于工资的部分。“这可更充分表示中国租佃关系的半封建性”。③

① 薛暮桥：《中国农村经济常识》，新知书店1937年版，第41页。
② 薛暮桥：《中国农村经济常识》，新知书店1937年版，第42页。
③ 薛暮桥：《中国农村经济常识》，新知书店1937年版，第43页。

薛暮桥还特别重视对农业中的雇佣劳动的分析，因为“劳动问题的研究，是认识农业生产方式，因而更深刻地认识土地问题的一个极重要的关键”。① 他认为中国农业的落后在雇佣劳动方面体现在雇佣劳动的数量少、雇佣劳动的前资本主义性。

薛暮桥指出，“中国农业中的资本主义经营，它所占的地位还相当微弱”，因此农业中的雇佣劳动比较少，“家族劳动往往占着很显著的地位，甚至在数量方面压倒雇佣劳动”，只有在经济比较独立的东南各省，“资本主义的自由劳动已经占着相当的优势”。② 前资本主义的劳动包括封建的甚至奴隶的劳动方式也包括半封建的劳动方式，如无地雇役——农民因缺乏土地而去接受半强制的工作，负债劳役——农民因欠债而接受地主富农的强制性的雇佣和人力换畜力——无畜力的贫农用自己的劳力去换地主富农的畜力。

三、农业生产工具与资金

作为马克思主义经济学家的薛暮桥在农业经济研究中特别重视农业生产工具的作用，他认为，“劳动工具的进步，是社会经济发展中的一个主要动力。在农业部门中间，由于社会的（例如土地私有制的存在）和自然的（例如农业中的季节性）原因，机械的采用虽然不如工业部门来得显著，然而劳动工具——尤其是劳动工具分配问题的研究，在农业经济学中，仍

① 薛暮桥：《中国农村经济常识》，新知书店 1937 年版，第 45 页。

② 薛暮桥：《中国农村经济常识》，新知书店 1937 年版，第 48 ~ 51 页。

然占着重要地位”。① 薛暮桥分析了中国农业中劳动工具的使用现状，认为存在两个方面的特点：一是非常落后。在劳动工具中，以耕畜为主，且数量不足，全国户均不到一头；农具简陋、残缺，技术改进非常困难。二是少数采用新技术但存在于半封建的生产关系下。当时农业机器多数归地主豪绅或都市资本家，很少归资本主义大农场，因此农业机器不仅没有推动农业生产的发展，反而成为剥削农民的工具。

农业生产的发展除了生产工具这一重要因素以外，农业资金的投入也非常重要。薛暮桥认为中国农业的发展不仅存在生产工具落后的问题，而且存在投入不足的问题。这种投入不足主要体现在以下四个方面：一是在耕畜方面投入不足；二是在肥料方面投入不足；三是在种子方面投入不足；四是使用资本主义生产方式的农业劳动中工资支出少。

正是由于生产工具的落后、投入的不足，中国农民只能在维持农业简单再生产下艰难地讨生活。“我们可以看到中国大多数的贫苦农民如何缺乏耕畜，缺乏农具，缺乏农业资金；他们只能主要靠着自己身体上的劳力，用极落后的耕作方法，去向狭小农场上面寻求生活。由于这种不合理的耕作方法，他们所得到的劳动报酬也就异常微薄”。②

四、农业经营与农村金融

薛暮桥分别从当时中国农业经营的性质、农产品商品化和农村市场、农村中的高利贷等方面论述农业经营问题。

薛暮桥认为，农业经营的社会性质主要取决于三个方面：

① 薛暮桥：《中国农村经济常识》，新知书店 1937 年版，第 57 页。

② 薛暮桥：《中国农村经济常识》，新知书店 1937 年版，第 67 页。

一是农场面积的大小（即土地的分配和使用情况）；二是工资劳动的使用状况（即雇佣劳动的多少）；三是经营的集约程度。在不同的社会发展方式中以上因素占据的地位是不一样的，“在封建社会中间，土地是最主要的剥削工具；支配农业生产和剥削农村劳动大众的是占有土地的封建领主。到了资本主义社会中间，资本变成最主要的剥削工具，这时支配农业生产和剥削农村劳动大众的主要已是资产阶级，土地所有者反而退居次要地位”。①

那么中国农业经营属于何种性质呢？薛暮桥认为，一方面，“在中国的农业生产中间，土地比较资本占有更重要的地位，这是显而易见的事情”；另一方面，资本在中国农业中也发挥着一定的作用，在中国农业中“资本虽然不会占有农业生产；但是它的力量已经能够直接间接地来支配农业生产”。与西方农业中的资本主义下的资本支配农业生产不同的是，中国的资本所有者——外国资本和与外国资本有密切关系的买办资本具有不同的性质，“自从帝国主义的势力侵入中国农村以后，中国的农业生产一大部分已经变成商品生产。因此帝国主义和国内的买办资本，已经可以通过市场，而来控制中国的农业生产和农民社会”。②

通过以上分析，薛暮桥认为，中国农业经营既不是完全的封建性质，也不是完全的资本主义性质，而是半封建性质的。“在农业生产中间，资本仅仅占有了交换过程，它还不曾占有生产过程。帝国主义和国内的买办资本因为垄断农产市场，它们可以利用不等价的交换，来榨取中国农民们的血汗收入。但

① 薛暮桥：《中国农村经济常识》，新知书店1937年版，第70页。

② 薛暮桥：《中国农村经济常识》，新知书店1937年版，第71页。

是农业生产的本身，还没有被资本所彻底改造，它还没有采用资本主义的生产方式”。①“在现阶段的中国农村中间，同时存在着两种社会关系：第一种是地主和全体农民的对立；第二种是农业资本家和农业无产者的对立。但是前面一种对立，显然比后面一种对立占有更重要的地位”。②

中国农业经营的畸形的性质决定了中国农产品的商品化和农村市场的发展也是畸形的。

在农产品商品化方面，中国农业生产中的商品生产，“与其说是国内资本主义工业的发展所促成，宁可说是帝国主义的经济侵略所造成的结果”。“在中国农村中间，一方面农产价格的低落，阻碍地主资本家向农业投资；另一方面许多贫农因为负债关系，迫切需要货币，迫得他们向着商品生产方面发展；因此若干种的商品作物，在贫农经营中间，反而比较地主富农经营更加来得普遍”。农产品的商品化本来是现代农业发展的方向，但中国畸形的农产品商品化使中国农民遭受着商业资本的残酷剥削，其剥削方式包括都市和农村中农产品的价格差、农产品在时间上的价格差、利用抵押方式预买农产品、度量衡的参差复杂、复杂的币制和国际市场的价格波动等。因此，中国农产品的商品化“并不意味着农业生产的向资本主义自由发展；恰恰相反，它是贫困和饥饿所造成的悲惨结果”。③

薛暮桥具体分析了当时中国农村市场上商品交换的六种方

① 薛暮桥：《中国农村经济常识》，新知书店1937年版，第72页。

② 薛暮桥：《中国农村经济常识》，新知书店1937年版，第77页。

③ 薛暮桥：《中国农村经济常识》，新知书店1937年版，第81～83页。

式：生产者和消费者直接的交换；小商人充当交换媒介的交易；来往于都市和乡村间的商人，轮流到各个市集去推销商品；地主豪绅利用自己在经济上的势力，开办粮食行和杂货铺等垄断性质的商店来进行的商品交换；帝国主义直接到农村收购各种农作物；由银行包办的运销合作、由政府出面而实际上也是由银行包办的统制贸易。

薛暮桥指出，在中国农村畸形的农业经营环境下，虽然农村合作运动得到广泛发展，现代银行资本也在农村借贷中逐渐占据比较显著的地位，但中国农村社会仍然没有铲除旧式的高利贷，仍然存在严重的高利贷的盘剥。“中国农村中的借贷关系，纵然发生若干形式的变化，但是仍然保留着半封建的社会性质”。① 薛暮桥认为中国农村的高利贷与资本主义的借贷资本性质是不相同的。在资本主义社会中，债务人和债权人处于平等地位；债务人借债的目的是扩充资本，进行经营，从而将利润的一部分作为利息付给债权人，所以两者同属剥削阶级，共同剥削劳动者所创造的剩余价值。而中国农村中的高利贷，借款人完全处于被剥削地位，借债的目的不是为了生产而是为了生活，所以是用自己的血汗来支付利息。

薛暮桥也分析了中国农村经济发展的一些新趋势，比如现代银行业在农村的发展。但他认为银行资本的输入，根本不可能复兴中国农村。其原因有二：一是银行具有浓厚的高利贷性质。由于中国经济发展中资金是最稀缺的资源之一，所以资本市场的利率非常高。银行高息揽得的存款，自然只能去做地产公债、标金之类利息丰厚的投机事业，不会用来扩张工业，更不能用来发展农业。因此，从某种意义上说现代银行在农村更

① 薛暮桥：《中国农村经济常识》，新知书店1937年版，第101页。

多的是吸收存款，而不是向农业放款。二是银行为求资金安全，即使是向农村放款也主要是用于农产运销或是农产抵押，甚至把款放给地主富人让他们去赢利生息。所以，在薛暮桥看来，在资本主义国家中，银行资本输入农村，会打击农村商人和高利贷者，让都市资本来统制农业生产。但是在中国，银行资本不仅不能消灭农村中的封建剥削，反而还在扶植农村中的地主商人和高利贷者，或者本身转化为高利贷或商业资本。

五、农村中的田赋和税捐

除了研究扭曲的市场机制下的中国农业和农村社会，薛暮桥还分析了政府行政权力对农业和农村的干预而造成的农业和农村发展的问题。这方面他介绍了农村中的田赋和税捐。

民国时期中国是一个农业国，工业化还处于非常低的水平。与此相适应，国家财政收入中农业税的收入占非常大的比重。农业税中又以土地税——田赋为大宗，国家各级财政都在田赋上打主意。如北洋政府时期，田赋收入归中央财政所有，但地方可以征收不超过正税30%的“田赋附加税”。南京国民政府时期田赋被列为地方税种，为省级财政收入，同时县级财政可以征收“田赋附加”，田赋收入成为南京国民政府时期地方财政最主要的财源。据薛暮桥的估计“在各省政府收入（除掉中央辅助款和借款）中间，田赋大约占了百分之四十上下；在各县政府收入中间，田赋更占百分之六十以上。自从民国元年以来，各地军阀官僚，常把田赋当做封建割据最主要的财政基础，因此田赋数额几乎年年增加”。①

当时中国农村，除了作为税的“田赋”外，还有作为各

① 薛暮桥：《中国农村经济常识》，新知书店1937年版，第103页。

种名目的"费"——苛捐杂税。薛暮桥列举了当时中国农村的种种税捐，如猪捐、牛捐、鲜茧捐、烟草捐等，"重重叠叠，一征再征"。其他如教育捐、民团捐、水利捐、公路捐、航空捐、救国捐等，"五花八门，应有尽有"。此外，还有比苛捐还要残酷的各种摊派勒索，它们"有由县长呈准摊派者，有由县长擅行摊派者，并有区长呈准摊派及区长私自摊派者。而每一摊派又层层加重，层层剥削，省方若需款五千，人民所摊者至少一万元以上"。①

六、农村副业和农民离村

作为以农耕文明著称的中国，古代的经济模式就是家庭农业与家庭手工业紧密结合的耕织模式——男耕女织。鸦片战争以后，由于国门洞开，建立在西方工业文明基础上的纺织品由于新技术、新工艺方面的绝对优势带来的成本优势，很快在与中国建立在手工业基础上的纺织品的竞争中显现出巨大的比较优势，西方纺织品像潮水般涌入中国，迅速瓦解了中国自给自足的耕织结合的自然经济，造成中国以纺织业为主的手工业破产。

在农村手工业破产的同时，都市工业没有得到相应的发展，所以出现大量的农村过剩人口。这些过剩人口不能在新兴的都市中间找到充分的出路，一部分只得在狭隘的农场中求生活，其结果既造成农业劳动者的工资迅速下降，也阻碍农业机械甚至耕畜的广泛利用，从而阻碍农业的发展；另一部分过剩人口则通过发展畜牧业、养蚕业及其他副业维持生计。

① 薛暮桥：《中国农村经济常识》，新知书店1937年版，第107～108页。

更多的农村过剩人口则背井离乡，离开农村。“跟着农村破产的日益深刻，中国农民的离村人数，正在那里一天天地增加起来”。① 他们有的到城市中间去做产业工人、手工业者、店员、苦力；有的移民南洋；有的流亡东北；有的去当兵；有的去做流氓土匪。

七、农村合作运动与乡村改良运动评价

作为马克思主义学者，薛暮桥对于南京国民政府在中国农村推行的合作运动和中国知识分子在农村开展的乡村改良运动给予了否定性评价。

薛暮桥对当时中国农村开展的合作运动给予负面的评价，认为南京国民政府在中国农村推行的合作运动存在四个方面的问题：

一是合作运动不是出于农民的自动要求，而是上层势力向农村发展所造成的结果。上层势力主要分三层：一是帝国主义者和民族资本家，他们参与合作运动的目的是追求农村廉价的原料；二是银行家，他们试图开辟投资渠道；三是国民政府，他们企图用“和平建设”来消灭农民的土地斗争。

二是从合作社承担的任务来看，合作组织没有促进农村经济的发展。农村中所占比例最大的信用合作社是银行资本在农村的根须，也是高利贷的一种新式机关，而运销合作社实际上只是帝国主义者和银行资本家的收货机关。

三是合作社被地主豪绅所操纵，“各合作社的入社资格和放款保证，显然会把大部分贫苦农民关在门外”。②

---

① 薛暮桥：《中国农村经济常识》，新知书店1937年版，第123页。

② 薛暮桥：《中国农村经济常识》，新知书店1937年版，第144页。

四是合作社与帝国主义关系紧密。农村合作组织发达的地方，几乎都被帝国主义所控制。如日本把在中国推行合作事业当作开发华北农村的重要工作；英美等国学者也把合作组织当作国际技术合作的基本方式之一。

正是基于对中国农村合作运动的上述判断，薛暮桥认为，“在中国这样半封建的农村中间，合作运动非但不能创造社会主义的集体农场，甚至不能发展资本主义的农业生产。在中国，合作运动的发展，并不会使贫苦农民解除帝国主义者的经济束缚，也不会使他们有力量来对抗农村中的地主豪绅；它们的主要作用只使买办性的银行资本深入农村，加强他们对于农民们的控制力量。所以，今日中国农村合作运动的发展，其前途是进一步的扫荡地方经济的残余，使各地农业加深其商品化的性质，最后使中国的农村经济更趋向于殖民地化而已”。①

薛暮桥还对当时中国知识分子在农村开展的乡村建设运动进行了评论。他主要从乡村建设运动的改良性加以批评。他认为乡村建设运动是跟着农民运动而产生的，不过它本身并不是农民运动，而是同农民运动相对立的。因为农民运动是反帝反封建的运动，而乡村建设却要求农民同地主豪绅以致帝国主义合作，接受后者的领导来“改革社会”，“建设农村”。薛暮桥对于乡村改良工作本身，如农民教育和技术改良等，非但不反对，而且认为必要。但他认为不能靠它来改造农村，复兴民族。

第二节 南开经济研究所关于“三农”问题的研究

南开大学是民国时期中国最有名的私立大学之一，更是中

① 薛暮桥：《中国农村经济常识》，新知书店1937年版，第142页。

国近代经济学研究的重镇，长期效力于南开大学的经济学家何廉和方显廷均是民国时期中国最杰出的经济学家，他们与马寅初、刘大钧并列为民国时期中国四大经济学家。① 南开经济研究所是南开大学开展经济学研究的主要学术机构，也是中国最早注重经济学研究的研究院所之一，同时也是国内最早正规培养经济学研究生的院所，其前身为1927年由留美归国经济学者、南开大学的商科教授何廉仿效伦敦经济学院模式创办的南开大学社会经济研究委员会。

南开经济研究所从1927年创办到1949年间的发展历史可以划分为四个阶段。第一阶段是初创时期（1927—1931年）。1926年获得耶鲁大学经济学博士学位的何廉在南开大学任教后，感到教学必须和研究真正有机地联系在一起，于是便向时任南开大学校长、也是南开大学的创办人——张伯苓建议设立一个独立的研究机构探讨和评价中国的社会、经济和工业存在的实际问题。经过一段时期的筹备，1927年9月社会经济研究委员会开始正式办公，揭开了近代以来中国第一个私人机构的有组织的研究工作的序幕。第二个阶段是发展时期（1931—1934年）。1931年4月社会经济研究委员会与经济学系合并组成经济学院。社会经济研究委员会并入经济学院后，不再单独作为一个机构，而是参与到教学工作中来，学院的教师也必须进行科研工作，使得二者不仅在人员上合二为一，而且在工作上实行教学与科研并重，这成为经济学院以及后来的经济研究所的突出特点。这一时期，许多由国外获得博士学位的优秀学者都加入这一组织，如耶鲁的方显廷、张纯明，哈佛大学的丁

① 林毅夫、胡书东：《中国经济学的百年回顾》，《中国招标》，2005年第42期。

佶，伊利诺伊大学的李适生、陈序经，加利福尼亚大学的李卓敏、林同济，哥伦比亚大学的林（W. Y. Lin）以及纽约大学的袁贤能等。后来，研究所自己培养了许多杰出学生，也都回到所里从事教学和研究工作，其中，有到哈佛大学留学的吴大业、陈振汉、吴保安（吴于廑）和胡光泰，到康奈尔大学留学的叶谦吉，到威斯康星大学留学的杨叔进，到剑桥大学留学的宋侠（宋则行），到伦敦大学留学的李锐、冯华德和杨敬年。研究人员在数量和素质方面的提高，不仅扩大了学术研究的范围，而且保证了科学研究的高水平。第三阶段是繁荣时期（1934—1945 年）。1934 年，教育部认为“经济学院”的名称与大学组织法不符，令其改组。于是，何廉将经济学系并入商学院，社会经济研究委员会改称为商科研究所经济学部，简称经济研究所。这一时期，经济研究所的工作重点主要集中于研究生的培养和经济调查研究两方面。第四个阶段是战后恢复时期（1945—1949 年）。抗战以后，南开大学改为国立大学，商学院改组为政治经济学院，经济研究所则专门负责研究工作，并继续培养研究生。何廉、方显廷等著名学者却没有回到学校任职，而是留在上海，在何廉的带领下召集原经济研究所的人员在上海创办了中国经济研究所，出版《经济评论》杂志，一直持续到 1948 年底。而南开经济研究所则由于经费问题，研究工作进展缓慢，培养的研究生人数也明显减少。

一、南开经济研究所关于东北移民和农村复兴问题的研究

民国时期南开经济研究所有关“三农”问题的研究主要集中在东北移民和农村复兴问题两个方面。

“闯关东”是中国近代向东北移民的略称，出现于清代，20 世纪后形成移民高潮。其数量之多，规模之大，被当时人

们认为“可以算得是人类有史以来最大的人口移动之一”。[①]早在南开经济研究所初创时期，何廉就意识到华北当时向东北地区的大量移民问题，他认为“这是在中日争夺的最关键地区具有重大意义的人口移动”。[②]因此，他领导的南开大学经济研究所着力研究山东、河北人口向东北边疆迁移的问题。南开大学有关这一研究课题还得到太平洋国际学会[③]的两项资助：南开大学校长张伯苓主持的“满洲移民问题之经济方面”(资助年限为1928—1929年)和何廉主持的“山东、河北人口向东北的迁移”(资助年限为1930—1932年)。

南开经济研究所在研究东北移民问题的过程中非常注重实地调查研究，该所在东北地区设立了试验场并派专人长期驻守以获得有效的信息。如1929年前设立驻吉东省移民调查办事处，由李作舟负责；1930年4月，研究员王恒智、王社五将黑龙江省东兴县作为第一调查区，将吉林省巴尔卢屯村一带设为第二调查区，和助手们一起长期住在那里进行调查。调查所收集到的第一手资料，经过科学的量化分析，最终形成了大量研究成果。如1930年3月至1931年2月，南开经济研究所学者在《大公报·经济研究周刊》上就发表了《东三省北部将来移民垦殖量之估计》《东三省移民概况》《民国以来东三省农业

① 章有义：《中国近代农业史资料》第二辑，三联书店1957年版，第638页。

② 何廉著，朱佑慈等译：《何廉回忆录》，中国文史出版社1988年版，第44页。

③ 太平洋国际学会成立于1925年，是当时美国为联络亚太主要国家成立的经常性国际民间调查研究组织，它将感兴趣的课题委托亚太相关各国的支部调查会进行调查，并提供调查项目资金。中国为发起国之一，在上海设有支部。

之发展》《东省之租佃垦荒制度》等论文。① 1931 年何廉发表了研究东北移民问题集大成的英文学术成果——《东三省之内地移民研究》(*Population Movement to the Northeast Frontier in China*)，因此被誉为“我国最早重视农业的经济学家”。南开经济研究所研究东北移民问题的其他论著和研究报告尚有《吉林省地方农事试验场报告书》《吉林省沿边各县清查城镇街基简章》《调查东北移民日记初稿》《东兴沿革及现状》等。

南开经济研究所在研究东北移民的过程中既研究迁出地（山东、河南）“迁移的人们为什么离开自己的家园”，也研究迁入地（东北地区）移民“在东北地区居于什么样的环境”。研究的结果表明大多数移民“是由于匪盗横行、打架斗殴、连年内战、苛捐杂税、高利贷而被迫背井离乡的”。而移民到了东北地区以后由于政治环境依旧，“少数人迁移带来的微小好处几乎立即被人口的增长所吞没。同时，同样的势力也控制着东北地区，结果移民们在其新居中的生活并不见改善。由于在东北地区栽种的大部分是商品粮，这些新移民就受到土地契约人和中间人的剥削”。因此他们在研究东北移民的过程中“越来越感觉到研究构成中国乡村社会的经济与政治机构，是极为重要的”。②

20 世纪 30 年代以后，南开经济研究所关于“三农”问题研究的重点开始转向中国农村复兴方面，其重要特点是农村复兴的学术研究与相关的人才培养相结合，这是与当时中国的经

① 李翠莲：《留美生与中国经济学》，南开大学出版社 2009 年版，第 191 页。

② 何廉著，朱佑慈等译：《何廉回忆录》，中国文史出版社 1988 年版，第 73～74 页。

济社会形势密切相关的。面对工业化、城市化过程中带来的农村经济的衰败，1933年5月南京国民政府在行政院内组织成立了“农村复兴委员会”，任务是为行政院制定农村复兴政策提供参考依据。1935年为促进对农村复兴的研究和培养这方面的研究生，南开经济研究所与北京协和医院、燕京大学、清华大学和金陵大学联合成立“华北农村建设协进会”，以促进农村复兴方面的人才培养和科学研究，何廉担任该会主席。该会的每个合作机构在复兴华北农村方面根据自己的优势和特长有非常严密的分工，其中南开大学由于经济研究方面的雄厚实力负责培养地方政府和财政、合作组织以及土地管理方面的人才。

南开经济研究所从1935年秋开始招收研究生，抗战以前招收的两届研究生着重培养地方政府和财政、合作组织以及土地管理等方面的人才，学制2年。研究生的培养非常注意理论与中国农村实际的结合，其培养过程包括三部分：课堂学习、实地考察和实地实习。课堂学习时间1年，实地考察和实地实习时间均为半年。课堂学习大部分采用共同研究的方式，课程包括工作手段、观察方法和专业等三个方面的内容，“工作手段方面的，比如社会科学方面的方法与书目；观察方法方面的，如乡村社会学；以及专业性的，如合作的实施与管理（作为乡村合作专家）以及地方财政（作为地方政府与财政专家）”。实地考察可以使研究生“实际地了解到在全国各个地方进行的农村复兴工作的规模、特点、意义和限度”，目的是帮助学生消化在课堂上通过读书、讨论和听课得来的知识，使学生能够应付在复杂情况中出现的实际问题。实地实习在华北农村建设协进会选定的试验县山东济宁县进行，学生“通过积极参加与他选择的专业有关的活动，以获得实际的经验和知识”，最后在老师的协助下，将实习方案润色，写成论文。“论文经研究所鉴定后，该生即算完成研究生学业，具备了在农村建设实际工作中担任高级职务的能力”。①

1935 年南开经济研究所招收了首届 11 名研究生，完成毕业论文的有 10 人，其论文都与“三农”问题相关，具体情况如表 7-1 所示：

表 7-1

序号	姓名	题　目
1	李建昌	中国省县财政关系之调整
2	刘君煌	国民政府下之土地改革运动
3	赵纯孝	中国中央与地方职权之分配
4	李文伯	河北省棉花运销合作
5	梁思达	河北省信用合作
6	黄肇兴	中国棉花运销合作社组织之研究
7	陶继侃	我国地价税之理论与实施
8	董　浩	土地陈报之理论与实施
9	文广益	四川省农佃制度及其改革之途径
10	滕维藻	经济进步与经济变动中之农业与工业

资料来源：转引自李翠莲《留美生与中国经济学》，南开大学出版社 2009 年版，第 202 页。

南开经济研究所抗战前招收的两届 20 名研究生在学习期间围绕自己的研究主题，发表了多篇有关“三农”方面的文

① 何廉著，朱佑慈等译：《何廉回忆录》，中国文史出版社 1988 年版，第 64～65 页。

章，其中1936发表于《大公报·经济周刊》上的部分研究“三农”问题的学术成果就有以下10余篇，见表7-2。

表7-2

姓名	题　目	期数
曹康伯	中国棉花产销合作社运销机关所经理棉花运销之过程	161
刘君煌	山西倡办土地村公有之经过	164
刘君煌	吴县租佃问题	169
陶继侃	土地与财政之调整	175
李建昌	广东的临时地税及其批评	177
黄肇兴	中国合作事业推进机关之鸟瞰	178
刘君煌	近年我国之土地改革与土地整理	179
董　浩	中国土地整理之鸟瞰	183
黄肇兴	对于农本局成立后之希望	184
梁思达	南昌县合作事业之检讨	185
陶继侃	中国田赋之积弊及其整理	188
黄肇兴	今后之中国合作运动	190
王毓铨	寺院与农民	192
曹康伯	涉及棉花运销合作社会计制度刍议	193
李文伯	县政实验区合作事业之比较	195
刘君煌	开封之花生市场	198

资料来源：转引自李翠莲《留美生与中国经济学》，南开大学出版社2009年版，第202页。

南开经济研究所不仅在培养农村复兴人才方面贡献突出，而且在农村复兴科学研究方面也独树一帜，其研究领域主要涉及“华北地区的农业经济（特别是土地所有权、农业信贷与市场以及合作事业），乡村工业以及地方行政与财政”等三个方面，这三个方面的研究“相互联系，相辅相成，为的是完整地了解中国的农村生活与组织”。①

南开经济研究所关于华北地区的农业经济方面的研究领域非常广泛，其中以棉花的生产和销售为研究的重点。研究所与天津金城银行和平民教育促进会合作组织了华北农产研究改进社，着力开展对河北棉业情况的调查研究，其研究成果于1934年在《大公报》上连续刊载《棉运合作特刊》三期。这些研究成果全部为各地调查所得，是研究华北棉花产业的宝贵资料。关于棉花业研究的著作主要有方显廷的《天津棉花运销概况》(1934)、《河北省之棉花运销合作》(英文本，1935)，叶谦吉的《天津棉花需求——价格相关之研究》(1935)，吴知的《山东省棉花生产与运销》(1936) 等。②

华北乡村工业的调查方面的研究主要由方显廷主持。该项目从1931年起得到太平洋国际学会的资助。这方面的论文如方显廷的《中国乡村工业与乡村建设》《中国乡村工业的出路》《中国之工业化与乡村工业》《华北乡村织布工业与商人雇主制度》，吴知的《高阳土布工业的组织现状和改革的建议》《从一般工业制度的演进观察高阳的织布工业》，毕相辉的《高阳及宝坻两个棉织区在河北省乡村棉织工业上之地位》《由宝坻手

① 何廉著，朱佑慈等译：《何廉回忆录》，中国文史出版社1988年版，第74页。

② 李翠莲：《留美生与中国经济学》，南开大学出版社2009年版，第340页。

织工业观察工业制度之演进》等。① 著作方面主要有吴知的《乡村织布业的一个研究》(1936)。

地方行政与财政方面的成果集中在对河北省县级财政和行政方面的研究。该项目主要研究者张纯明所主持的“华北县政”课题从1931年起得到太平洋国际学会的资助。有关这方面的成果相当丰硕，仅著作就有乐永庆的《河北省十一县赋税概况》(1933)，张纯明的《我国之地方政府支出》(英文本，1934)、《华北之包税制度》，冯华德的《县地方行政之财政基础》(1935)、《河北省定县之牙税》(1937)，冯华德和李陵的《河北省定县之田赋》(1936)、《河北省定县之田房契税》(1936)。

科学有效的方法对于学术研究而言是非常重要的。南开经济研究所对于“三农”问题的研究非常注意实地调查。在长期的调查研究中，南开经济研究所的学者们发现，大部分的调查研究都依赖集体的或是机械的方式，即把研究任务分派给大批助手，“这些助手对工作的重要性有的明白，有的不明白，而且他们是机械地完成这些任务的”。“在文献调研中，助手们得反复阅读某些书籍，根据他们阅读的内容，填写一套公式性的问题的答案。在实地考察中，助手……带着一套问题，从调查对象那里得到准确的答案”。但是，由于调查对象的不配合，或者是调查对象的无知，往往使研究工作无法进行下去，或者是费力做了一些毫无成果的事情。另外，“如果把调研资料的工作当成机械的监视而委托他人代办，就很有可能把有刺

① 以上论文刊载于《大公报·经济周刊》第1~227期和《政治经济学报》第1~5卷，参见李翠莲《留美生与中国经济学》，南开大学出版社2009年版，第341页。

激性的或者会导致新想法新发现之类的情报漏掉”。①

基于上述原因，南开经济研究所在进行“三农”问题的研究过程中进行了调查研究的创新，如实行调查研究的教授负责制、建立调查研究的实地工作站及采取广泛研究与典型研究相结合的方法等。所谓教授负责制就是每一项任务都置于一个教授的领导之下，由其指导助手开展调查研究。助手必须是经过专门训练的，对于所从事的调研任务的目的非常熟悉。“负责的教授及其研究助手每周开一次会，讨论工作的进展，并且互相批评，互相鼓励”。为了便利调查研究的开展，南开经济研究所设立了一些实地工作站，“一个设在天津附近的静海，另一个在河北省南部的高阳，后又在山东也设立了一个”，这些工作站“都有些训练有素的研究助手在那儿生活与工作。他们直接查阅与分析县里的文献，同时会晤个别典型人物”。为了避免“那种全面撒网式的研究方法”，南开经济研究所特别注意典型研究。如在研究乡村借贷市场时，他们感兴趣的不是“公开标明的利率”而是重点研究“暗中的利率”；在乡村市场的研究中，他们着力研究“掮客中间剥削的问题”。②

在对农村经济进行调查的实践过程中，南开经济研究所总结了一套专门的研究方法，并以《农村经济调查指南》为名公开出版，为研究农村经济学的学者提供了可资借鉴的捷径。该书由南开大学经济学院1933年1月印行。该指南目录中共分8个标题，分别为调查目的、分区与选择、调查表之用途、

① 何廉著，朱佑慈等译：《何廉回忆录》，中国文史出版社1988年版，第75～77页。

② 何廉著，朱佑慈等译：《何廉回忆录》，中国文史出版社1988年版，第77页。

调查表之内容、调查表之用法、调查时应注意之点、每次出发调查前必须携带之物品、校核与缴纳调查表。归纳起来其主要内容有三点：一是调查的目的；二是调查的方法；三是调查注意事项。此书强调，任何调查研究首要的就是明确调查的目的，编者认为进行农村经济调查的目的至少有两重：一是真正认识中国农村经济问题实况，将来的调查结果，据实贡献于社会，作为学者研究资料，政府施政参考，并思考救济农村经济之道；二是为学生搜集实际教材，使学生真正明了中国现在最切要的事实与问题，使其在校时学有所用，离校后能为社会效力。①

在南开经济研究所关于“三农”问题的研究团队中，方显廷是最突出的代表，做出了特别的贡献。

二、方显廷的“三农”思想

方显廷（1903—1985），出生于浙江宁波一个珠宝手艺人家。幼时丧父，家境贫寒，上中学一年后被迫辍学。1917 年进上海厚生纱厂当学徒。因其天资聪敏，深得厂长穆藕初先生赏识，出资助其就读于南洋模范中学高中，1921 年又被资送美国伊利诺伊州威斯康星大学深造，主修经济学，后转纽约大学获经济学学士学位，耶鲁大学攻经济学博士学位，1929 年 1 月受聘于南开大学，任社会经济研究委员会（1931 年后改为经济研究所）的研究主任兼经济系经济史教授。1946 年方显廷赴上海中国经济研究所任执行所长，1947 年底，受聘参加联合国亚洲及远东经济委员会工作，任经济调查研究室主任，

① 李翠莲：《留美生与中国经济学》，南开大学出版社 2009 年版，第 357～359 页。

1968年退休后应新加坡南洋大学之请，重返教学第一线，1971年退休，为该校首席名誉教授，1985年3月20日于日内瓦寓所病逝，享年82岁。

方显廷留美期间主攻经济史，专精于英国工业结构和工业史研究，其博士学位论文《英国工厂制度之胜利》(*The Triumph of Factory System in England*)创造性地将1840年前后英国工业结构传统分类法（“个体镀金工、家庭生产制及工厂制度”）拓展为“手艺工人、商人雇主和工厂制度”。该学位论文的两页缩写稿，“被收入哥伦比亚大学谢普德·克劳夫教授所编写的、得到广泛应用的教科书《欧洲经济史》1959年版中”。① 方显廷在上海厚生纱厂当学徒的经历，使之对民国初期中国的工业状况相当了解，1928年学成回国后就致力于中国华北地区工业化问题、东北移民问题和中国农村经济问题研究，先后发表了大量调查报告和论著。其代表作主要有《中国工业化之程度及影响》(与何廉合著，1930)、《中国之工业化——统计调查》(1931)、《中国工业化之统计分析》(1932)、《中国之乡村工业》(1933)、《乡村工业与中国经济建设》(1934)、《中国之棉纺工业》(1934)、《中国之工业资本》(1936)、《中国之工业化与乡村工业》(1937)。他还主编了一系列论文集，具代表性的有《中国经济研究》(1938)、《战时中国经济研究》(1941)、《中国战后经济问题研究》(1945)。以上论著，推动了中国经济学研究发展的进程，为后人研究民国经济史和经济思想史提供了丰富而宝贵的材料。

1929—1946年，方显廷在南开经济研究所工作期间，与

① 方显廷著，方露茜译：《方显廷回忆录：一个中国经济学家的七十自述》，商务印书馆2006年版，第47页。

研究所的同仁们一同致力于中国农村经济的研究，通过实地调查研究等方式，收集了中国农村的第一手资料，撰写了大量相关文章，这些论著内容涉及20世纪30年代中国农业经济现状分析、中国土地问题及中国国民党和中国共产党的土地政策分析、制约中国农业经济复兴的因素分析和农业经济复兴的政策建议等方面。

（一）中国农村经济复兴思想

方显廷在其论文《中国农村经济之复兴》《中国经济之症结》中，对中国农村经济的现状、产生的原因进行了分析，并在此基础上提出了复兴中国农村经济的政策建议。

方显廷认识到中国是一个农业国，农业在中国国民经济中具有非常重要的地位。他说：“我国以农立国，农民占全国人口四分之三，农业所得，至占全国所得五分之四。农村经济，实为全国经济命脉之所系”。① 然而，我国农业却日益衰败。“我国号称以农立国，农业资源，宜甚丰富。然证之事实，则适得其反。年来农村破产，农产剧减，就粮食言，不足额达生产量百分之十四，就衣料如棉花言，消费量三分之一须取给于国外。他如烟草木材羊毛等农林牧产品，亦多藉舶来品以资挹注。食品与原料，俱感不足，国民生计，几将濒于绝境，现代化之不可能，固意中事也”。② 因此，他提出，中国经济要得到真正的发展，首先要振兴农业。

方显廷比较了中外各国经济发展进程中的农业比重的演变

---

① 方显廷：《中国农村经济之复兴》，《中国经济研究》，商务印书馆1938年版，第163页。

② 方显廷：《中国经济之症结》，《中国经济研究》，商务印书馆1938年版，第31页。

趋势，强调近代以来世界各国农村经济的“衰落”是一个普遍性的、规律性的现象，“世界各国农村经济之衰落，为农业革命以来之普遍过程”。① 这一思想与现代产业经济学关于国民收入和劳动力在各产业间演化规律理论十分吻合，即第一次产业实现的国民收入，随经济发展，在整个国民收入中的比重同农业劳动力在全部劳动力中的比重一样，处于不断下降之中。这种“衰落”是符合经济发展规律的。但是，西方工业化国家农业的衰落是与工商业与城市的繁荣并行的。“农村经济一经没落，则城市经济即起而代兴，农村过剩人口，得藉城市面上工商业之自由发展而得生路，不致有流离失所之虞”。“时至今日，英国之农民在全人口中仅占百分之七，美国占百分之二六，德国占百分之三一，法国占百分之三八”。② 中国的情况却与西方工业化国家的情形不同，农村经济的衰落过程中，工商业和城市经济没有得到相应发展，“中国情形，则与之迥异。盖自帝国主义侵入以来，农村经济既遭摧残而衰落，工商经济复同受压迫而难兴，驯至农村过剩人口，无宣泄之间，农民生计，乃益濒于绝境”。③ 他根据中央农业实验所调查数据分析指出，从1873年至1933年的60年间，全国人口增加31%，而耕地面积仅增加了1%，人均耕地面积不足0.16公顷，“若与国外专家所估计之每人需耕田二点五英亩始能维

① 方显廷：《中国农村经济之复兴》，《中国经济研究》，商务印书馆1938年版，第163页。

② 方显廷：《中国农村经济之复兴》，《中国经济研究》，商务印书馆1938年版，第163页。

③ 方显廷：《中国农村经济之复兴》，《中国经济研究》，商务印书馆1938年版，第163页。

持最低生活者，彼此一作比较，相去实不啻霄壤矣"。① 可见，中国的情形是零落的现代工业建立于萧条的农业基础之上，经济循环的结果必然是真正的衰落。

那么如何复兴中国农村经济呢？方显廷认为要从农业环境、农业组织与农业技术三个方面进行改造。

农业环境。方显廷认为农业环境包括社会、政治、经济诸方面，他侧重于从经济环境方面加以分析，指出"中国农村经济环境之恶劣，为不可掩饰之事实"。② 这主要表现在：第一，"水利不修，旱涝之灾，几于无年无之"；第二，"交通闭塞，全国各地之农村经济，无法调剂，致有甲处聚谷焚毁而同时乙处饿殍载道之矛盾现象"。针对农业环境的这两大问题，方显廷认为一方面要大力兴修水利，"如疏浚、筑堤、灌溉、造林等"，为"改进农村经济环境之首要工作"；另一方面，必须着力进行交通建设，"交通之建设，实为改善农村经济环境刻不容缓之举"。③

农业组织。方显廷认为合作组织是世界各国近代农业组织的有效形式，中国应该仿行。"合作组织为农民以共同努力，根据平等原则而增进其全体利益为原则之组织，不独经济利益得借以增进，即社会、政治、教育、宗教等利益，亦莫不

---

① 方显廷：《中国农村经济之复兴》，《中国经济研究》，商务印书馆1938年版，第163页。

② 方显廷：《中国农村经济之复兴》，《中国经济研究》，商务印书馆1938年版，第165页。

③ 方显廷：《中国农村经济之复兴》，《中国经济研究》，商务印书馆1938年版，第165页。

然”。① 他主张在农村创建信用合作社和非信用合作社组织，主张通过制定相关法律和法规约束各商业银行，使之为信用合作社提供长期的、可持续的农业资金，构筑通畅的农业融资渠道。另外，基于农业组织视角的考察，方显廷认为中国的“中古式的条地制度”和“农业生产规模狭小”两大因素也严重制约着中国农业经济的发展。他指出，“中古时代之经济组织，以地方为单位，此一单位与彼一单位之间虽亦偶有往来，以通有无，然交易究未发展，各经济单位多赖自足自给，以农业为主要收入，而以工商业辅佐之，举凡一切经济活动，鲜有大规模经营者，群以劳力为主体，绝无机械之引用”。② 他认为，以“平均五十亩之田场恒非集中于整块土地”为特征的中古式条地制度在中国是司空见惯的现象，有的甚至“分散至九处不同地点者”。这种分散的条地制度，“其意以为设低田被水，则高田尚可望丰收，若高田被旱，则低田或可期无恙”，但该制度忽略了劳动者在利用农地时将要耗费更多的时间和体力，使得到的收益抵补不了付出的劳动力。再者，中国农业生产规模狭小，其状况为“资本之利用恒减至最低限度，而劳力之消耗则适得其反”，其结果是农产品产量“仅足自给，即使偶有剩余，运销他埠，其交换所得，亦不过以之为购置一二舶来品之用而已”。当然，这种情况一方面是由于农民在思想上不思变通，另一方面也与农民生活贫困，无法扩大生产规模有关。

---

① 方显廷：《中国农村经济之复兴》，《中国经济研究》，商务印书馆1938年版，第167页。

② 方显廷：《中国经济之症结》，《中国经济研究》，商务印书馆1938年版，第31页。

农业技术。方显廷指出，农业技术"以农作物之改良，蚕桑之复兴及牧畜之提倡为首要"。① 他以当时中国农作物的改良成绩为例说明农业技术对推动农业生产发展的作用，"主要作物如米、麦、高粱、稷米、大豆及棉花等，经过相当时期之育种试验，每亩收获量，咸有十分之三以上之增加，美棉移植成绩，且有超过过原产地之收获量者，良可欣幸"。② 研究、推广农业技术必须依赖大批农业人才，方显廷十分重视教育在农业发展中的作用，他批评当时中国的"农业研究机关多至二七八所，而农业教育机关则反居少数，仅有八九所，实为古今中外所罕见之乖谬现象"③，主张政府应筹资在各地兴办农业职业教育学校和农业高等学校，以教育和培训农村建设事业所需人才，使农业人才的供给步入正轨。

方显廷认为，除了上述三个方面之外，苛捐杂税的豁免、田赋附加的限制、土地的测量、土地的呈报及土地的登记等具体制度建设对农村经济的复兴也十分重要。

（二）中国土地政策思想

方显廷认为一国的土地政策思想是为其经济思想服务的，"土地政策为国家经济政策之一，乃政府为达到某种预定之目标，以政治权力所推行之现在及将来使用土地之计划和方法。其目标以国家整个经济政策之目标为依归"，因此，不同类型的国家，执行不同的土地政策。"在共产主义国家，为土地使

---

① 方显廷：《中国农村经济之复兴》，《中国经济研究》，商务印书馆1938年版，第167页。

② 方显廷：《中国农村经济之复兴》，《中国经济研究》，商务印书馆1938年版，第167页。

③ 方显廷：《中国农村经济之复兴》，《中国经济研究》，商务印书馆1938年版，第169页。

用权之平均分配，而资本主义国家，则为土地所有权之依法占有。前者如苏俄倡行土地国有，推翻地主阶级，将地主之土地，无价没收，再按既定计划，平均分租与农民。此种政策为革命的、激烈的。后者如东欧各国，信奉土地私有，惟鉴于世界大势之所趋，限制私有土地不能超过某种限度，凡大地主逾限之土地，则收归国有而出售与佃农，以期耕者有其田，此种政策为平和的，渐进的”。① 方显廷指出，不同国家的土地政策固然不同，即便在同一国家也因时而异，他在分析了中国土地问题的基础上，着重对比研究了中国共产党和国民党的土地政策。

1. 中国的土地问题

方显廷认为土地问题，即土地的分配和利用问题，包括在分配和利用土地时所发生的土地行政和土地立法问题。而关于土地的分配和利用孰轻孰重，方显廷认为在经济发展的不同阶段两者的重要性有所不同。但无论何时，分配和利用都是紧密相关的，所以要综合起来加以考察。

方显廷认为，当时中国的土地分为“乡地”和“市地”两类，他着重探讨的是“乡地”，即农村土地问题。他认为，中国“目前农民人口占全国人口四分之三”，所以“市地问题尚属次要”。当然，方显廷用发展的眼光预见到，当工商业发达之后，市地问题会因为土地价格的上涨而引起社会的不安，到那时市地问题就比乡地问题更加重要了，因此，他指出

① 方显廷：《中国之土地问题与土地政策》，《中国经济研究》，商务印书馆1938年版，第288页。

“乡地问题为目前之土地问题，而市地问题为未来之土地问题也”。①

方显廷认为中国的乡村土地问题主要体现在三个方面：“一曰田场之狭小，二曰田场之散碎，三曰耕者无其田。”② 前两项为土地的利用问题，第三项则是土地的分配问题。

关于土地的利用问题。在农场面积方面，方显廷将我国与美国进行比较，认为我国“农场面积之狭小，为世界各国所仅见”。当时，美国每人已耕种土地 3.6 英亩，而中国每人只有 0.4 英亩，只相当于美国的九分之一。而导致农场面积狭小的主要原因是我国大量的可耕之地尚未开垦。方显廷引用美国农业经济专家卜凯的估计指出，“我国可耕土地七百兆英亩，而已耕者不过百八十兆英亩，只合百分之二六，此外尚有五百二十兆英亩或百分之七四之土地未经开发。西北西南边远省份荒地未经开辟者尤多，各省荒地如坟墓等甚多，占地亦广”。③揆诸事实，中国农场经营的规模不大的主要原因并不是未开垦的土地面积太多，而是中国农业人口数量太大。

他再次引用卜凯的调查数据，指出我国农地面积不仅狭小，而且过分散碎。“据金陵大学农学院博克教授调查七省十五地方之报告，每一农场之耕地平均约分散为 8.5 块，最多者竟至 43.4 亩，最少者为 3.2 亩……各块间相互距离之远，亦

① 方显廷：《中国之土地问题与土地政策》，《中国经济研究》，商务印书馆 1938 年版，第 289 页。

② 方显廷：《中国之土地问题与土地政策》，《中国经济研究》，商务印书馆 1938 年版，第 289 页。

③ 方显廷：《中国之土地问题与土地政策》，《中国经济研究》，商务印书馆 1938 年版，第 289 页。

足惊人，平均为0.63公里。最远者为3.34公里”。①

方显廷认为农场面积狭小且过于分散是我国土地利用的莫大障碍。因为面积小且过于分散，就不能利用先进的机器进行生产，甚至最小的地方连旧式的耙耕都不能利用，加上距离较远，农具搬运耗时费力，指挥监督也难周到，气候突变难以应付，最终都将导致生产效率低下。

关于土地的分配问题。方显廷指出，中国农民约半数人口没有自己的土地，“据民二二年之统计，我国农民百分之四五为自耕农，百分之二三为半自耕农，百分之三二为佃农。换言之，我国农民百分之五五所耕种之土地，须全部或一部向地主租赁”。佃农所占比重在地域分布上存在较大差距，“在南方较北方为高”。“是以年来共祸，肇始于南方各省，迄最近始被迫而北向”。因此，方显廷认为“佃农问题实我国农田分配之中心问题也”。②

方显廷进一步分析了佃农制度的三个方面的问题：一是租金特高；二是租期不定；三是租约苛刻。关于租金，无论是哪种形式，地主所得都至少占全部农产收获的百分之四五十。而对于租期，一直没有明文规定，地主可以随时撤佃，佃户也可以随时退租。但是，就当时中国耕地面积少农业人口多的现状来讲，这种租期不定的做法对于地主的优势明显大于佃户，正如方显廷所说：“此种习俗，业佃双方之利害至不一致。盖佃户一旦失其佃权，生计将立起恐慌；不若地主有田，无忧于乏

① 方显廷：《中国之土地问题与土地政策》，《中国经济研究》，商务印书馆1938年版，第290页。

② 方显廷：《中国之土地问题与土地政策》，《中国经济研究》，商务印书馆1938年版，第290页。

佃承租也。因之每有藉撤佃以为提高租额之手段者。”① 租约方面，则更多地不利于佃农。除了租期不定之外，还经常对改良物进行无偿没收，副产品进行任意勒索，缴租斗量也漫无标准，押租金额奇高等，这些苛刻的条件都对佃农极其不利。

2. 国共两党土地政策比较

方显廷把中国现代的土地政策分为两派：一是国民党领导的；二是共产党引用的。他说：“国民党领导之土地政策以中山先生平均地权学说为根据，而以民一九年颁布之土地法为施政方策。至共产党之土地政策，以列宁土地国有学说为根据，而以第一次全国苏维埃代表大会通过土地暂行法为施政方策。”② 方显廷认为由于国共两党的土地政策立论相反，因此办法也是绝对不同的，他对二者进行了比较分析。

方显廷认为孙中山关于土地问题的主张在处理城市土地与农村土地上是有所不同的，具体方法是“以平均地权，为解决市地问题之对策”，而“以耕者有其地为解决农田问题之对策”。③ 国民党政府正是“根据孙中山先生遗教及国民党政纲”于1930年公布《土地法》，1935年公布《土地法施行法》。方显廷认为这两部法令的实施即意味着中国土地政策之大定。他认为《土地法》关于“耕者有其田”的办法比孙中山先生提出的更为确切。一方面，它奖励开垦荒地，增加耕地总面积，以促进耕者有其田。具体做法是由政府地政机关把适

① 方显廷：《中国之土地问题与土地政策》，《中国经济研究》，商务印书馆1938年版，第291页。

② 方显廷：《中国之土地问题与土地政策》，《中国经济研究》，商务印书馆1938年版，第291~292页。

③ 方显廷：《中国之土地问题与土地政策》，《中国经济研究》，商务印书馆1938年版，第296页。

宜开垦的荒地划分为不同地段，然后定期招垦。承垦人既可以是单独农户，也可以是合作组织。承垦人开垦好的荒地在五年之内是无偿使用，五年以后才开始缴纳地租，以此提高农户开垦荒地的积极性。另一方面，它也通过一些消极的办法来实现耕者有其田，如实行减租、加税、限田等手段，迫使大地主放弃土地所有权，而归佃农所有。如果实现不了这样的目的，就退而求其次，通过限制地主撤佃权等来保护佃农的利益不轻易受到损害。

对于共产党的土地政策，方显廷认为：“共党土地政策，一以适应环境为出发点。所谓适应环境者，即一方以苏俄土地制度为圭臬，制定法令条例等作号召农民之利器，一方则随军事进展之需要，不得不笼络所谓‘中农’阶级，以求解决土地问题之临时办法。”① 他认为1931年第一次全国苏维埃代表大会在江西通过的《土地暂行法》是中国共产党土地政策之集大成者，并将之内容概括为以下四点：A. 无偿没收地主的及积极参加反革命活动的富农的土地，凡属祠堂庙宇教会官产等土地亦予没收；B. 禁止一切土地买卖，租佃，押当，以防新地主之产生；C. 由乡苏维埃代表大会平均分配一切土地及没收土地，惟平均分配没收土地时，对原耕农——特别占农民大多数之“中农”——之土地，则不予没收；D. 不得零碎分割大规模农场，应组织集体农场及生产合作社等，实行集体生产，以免减少生产力量。② 对于以上土地政策，方显廷认为都

① 方显廷：《中国之土地问题与土地政策》，《中国经济研究》，商务印书馆1938年版，第302页。

② 方显廷：《中国之土地问题与土地政策》，《中国经济研究》，商务印书馆1938年版，第302页。

是为了实现土地的平均分配，“AB 两项为实施 C 项平均分配土地之准备，D 项注重集体生产以增加生产力量，为免除防止因 C 项平均分配土地所形成生产技术之退化问题。换言之，共党土地暂行法所包含之四项要义，俱以平均分配土地为中心”。①

方显廷关于国共两党土地政策的评价，与其所生活的背景及其政治立场是分不开的。他从美国留学归国后曾任国民政府经济访问局局长，虽然后来辞去官职到南开大学任教，但是他所受过的西方教育使其在政治上还是倾向于国民党政府的，因此，他对于国民党的土地政策给予了极高的评价：“在国民党所领导者，或共产党所引用者，其政策诚不可相提并论。我政府为一般农民前途着想，筹划唯恐不周，推行唯恐不力，今土地法条文已颁布实施，将来全国农民蒙其福者至不可限；惟望顾全实际，切实推行，则我国土地问题虽极复杂，亦可望渐趋光明之途也。”② 方显廷作为学者这种鲜明的扬“国”（国民党）抑“共”（共产党）的政治取向使他在 1949 年的中国政治大变迁中陷入被动，不得不远走他乡。

第三节 海外留学生的“三农”思想

一、留学生留学期间的“三农”学术思想概述

中国是一个传统的农业国，工业化过程中引发了一系列农

---

① 方显廷：《中国之土地问题与土地政策》，《中国经济研究》，商务印书馆 1938 年版，第 302～303 页。

② 方显廷：《中国之土地问题与土地政策》，《中国经济研究》，商务印书馆 1938 年版，第 303 页。

业、农村和农民问题。民国时期农业、农村和农民问题成为政府和学术界比较关注的领域。受此影响，这一时期中国在欧美的留学生选择“三农”作为博士论文选题的也不少，内容涉及农业规划、土地税、农村金融、租佃关系、农民生活、粮食问题、水利建设、农业合作以及国外农业发展等诸多方面，有些论文达到了很高的研究水准。民国时期中国留学生在国外博士论文以“三农”问题为研究对象的具体情况如表 7-3 所示。①

表 7-3

姓名	博士毕业学校、时间	博士论文题目
冯锐	美国康奈尔大学(1924)	中国的农业工程
黄汉樑	美国哥伦比亚大学(1918)	中国的地租
李善步	美国哥伦比亚大学(1921)	中国经济史:关于农业
龙开霖	美国康奈尔大学(1924)	美国农业部门的财政历史
唐启宇	美国康奈尔大学(1924)	中国农业经济研究
董时进	康奈尔大学(1924)	世界粮食供给和人口
赵才标	美国康奈尔大学(1933)	中国 12 省的粮食产量的统计研究
陈希诚	美国耶鲁大学(1934)	中国乡村合作的伦理和经济基础
冀朝鼎	美国哥伦比亚大学(1936)	中国历史上基本经济区与水利事业的发展
裘开明	美国哈佛大学(1933)	中国农业统计资料来源的研究:数据搜集方法和经济条件的获得
李庆麐	美国伊利诺伊大学(1933)	伊利诺伊的农业抵押贷款与农业土地转移关系

① 邹进文:《近代中国经济学的发展——来自留学生博士论文的考察》,《中国社会科学》,2010 年第 5 期。

续表

姓名	博士毕业学校、时间	博士论文题目
梁庆椿	美国哈佛大学(1934)	中国人口和食物供给关系
林钦宸	美国纽约大学(1936)	地主与佃户的关系
唐崇慈	美国加利福尼亚大学(1927)	英国税收土地价值体系
杨蔚	美国康奈尔大学(1937)	1930年7月至1935年6月纽约60个牛奶合作农业供给仓库的商业分析
程兆熊	法国巴黎大学(1937)	中国满洲农民的生活
何德鹤	法国巴黎大学(1937)	法国的农业合作现状
YU,PEO	法国巴黎大学（1936）	中国的农村合作社及其类似机构
姜尚义	法国南希大学（1931）	中国的农村信用合作社
韩闻痌	法国南希大学（1936）	中国的农业信贷及其改进建议
徐曰琨	Gaen 大学（1933）	中国的合作社运动
马达	法国巴黎大学（1927）	中国土地所有制变革研究
邵雪初	法国南希大学（1934）	中国的农业问题
陈延光	德国哈雷大学（1937）	中德农业合作社：比较与借鉴
张培刚	美国哈佛大学（1946）	农业与工业化
向景云	美国威斯康辛大学(1941)	中国土地占有权：中国土地问题和政策初探
虎矫如	美国芝加哥大学（1942）	四川盆地的农业、林业土地使用
葛启扬	美国密歇根州立大学(1944)	中美土地利用
孟庆彭	美国伊利诺伊大学（1949）	中国农业进步：要素因素研究

续表

姓名	博士毕业学校、时间	博士论文题目
蒋杰	美国明尼苏达大学（1948）	中国农业问题的经济分析
杨寻宝	美国哥伦比亚大学（1945）	美国农业扩展性服务合作研究
杨懋春	美国康奈尔大学（1942）	中国集镇和乡村生活
杨书家	美国明尼苏达大学（1943）	中国经济研究：农业信贷考察
费孝通	英国伦敦经济学院（1938）	开弦弓：一个中国村庄的经济生活
廖南才	法国巴黎大学（1949）	透视中国农村经济
王联曾	法国巴黎大学（1946）	小麦市场研究
刘纪汉	德国图宾根大学（1941）	德国的乡镇经济
鲁冀参	德国图宾根大学（1941）	世界大战中的德国农产品价格政策
丁文治	德国耶拿大学（1940）	周代迄清代的中国农业的发展史

资料来源：Tung-Li Yuan. A Guide to Doctoral Dissertations by Chinese students in America 1905-1960. Washington. D. C，1961；Tung-Li Yuan. Doctoral Dissertations by Chinese students in Great Britain and Northern Ireland, 1916-1961；Tung-Li Yuan. A Guide to Doctoral Dissertations by Chinese students in continental Europe，1907-1962. Washington. D. C，1964.

对于近代留学生在留学期间所取得的经济学学术成就中国经济思想史学术界知之甚少，评价也不高。即使是中国经济思想史学术界一代宗师胡寄窗先生在20世纪80年代所著的《中国近代经济思想史大纲》一书也认为“本时期（20世纪20—40年代，引者注）有许多去西洋留学的中国学生的博士学位论文，有少数可能在西方已作专著出版。但是它们的绝大多数均以研究中国现实的或过去的经济问题为主题”，“这些论述中国现实经济问题的论著”，“对西洋经济学界来说都是以往未有的新课题，可能借此而取得博士学位甚至可能予以出版。但对于国内而言，即使还不是家喻户晓的常识，至少总不是理论上的创见，不值得纳入中国经济思想史的论述之中”。①

近代留学生在经济学博士论文的选题方面确实有以研究中国问题为主的倾向，但这些论文是否大多是常识性的东西，缺乏学术价值呢？笔者认为，情况正好相反，这些博士论文实际上大多能够运用现代西方经济学研究的新理论和新方法对中国的经济问题作出令人耳目一新的解释，有的甚至达到国际领先水平。上述以“三农”问题为题的用英、法、德文撰成的博士论文大多存于欧美各大学图书馆而一时难以全部搜集和研究，下面仅介绍3篇已经翻译成中文的博士论文，以此管窥民国时期海外攻读博士学位的留学生留学期间在“三农”问题研究方面所取得的学术成就。

二、冀朝鼎的《中国历史上的基本经济区与水利事业的发展》

冀朝鼎（1903—1963），山西汾阳人。1924年毕业于清华学校，随即留学美国，先后获得芝加哥大学哲学学士、法律博士、哥伦比亚大学经济学博士学位。1927年加入中国共产党。早年在美国留学期间，曾主办英文《今日之中国》和《亚美杂志》，主编美国《工人日报》副刊，并亲自撰写文章，介绍中国战时的经济情况。由于他在国内外经济界的名望与在国民党政府中的公开身份，抗日战争时期担任了平准基金委员会秘书长、外汇管理委员会主任、中央银行经济研究处处长等职。

① 胡寄窗：《中国近代经济思想史大纲》，中国社会科学出版社1984年版，第420～421页。

中华人民共和国建立后，冀朝鼎担任中央财经委员会委员兼计划局副局长，后又任政务院外资企业局局长、中国银行副董事长兼副总经理、中国国际贸易促进委员会副主席等职，曾多次出国参加重要经济贸易活动，并曾任中国科学院哲学社会科学部学部委员。冀朝鼎的主要著作包括《中国历史上的基本经济区与水利事业的发展》(1934) 和《中国战时的经济发展》(1938)。

《中国历史上的基本经济区与水利事业的发展》是冀朝鼎获得哥伦比亚大学经济学博士的学位论文，1934 年写成，1936 年由乔治·艾伦和昂温有限公司（George Allen & Unwin LTD.）在英国出版英文版，1939 年译成日文，1981 年译成中文出版。该书得到英国著名的科学史大家李约瑟的高度评价。“这一著作，也许是迄今为止任何西文书籍中有关中国历史发展方面的最卓越的著作”。“如果没有这一著作以及郑肇经《中国水利史》两书作指导，要想写就他的巨著《中国科学与文明》中的‘水利工程’那一部分内容是不可能的”。① 该论文的一部分以“中国历史上统一与分裂的经济基础”为题在 1934 年 12 月的《太平洋事务》(*Pacific Affairs*) 杂志第 7 卷第 4 期上发表。

冀朝鼎在美国留学 10 多年，深受西方学术的影响，他的《中国历史上的基本经济区与水利事业的发展》这篇 11 万余字的博士论文的研究思路是先提出假设，然后逐层深入剖析。他认为中国历史上存在一种显著的动向，即统一与分裂交替进行，“合久必分，分久必合”成为中国“铁的法则”，“这一铁

---

① 冀朝鼎：《中国历史上的基本经济区与水利事业的发展》，中国社会科学出版社 1981 年版，译者的话。

的法则准确地描述了从第一个皇帝起到上世纪中国孤立状态被打破为止时中国历史上半封建时期中的一个基本运动”。①

冀朝鼎认为，中国历史上统一与分裂的经济基础取决于对“基本经济区”争夺的结果。

他认为中国历史上存在这样的区域，“其农业生产条件与运输设施，对于提供贡纳谷物来说，比其他地区要优越得多，以致不管是哪一集团，只要控制了这一地区，它就有可能征服与统一全中国。”他认为“这样的一种地区，就是我们所要说的‘基本经济区’”。②

在提出这一假说之后，冀朝鼎进一步分析了形成“基本经济区”的自然和社会条件。他认为中国历史上存在两个基本经济区：以泾水、渭水、汾水和黄河下游为地理范围的北方基本经济区和以长江中下游为地理范围的南方基本经济区。从自然条件来说，两大基本经济区都拥有十分肥沃的土地：北方的黄土和南方的湖区土地，但由于中国降雨的分布具有多变性和区域分布不均匀的特点，“水分供应的自然过程对满足农业生产的需求来说，不仅是不可靠的，而且还的确是灾难性的”。③ 因此，无论是北方基本经济区还是南方的基本经济区农业生产的繁荣都必须依赖高度发达与完善的水利设施，其中干旱的北方主要是灌溉系统，而多雨的南方则是灌溉系统与排水系统并存。

---

① 冀朝鼎：《中国历史上的基本经济区与水利事业的发展》，中国社会科学出版社 1981 年版，第 3 ~4 页。

② 冀朝鼎：《中国历史上的基本经济区与水利事业的发展》，中国社会科学出版社 1981 年版，第 10 页。

③ 冀朝鼎：《中国历史上的基本经济区与水利事业的发展》，中国社会科学出版社 1981 年版，第 25 页。

基于以上分析，冀朝鼎认为历代统治者要控制和发展“基本经济区”，进而加强对国家的控制就必须大力推进“基本经济区”内的公共水利工程的发展，而水利事业的变动也能大体推知基本经济区的转移情况。因此他认为“搞清楚水利事业发展的过程，就能用基本经济区这一概念，说明中国历史上整个半封建时期历史进程中最重要的特点了。”① 冀朝鼎循此研究思路对中国历史上水利建设与“基本经济区”发展的关系作了细致的定量分析。他在中国水利史研究的学术史上第一次运用各地地方志的史料对15个省治水活动的历史发展和地理分布的情况作了统计研究。研究表明，汉代方志中出现的治水次数15省共计56次，其中陕西18次，河南19次，说明黄河中游和渭水地区构成当时的“基本经济区”。唐代方志中出现的治水次数15省共计254次，其中陕西32次，河南11次，山西32次，直隶24次，四川15次，江苏18次，安徽12次，浙江44次，江西20次，福建29次，说明中国的“基本经济区”出现了南北并存的局面。而宋代方志中出现的治水次数15省共计1110次，其中陕西20次，河南11次，山西25次，直隶20次，江苏117次，浙江302次，江西56次，福建402次，说明中国的“基本经济区”已经由黄河中下游转移到长江流域。② 这种分析方法给人耳目一新之感。

在对各地区水利建设情况作出定量分析的基础上，冀朝鼎还对中国历史上国家对北方基本经济区和南方基本经济区进行

① 冀朝鼎：《中国历史上的基本经济区与水利事业的发展》，中国社会科学出版社1981年版，第14页。

② 冀朝鼎：《中国历史上的基本经济区与水利事业的发展》，中国社会科学出版社1981年版，第36页。

水利工程建设的历史作了定性分析。他认为，水利工程作为体现国家职能的公共工程，从来就不优先从人道主义考虑。他对中国历史上广为人知的大禹治水的传说提出了批评：“中国水利事业的开端，要归功于一个英雄神灵的仁慈和他的自我牺牲的活动（指大禹治水，引者著）。通过宗教正统学者反复断言了若干世纪之后，这个神秘的理论已经获得了宗教教义上的权威，从而成了在这个问题上的任何科学研究的一个巨大的障碍。”① 他通过对中国历史上各种类型的水利工程的分析，认为“大型的治水事业，一开始就起到了国家的公共职能的作用”。正是由于统治者对基本经济区的重要性有深刻的认知，国家才会加大对基本经济区内的水利事业建设。如果认识不到这一点，“就永远不能充分领悟到治水发展在历史上的与社会经济上的重要意义”。②

该书的最后两章剖析了中国历史上的“基本经济区”的转移问题。冀朝鼎认为中国的“基本经济区”地理上的演进有一个由黄河流域向长江流域转移且长江流域后来居上逐渐在经济上占据统治地位的演进过程。他认为长江流域“基本经济区”的崛起与三国鼎立及晋朝和南朝北方移民的大量南迁有关。三国时期“发展农业生产与加强水道运输，竟成了加强军事力量的一种手段，他们在这方面所投入的力量也是相当可观的”。③ 由于吴、蜀的开发，长江流域和四川盆地开始成

① 冀朝鼎：《中国历史上的基本经济区与水利事业的发展》，中国社会科学出版社 1981 年版，第 46 页。

② 冀朝鼎：《中国历史上的基本经济区与水利事业的发展》，中国社会科学出版社 1981 年版，第 61 页。

③ 冀朝鼎：《中国历史上的基本经济区与水利事业的发展》，中国社会科学出版社 1981 年版，第 81 页。

为重要的经济区。东晋和南朝时期，由于北方少数民族的入侵，中原百姓大举南迁，肥沃的长江流域得到开发。“这种结局就导致了肥沃的长江流域——它最终还是成了中国基本经济区——飞速发展的开端，从而取代了泾渭流域与黄河下游流域的地位”。①

然而，经济重心的南移，并不意味着政治、军事重心也随之南移，因为后者的确立除经济因素外，还自有别的动因，如地理位置居中以驭四方、传统的习惯与政治上的惰性、抗御北方胡人的基本战略考虑等，这使得经济重心已逐渐转移的诸王朝，大多仍将首都设于北方。不过，依赖于江南财富的现实，统治者必须考虑如何将经济中心与政治中心联系起来。在当时的生产力条件下，陆路交通很难改善，而开发水上交通的优势却十分明显，因而修建一条沟通南北的水上交通线遂成为历史的必然。隋朝大运河的开凿作为一项巨大的水利工程“成了连接北方政治权力所在地与南方新基本经济区之间的生命线”。②

冀朝鼎认为，“基本经济区”是一个历史概念，并不能解释中国鸦片战争之后的历史。“因为以后的情况，由于中国开放世界贸易，及在十九世纪中叶受到工业主义的影响而发生了巨大的变化。随着铁路的修建，工商业的发展以及海外贸易的出现，公共水利工程作为政治武器的作用已大为降低”。③

---

① 冀朝鼎：《中国历史上的基本经济区与水利事业的发展》，中国社会科学出版社1981年版，第89页。

② 冀朝鼎：《中国历史上的基本经济区与水利事业的发展》，中国社会科学出版社1981年版，第91页。

③ 冀朝鼎：《中国历史上的基本经济区与水利事业的发展》，中国社会科学出版社1981年版，第120页。

冀朝鼎作为一位早在1927年就秘密加入中国共产党的共产党员，是中国近代史上第一个运用马克思主义学说系统分析水利事业与区域经济发展进而与国家的统一与分裂的互动关系的学者。在该书中他多次引用马克思的有关论述说明自己的学术观点。如他从“基本经济区”的视角分析王朝的更替，就体现了马克思的经济基础决定上层建筑的基本原理。他在论述治水的公共职能时直接引用了马克思《不列颠在印度的统治》一文中的一段有关论述来说明自己的观点。① 在该书的参考文献中他也将马克思的《不列颠在印度的统治》一文列为参考书。② 这种情况在当时留学欧美从事经济学研究的留学生中是极为罕见的。另一方面，他又在西方留学10多年，对于西方现代学术发展有比较深入的了解，能够借鉴现代经济学研究的方法（如计量分析）和范式（先提出假设，再逐层推论），而且他还利用了华盛顿美国国会图书馆浩如烟海的中外图书资料。因此，他的《中国历史上的基本经济区与水利事业的发展》一书可以视作运用马克思基本原理和现代西方学术方法撰成的见解独到的开拓性学术著作。

---

① 该引文如下：“节省用水和共同用水是基本的要求，这种要求，在西方，例如在弗兰德和意大利，曾使私人企业家结成自愿的联合；但在东方，由于文明程度太低，幅员太大，不能产生自愿的联合，所以就迫切需要中央集权的政府来干预。因此亚洲的一切政府都不能不执行一种经济职能，即举办公共工程的能”。参见冀朝鼎：《中国历史上的基本经济区与水利事业的发展》，中国社会科学出版社1981年版，第61页。

② 冀朝鼎：《中国历史上的基本经济区与水利事业的发展》，中国社会科学出版社1981年版，第136页。

三、费孝通的《江村经济》

费孝通（1910—2005），江苏吴江人。1928 年入东吴大学，读完两年医学预科，因受当时革命思想影响，决定不再学医，而学社会科学。1930 年转入北平燕京大学社会学系，1933 年毕业后，考入清华大学社会学及人类学系研究生，1935 年通过毕业考试，并取得公费留学资格。1936 年夏，费孝通去英国留学，1938 年获伦敦大学研究院哲学博士学位。博士论文中文名《江村经济》。1938 年回国后费孝通继续在内地农村开展社会调查，研究农村、工厂、少数民族地区的各种不同类型的社区。出版了调查报告《禄村农田》。1944 年费孝通访美归来后不久，参加中国民主同盟，投身爱国民主运动，曾任清华大学教授，著作有《生育制度》《乡土中国》及译文《文化论》《人文类型》《工业文明的社会问题》等。他曾任国务院民族事务委员会副主任、中国社会科学院社会学研究所所长、中国社会学会会长、中国民主同盟中央第六届中央主席、第六届全国政协副主席，1980 年春获国际应用人类学会马林诺夫斯基名誉奖，1981 年春获英国皇家人类学会奖章，1982 年被选为英国伦敦大学政治经济学院荣誉院士，1988 年当选为第七届全国人大副委员长，同年获“大英百科全书”奖，曾在加拿大作《中国的现代化和少数民族》演讲。1992 年费孝通发表《行行重行行——乡镇发展论述》，收入自己 20 世纪 80 年代考察沿海乡镇企业的主要研究报告，就我国乡镇企业的发展及其在改革和国民经济中的位置提出了精辟的见解。

《江村经济》是费孝通在英国伦敦经济学院攻读博士学位撰写的博士论文，但这篇论文的酝酿和收集资料开始于国内，有扎实的前期研究基础。费孝通论文里的江村真实的地名叫开弦弓村，位于太湖之畔，当时在行政上隶属于江苏吴江县震泽区，该地区是中国近代传统农耕文明遭遇西方工商业文明后发生社会变迁最剧烈的地区之一。费孝通比较早就注意到了这个村庄，他于1933年10月和1934年5月分别在《独立评论》和《大公报》上发表《我们在农村建设事业中的经验》和《复兴丝业的先声》两篇文章介绍开弦弓村发展生丝制造工业的成就及所遭遇到世界资本主义冲击等问题，阐述了兴办乡村工业对维持农民生计的意义，这两篇文章实际上是费孝通对开弦弓村进行调查的预调查。① 1935年费孝通从清华大学研究院毕业后偕妻子王同惠赴广西大瑶山进行调研，是年冬，在瑶山中迷路，妻子不幸遇难，他自己也受重伤，不得不返乡养病。1936年暑假期间他接受在开弦弓村开展以推广改良蚕种和科学养蚕为中心的土丝改良运动的姐姐费达生的建议到开弦弓村进行了为期一个多月的调查。从1936年7月3日至8月25日，费孝通写了7篇《江村通讯》，相继发表在《天津益世报·社会研究》第11、12、13、19期上。其中的首篇题为《这项研究工作的动机和希望》。1936年9月，费孝通带着他的调查资料从上海启程赴英国伦敦经济学院留学。

在英国攻读博士学位期间，费孝通接受导师弗思的建议决定以他在开弦弓村的调查成果为基础撰写博士论文。不久，弗思的导师、国际知名的人类学家马林诺夫斯基（B. Malinowski）直接指导费孝通的论文写作。1938年春，费孝通通过论文答辩，获得博士学位。博士证明书上所标明的论

---

① 方旭东：《费孝通与〈江村经济〉》，《百年潮》，2008年第12期。

文题目为 *Kaihsienkung*: *Economic Life of a Chinese Village*(《开弦弓：一个中国村庄的经济生活》)。1939年该论文由英国Routledge书局出版，英文书名 *Peasant Life in China*(《中国农民的生活》，扉页上印有“江村经济”)。1986年江苏人民出版社出版中文版，书名《江村经济——中国农民的生活》。2001年被收入《商务印书馆文库》，由商务印书馆再版。

《江村经济》在人类学学术发展史上改变了人类学只研究未开发文化的轨道，摆脱了人类学“好古、猎奇和不切实际”① 的倾向，对处于文化急剧变迁中的中国乡村社区作了生动描述和深入研究。费孝通的导师马林诺夫斯基在《江村经济》英文版序言中认为此书“是人类学实地调查和理论工作发展中的一个里程碑。此书有一些杰出的优点，每一点都标志着一个新的发展”，“此书的某些段落确实可以被看作应用社会学和人类学的宪章”。英国著名的历史学家E·丹尼森·罗斯认为“没有其他作品能够如此深入地理解并以第一手材料描述了中国乡村社区的全部生活”。② 由于博士论文的学术成就，1981年英国皇家人类学会授予费孝通人类学最高奖——赫胥黎奖。

《江村经济》广泛探讨了江村的消费、生产、分配和交易，实际上也是一部从微观的视角研究“三农”问题的经济学著作。本书不拟对该书在人类学方面的学术贡献多加评论，

---

① 费孝通：《江村经济——中国农民的生活》，商务印书馆2001年版，第15页。

② 费孝通：《江村经济——中国农民的生活 著者前言》，商务印书馆2001年版。

仅就其对乡村经济方面的研究加以评述。①

（一）产权

费孝通对20世纪30年代中国乡村社会的一个缩影——江村的财产的所有与继承作了非常细致的描述和研究。关于所有权，费孝通认为它"是一物与个人或一组人之间的一定关系。所有者根据惯例和法律规定，可以使用、享有和处理某物"。②根据所有者的性质，他将江村的全部财产分为四类：（1）"无专属的财产"，如空气、航道等。（2）村产。如周围湖泊河流的水产品、公共道路等。（3）扩大的亲属群体的财产。（4）家产。以上所有者不包括个人所有权，"个人所有权总是包括

① 《江村经济》中文版出版以来有关《江村经济》的研究学术成果比较多，但大多是从社会学、民族学乃至纯学术方法等方面立论的，这方面的成果如：郑抗生的《读费孝通的〈江村经济〉》，《中国人民大学学报》，1987年第5期；殷一兵的《论费孝通的经济社会学的理论和方法——对〈江村经济〉的意义及理论、方法的再省察》，《江海学刊》，1994年第1期；甘阳的《〈江村经济〉再认识》，《读书》，1994年第10期；陈树德的《改革旧中国农村的呐喊——重读〈江村经济〉》，《社会》，1996年第10期；汪和建的《论社区经济社会学的建构——对费孝通〈江村经济〉的再探讨》，《江苏社会科学》，2001年第6期；龙先琼的《乡土认识的三重飞跃——人类学本土化视野下的〈江村经济〉的意义及局限》，《中南民族大学学报》（人文社会科学版），2006年第2期；顾骏的《理想与生活的张力："乡村内生城市化"的探索——重读费孝通先生的〈江村经济〉》，《上海大学学报》（社会科学版），2006年第5期；韩蕾蕾的《微型社区研究的范本——〈江村经济〉再读》，《重庆工商大学学报》（社会科学版），2007年第3期；方旭东的《费孝通与〈江村经济〉》，《百年潮》，2008年第12期；杨丹的《民族学实地调查法探析——以费孝通的〈江村经济〉为例》，《贵州民族学院学报》（哲学社会科学版），2009年第1期。

② 费孝通：《江村经济——中国农民的生活》，商务印书馆2001年版，第64页。

在家的所有权名义之下”。① 但家中成员并不完全拥有对家产的同等权力。

家产是上述所有权中占支配地位的所有权形式，“家”是“生产和消费的基本社会单位”。② 家产中以土地最重要。土地的所有权分为两种：一种是自己耕种“不付给任何人地租而向政府纳税”的“完全的所有者”的所有权；另一种是“耕种者拥有土地”，“保留使用和处理土地的权利”，但“与持所有权者分享部分产品”的所有权。后一种土地所有权的土地从占有的角度被划分为两层：田面和田底。田底占有者是持土地所有权的人，“他支付土地税，所以他的名字将由政府登记”，但他仅占有田底，无权直接使用土地，进行耕种，所以他们又叫“不在地主”。仅占有田面而不占有田底的人被称为佃户。既占有田面又占有田底的人被称为“完全所有者”。③ 费孝通认为只有当城乡关系密切的时候才出现不在地主制。由于江村处于经济比较发达的上海、苏州等城市附近，城镇资本大量投资江村地产，“该村约有三分之二的田底被不在地主占有”。④

处理土地的权利掌握在家长手中，“他的行动可能受其他成员所驱使或者是根据其他成员的建议来作出决定，但责任由

① 费孝通：《江村经济——中国农民的生活》，商务印书馆2001年版，第65页。

② 费孝通：《江村经济——中国农民的生活》，商务印书馆2001年版，第65页。

③ 费孝通：《江村经济——中国农民的生活》，商务印书馆2001年版，第157页。

④ 费孝通：《江村经济——中国农民的生活》，商务印书馆2001年版，第167页。

他自己来负"。① 家产的个人所有权主要是消费物品，如衣服、首饰和嫁妆。费孝通特别对作为妇女"私房"的嫁妆和首饰作了论述，认为嫁妆的处置必须征得妇女本人的同意，"未经妻子同意便出售她的首饰往往引起家庭纠纷"。"房内箱子和抽屉的钥匙由媳妇保管"，"媳妇外出可以把门锁上"。②"家"是一种"非常集权的经济"，"每当其他成员从其他来源得到收入时，必须把钱交给家长，他们需要什么时，要求家长去买"。③

费孝通对江村家产的代际转移作了介绍。家产的代际转移在家长在世时往往是通过分家的形式实现的。年青一代对经济独立的要求是"家"这一群体的瓦解力量，最终导致分家。家庭的财产一般由诸子均分，女儿无继承权，但其出嫁时，父母给她一份嫁妆，"甚至最穷的父母也得为女儿备一份被褥。"④ 中国乡村家产的这种代际转移方式延续了几千年，其牢固性是如此坚固，以至南京国民政府1929年颁布的新民法确立的男女具有同等继承权的原则在江村并没有引起变化，甚至"尚未发现有向这一方向发生任何实际变化的迹象"。⑤

① 费孝通：《江村经济——中国农民的生活》，商务印书馆2001年版，第66~67页。

② 费孝通：《江村经济——中国农民的生活》，商务印书馆2001年版，第67~68页。

③ 费孝通：《江村经济——中国农民的生活》，商务印书馆2001年版，第68页。

④ 费孝通：《江村经济——中国农民的生活》，商务印书馆2001年版，第72页。

⑤ 费孝通：《江村经济——中国农民的生活》，商务印书馆2001年版，第83页。

（二）手工业

江村是中国受现代工商业影响较早的农村社区之一。它一方面保留着中国传统农村社区的一般特点，另一方面又凭借其优越的区位优势和便利的交通条件成为现代乡村工业有所发展的卷入世界经济体系的地区。在东西方文明冲突中，中国农村的出路何在？

费孝通没有介入当时中国学术界以农立国和以工立国之争，而是深入实际调查农村工业化面临的问题。他通过对江村的调查认识到，在人多地少，农业不足以维持乡村人口生活的条件下，江村手工业已成为江村经济的一个重要的、不可或缺的组成部分。他认为在农村实行土地改革、减收地租、平均地权虽然“是解除农民痛苦的不可缺少的步骤”，但都不能最终解决农村的根本问题，只有“恢复农村企业是根本的措施”。他在博士论文中专列一章介绍江村的蚕丝业的发展，描述了家庭企业适应时代需要向合作工厂变革的历程。

费孝通分析了促进蚕丝业变迁的条件。他认为“中国农村的基本问题，简单地说，就是农民的收入降低到不足以维持最低生活水平的程度”①，单靠农业，农民不能维持正常时候所需，辅助企业是必不可少的。由于世界经济衰退，国际生丝价格大跌，“村民生产同样品种，同等数量的生丝，但从市场上不能赚回同等金额的钱”。②“萧条的原因在于乡村工业和世

① 费孝通：《江村经济——中国农民的生活》，商务印书馆 2001 年版，第 236 页。

② 费孝通：《江村经济——中国农民的生活》，商务印书馆 2001 年版，第 177 页。

界市场之间的关系问题"。[①] 总之，由于江村被纳入了世界经济体系，其经济发展受到世界经济波动的影响。随着江村蚕丝业的外部生存环境的变化，它本身必须发生改变以适应新的环境。

接着，费孝通分析了促进蚕丝业变革的力量及意图。他认为，由于江村居民的知识有限，靠他们自己不能采取任何有效的变革行动，"发起和指导变革过程的力量来自外界"。他认为其中的一种因素是苏州附近传播现代工业技术的女子蚕业学校的建立。作为变革力量的蚕业学校也有它自己推动江村蚕业变革的意图，"技术学校在执行任务过程中的困难是，除非新技术为人民所接受，否则单靠它本身，事业并不能开展。从这方面来说，受过训练的学生找不到职业便反映了这种失败……为了使进步的技术为人们所接受，并为学生找到职业，村庄的工业改革便成为技术学校迫切需要解决的问题"。[②] 变革力量的性质决定变革的计划。作为变革力量的蚕业学校主要从技术因素来考虑蚕业的变革，而如果没有从社会组织的相应变革，技术变革是不可能成功的。

正是从技术因素考虑，蚕业学校推动江村蚕业用合作工厂代替家庭手工业。"社员的义务是在工厂里有一份股金，每年供给工厂一定数量的蚕茧作原料"。由于农民缺乏受教育的机会，文盲率高，加之"改革者只教授女孩子如何缫丝，而没有教社员如何当工厂的主人。他们对自己的责任没有认识"，

---

① 费孝通：《江村经济——中国农民的生活》，商务印书馆 2001 年版，第 236 页。

② 费孝通：《江村经济——中国农民的生活》，商务印书馆 2001 年版，第 177 页。

“社员对投票制度完全不熟悉，他们只关心以利润形式分给他们的实际利益，对工厂的其他工作很不了解”①，虽然合作工厂提高了蚕丝的生产质量，但由于不能控制市场，结果造成“质量和价格之间比率不相称”，影响了工厂的利润，在增加家庭收入方面成效不著，从而使村民“不再向工厂交纳股金”。②

蚕丝业技术的进步带来的另一个问题是出现了机器排挤工人的现象，引发严重的失业问题，使“将近300名妇女失去了他们的劳动机会”。由于江村农田面积小，“要把妇女劳力引向田地是不可能的。然而也没有引进新的工业来吸收多余的妇女劳力”，结果造成“妇女向城镇移动”的“与改革者原来的意图相矛盾的”结果。

费孝通虽然认识到江村蚕业合作工厂发展过程中面临的种种问题，但他对这种新的经济组织给予很高的期待，“在现代工业世界中，中国是一名后进者，中国有条件避免前人犯过的错误。在这个村庄里，我们已经看到一个以合作为原则来发展小型工厂的实验是如何进行的。与西方资本主义工业发展相对照，这个实验旨在防止生产资料所有权的集中。尽管它遇到了很多困难甚至失败，但在中国乡村工业未来的发展问题上，这样一个实验是具有重要意义的”。③

---

① 费孝通：《江村经济——中国农民的生活》，商务印书馆2001年版，第188~189、196页。

② 费孝通：《江村经济——中国农民的生活》，商务印书馆2001年版，第195~196页。

③ 费孝通：《江村经济——中国农民的生活》，商务印书馆2001年版，第238~239页。

（三）商品市场和金融市场

费孝通在介绍了江村的手工业之后分两章分别介绍了江村的商品市场和金融市场。

费孝通认为专业化的生产是形成交易的前提条件，"哪里的专业化的生产，哪里便需要交换"。在江村，"在消费品中，消费者生产的只占总数的三分之一"，"另一方面，农民生产的东西，很多不是生产者消费的"。这种生产结构显然不是传统意义上的中国农村的自给自足的经济模式，"必须有广泛的流通系统"。①

费孝通将江村的购买和销售分成内部和外部两种：内部购销是在村庄社区范围内进行，外部购销是在村庄和外界进行的。除了生产者、消费者本身直接进行购销之外，还有三种"中间人"在江村从事商品交易活动：小贩、零售店和航船。由于江村具有发达的水运系统，三种"中间人"中以航船最为重要，它既是消费者的购买代理人，又是生产者的销售代理人。

费孝通对江村生产与市场的关系作了深入、细致的研究。他认为"市场强烈的影响着生产"，比如"土产生丝的价格低廉，刺激了技术改革。改革结果，土产生丝产量大大下降"，"村里开始养羊，这是因为市场有新的需要"。但是，"生产系统对市场情况的反映不是一个简单的过程，而是一个长期复杂的过程"，有许多因素"延误乡村经济在供求方面的及时自动调整"。比如"由于缺乏其他工作来吸收村里剩余的妇女劳动力"，江村出现了生丝价格下降，但其产量反而增加的现象。

① 费孝通：《江村经济——中国农民的生活》，商务印书馆 2001 年版，第 204 ~ 206 页。

市场有对羊的较大需求，但“目前缺乏草的供应，产量不可能增加”。大米的“总产量决定于土地的大小、生产的技术以及最终决定于降雨量的多少”。①

费孝通还介绍了江村金融市场的四种融资方式：互助会、航船、高利贷和信贷合作社。

“互助会是集体储蓄和借贷的机构，由若干会员组成，为时若干年。会员每年相聚数次。每次聚会时存一份款。各会员存的总数，由一个会员收集借用。每一个会员轮流收集使用存款”。这种融资方式主要是“为办婚事筹集资金，为偿还办丧事所欠的债务”，参加者也限于亲属之内。②

航船船主主要充当城镇米行和村民之间的信贷代理人。“航船主代表他的顾客向米行借米，并保证新米上市后归还”。由于有航船主担保，加之可以保证大米供应，所以利息低于高利贷，“如果借期两个月，每月利率约为15%”。③

高利贷主要是农民向城镇里有关系的富裕人借钱。“其利息根据借债人与债权人之间关系疏密而异”。南京国民政府的法律规定，年利率超过20%者，债权人对于超过部分之利息无请求权，高利贷是非法的。因此，高利贷契约“必须用其他手段来实施而不是法律的力量。高利贷者雇佣他自己的收款人，在借债满期时迫使借债人还债。如果拒绝归还，收款人将

---

① 费孝通：《江村经济——中国农民的生活》，商务印书馆2001年版，第218～220页。

② 费孝通：《江村经济——中国农民的生活》，商务印书馆2001年版，第224～225页。

③ 费孝通：《江村经济——中国农民的生活》，商务印书馆2001年版，第231页。

使用暴力并拿走或任意损坏东西”。①

信贷合作社不是农民自己的组织，而是南京国民政府为稳定农村金融而采取的措施。它是“农民用低利率从国家银行借钱的一种手段”。但它的成功与否，“取决于它的管理水平和政府提供贷款的能力”。由于政府对江村提供的资金极少且农民借款不还，信贷合作社“为数不大的拨款用完后”，“留下的只是一张写得满满的债单”。②

《江村经济》一书的研究风格和观点影响着费孝通的学术人生。晚年的费孝通两度深入江村调研，探索东方农业大国的农村复兴之路，他提出的大力发展小城镇和乡镇企业的宏论多少可以从《江村经济》中大力发展农村工业的论述中找到思想的渊源。

四、张培刚的《农业与工业化》

张培刚（1913—），湖北红安人。1929 年春插班考入武汉大学文预科，次年秋进入经济学系本科，1934 年 6 月毕业，进入中央研究院社会科学研究所，从事农业经济的调查研究工作。1941 年考取清华庚款留美公费生“工商管理”门，同年 9 月进入美国哈佛大学研究院工商管理学院，次年转入文理学院经济系，1943 年通过硕士学位考试，取得博士论文撰写资格，1945 年完成博士论文答辩，获得哲学博士学位，次年回国，担任武汉大学法学院经济系教授兼系主任，1948 年任联

① 费孝通：《江村经济——中国农民的生活》，商务印书馆 2001 年版，第 231 ~ 233 页。

② 费孝通：《江村经济——中国农民的生活》，商务印书馆 2001 年版，第 234 ~ 235 页。

合国亚洲及远东经济委员会顾问及研究员，1949 年再次回国，继续担任武汉大学教授兼系主任。现为华中科技大学经济学院教授、名誉院长。主要著作有《清苑的农家经济》、《浙江省食粮之运销》、《广西粮食问题》、《农业与工业化》、《发展经济学通论》（第一卷）、《新发展经济学》、《发展经济学与中国经济发展》、《微观经济学的产生和发展》、《宏观经济学和微观经济学》等。

《农业与工业化》（*Agriculture and Industrialization*）是张培刚所撰写的博士论文。它获得 1946—1947 年度哈佛大学经济学专业最佳论文奖和威尔士奖金（诺贝尔经济学奖设立前国际经济学界影响最大的经济学奖），并被列入《哈佛经济丛书》第 85 卷，于 1949 年由哈佛大学出版社出版。该书 1951 年译成西班牙文，在墨西哥出版。1969 年英文本在美国再版。1984 年由华中工学院出版社出版中文版。

《农业与工业化》一书在人类经济思想史上第一次系统探讨了农业国的工业化问题，在中外学术界获得了极高的声誉，好评如潮。即使是对民国时期留学生经济学学术成就不看好的胡寄窗先生也认为它“实为现代发展经济学的首创著作”。①学术界有关《农业与工业化》一书的研究大多从发展经济学、产业经济学的视野展开②，本文主要探讨其蕴涵的“三农”

---

① 胡寄窗：《中国近代经济思想史大纲》，中国社会科学出版社 1984 年版，第 420 页。

② 这方面的论文如：夏振坤的《〈农业国工业化问题初探〉读后》，《江汉论坛》，1986 年第 8 期；梁小民的《〈农业国工业化问题初探〉对发展经济学的贡献》，《江汉论坛》，1991 年第 1 期；方齐云的《〈农业与工业化〉的理论意义与现实意义》，《经济学家》，1996 年第 2 期。有关著作如：李向民的《大梦初觉》，江苏人民出版社 1994 年版；孙智君的《民国产业经济思想研究》，武汉大学出版社 2007 年版。

思想。

（一）“三农”研究方法

《农业与工业化》一书与民国时期其他“三农”著作相比的一个突出特点是经济理论色彩鲜明。此书运用当时经济学的前沿理论如一般均衡理论、局部均衡理论、垄断竞争理论等来分析农业经济及其与工业化的关系问题。

张培刚认为一般均衡分析方法“是基于生产单位（厂商，即工厂、农场或商店）的均衡及消费单位（家庭、个人或其他单位）的均衡，再由此直接引到经济社会的一般均衡”，这种分析“假定存在着‘完全竞争’”，而且“是完全‘静态’的”，“着重经济现象的一般的相互依存关系”。①

他认为运用一般均衡分析方法分析农业经济及其与工业化的关系是无效的。因为一方面“完整竞争存在于农业，而不完整竞争或垄断竞争则只存在于工业”的假定是不存在的，“农业，较之工业，并不能更圆满地符合完整竞争的其他条件。所有农业的或乡村的市场，都无法免除特殊的制度上的限制，也无法免除地理的及天然的阻碍。换言之，价格及资源的流动性并非毫无限制。而且，当作经济单位的农场或乡村家庭，往往不能得到完备的市场知识；在大多数场合，其获得市场消息，远远不及城市经济单位那样便利。乡村社会的真实市场形态，大概都是一种‘买方垄断’或一种‘买方寡头’。至于生产结构方面，农民或农场对价格变化的反应极为迟缓，在

① 张培刚：《农业与工业化》（上卷），华中科技大学出版社2002年版，第3～4页。

若干场合甚至全无反应”。① 另一方面，农业与工业的关系是一种动态的相互依存关系，运用一般均衡分析方法时，“农业与工业的相互依存关系，只是‘并入’在一般经济的相互依存关系中”。②

基于以上考虑，《农业与工业化》一书首先运用一般均衡分析方法静态考察农业与工业的相互依存关系，然后运用局部均衡理论动态分析农业与工业化的关系。

（二）静态视野下的农业与工业之间的关系

张培刚认为，任何时代农业和工业之间总保持一种密切的相互关系。“那种认为经济史中某一时期是农业的，某一时期是工业的说法，的确是太简单而笼统了。即使在所谓‘农业阶段’工匠及手工艺人的活动，我们也不可轻视……在所谓‘工业阶段’，农业是供给粮食及原料的泉源，说它重要，亦非夸张”。③ 张培刚考察了在生产技术不变的假定条件下，农业与工业的关系及对工业乃至整个国民经济的贡献的四大因素：

第一是粮食。张培刚认为，只要人类的食粮仍是以动植物为主，农业将依然是供应粮食的主要源泉。他从人口与粮食、粮食与经济活动的区位化和收入与粮食的需要三个方面说明农业与工业的关系。张培刚认为，人口的自然增长、人口的职业转移——从农业转入工业或其他生产部门、收入的增加等，都

① 张培刚：《农业与工业化》（上卷），华中科技大学出版社 2002 年版，第 9～10 页。

② 张培刚：《农业与工业化》（上卷），华中科技大学出版社 2002 年版，第 4 页。

③ 张培刚：《农业与工业化》（上卷），华中科技大学出版社 2002 年版，第 21 页。

会带来对粮食的需求增加或结构的改变。从粮食的供给来看，土地面积、劳动力数量和农业技术是影响粮食供给的主要因素。但是，土地是不可再生的资源，耕地面积的增加是有限的，因此在农业技术不变的条件下，“增加粮食生产的唯一方法只能是在原来的土地上增加劳动”。① 但是同一土地上劳动的集约使用会受到报酬递减的限制。因此“如果一个国家或一个地区耕种技术不能改进”，“那么，粮食供应的缺乏，将成为不可避免的结果”。而“耕种技术的进步总是和工业发展并行不悖的”，因此，解决粮食问题“就将转变为耕种技术进步与工业发展之间的速度差异问题”。② 此外，在工业革命以前，粮食还是“工业、商业、及其他各种经济活动确定区位的主要因素”。③

第二是原料。原料是农业与工业发生联系的重要因素。张培刚认为，农业是供给原料的产业，而工业是原料的需求产业。他从两个方面讨论了二者的关联：一是农业与经济周期的关系；二是农业与工业区位的关系。关于前者，张培刚认为，不同历史时期农业与经济周期的关联是不一样的，“经济周期只是现代资本主义经济发展到较高阶段以后才产生的现象”，因此，在工业化高度发达的现代资本主义阶段，农业“只能在经济周期中处于被动的地位，而且日益成为‘工商业的足球’”。而在产业革命以前或产业革命早期，“农业在一定时期

① 张培刚：《农业与工业化》(上卷)，华中科技大学出版社 2002 年版，第 24 页。

② 张培刚：《农业与工业化》(上卷)，华中科技大学出版社 2002 年版，第 34 ~ 35 页。

③ 张培刚：《农业与工业化》(上卷)，华中科技大学出版社 2002 年版，第 28 页。

和一定地区内，在引起和形成经济周期方面可以发生重要的甚至支配的作用”。关于后者，张培刚认为，原料的来源是决定工业区位的一个主要因素，一个工业区位，“要不就定于原料的来源地，要不就定于消费点（市场），而不会定于任何中间的地点”。①

第三是劳动力。张培刚首先借鉴当时的学术成果提出了一个社会“适当人口量”的概念。“所谓‘适当人口量’就是当其他因素（包括土地、生产技术、资本及组织）的数量一定时，能生产‘最多产品’的人口量”。② 其次，他分析了人口的职业分配，特别是在农业与工业之间的分配。他认为，虽然劳动力可以在农业与工业之间互相移动，但在工业化的过程中，当技术变化显著时，劳动力从农村移到城市的状况最为明显。此外，生产的季节性和经济的周期性也会带来劳动力的流动。比如经济萧条时期“许多来自乡村的工人”，“不得不回到原来的职业，大多数是回到农业”。③

第四是作为买者和卖者的农民。张培刚运用了当时新问世的不完全竞争理论分析了农民以买者姿态出现的市场和以卖者姿态出现的市场。他认为农民在市场经济中是弱势群体，在这两个垄断竞争市场中都处于不利地位，深受垄断之苦。他指出，“在垄断竞争下较之在纯粹竞争下，价格较高，生产规模较小”。农民作为消费者主要购买以下三类货物和劳物：为生

① 张培刚：《农业与工业化》（上卷），华中科技大学出版社 2002 年版，第 41 ~ 43 页。

② 张培刚：《农业与工业化》（上卷），华中科技大学出版社 2002 年版，第 50 页。

③ 张培刚：《农业与工业化》（上卷），华中科技大学出版社 2002 年版，第 54 ~ 55 页。

产用的农业器具、化学肥料及铁道运输；为消费用的衣着、靴鞋及家庭用具；为两方面都要用的汽车及收音机。所有这些东西，“除开衣着、靴鞋及家庭用具几项外”，“都是划入‘垄断的’市场这一类别，或则是一个厂家或少数厂家控制着大部分供给”。因此，“农民在工业品市场上对于同量货物的价格，较在能实现纯粹竞争或完全竞争的社会里所付者为高，或者对于同量付款所得到的货物，较后者为少。”张培刚以中国为例说：“在中国，构成农民家庭支出，尤其是构成现金支出的主要项目的几种商品，很久以来就是在垄断市场下出售的。其中最显著的一个例子就是盐。”① 同样，农民作为卖者出售产品和劳动力的市场，“也流行着不完整竞争或‘买方垄断’竞争”，“在‘买方垄断’竞争下，价格对于农民较之在完整竞争时为低”。“在不完整竞争下，农民作为劳动力的出售者所接受的工资报酬，要比在完整竞争下为低”。②

（三）动态视野下的农业与工业的关系

在静态考察农业与工业关系的基础上，张培刚进一步分析了工业中的生产技术变迁对于农业生产和农村剩余劳动力的影响。

关于工业化对于农业生产的影响，他提出了以下几点：一是工业的发展与农业的改进是相互影响的，但影响的程度不同。产业革命以前，农业改革比较显著地促进了工商业的发展；产业革命之后，工业发展对农业的影响大于农业对工业的

① 张培刚：《农业与工业化》（上卷），华中科技大学出版社2002年版，第57~59页。

② 张培刚：《农业与工业化》（上卷），华中科技大学出版社2002年版，第61~63页。

影响。二是当工业化进入成熟阶段以后，工业化会引起农业生产结构上的变动，“当工业化进入相当成熟的阶段，由于对收入增加的影响，就会产生对较好食物的需求。用农产品作原料的某些工业将要扩展，因而将会提高对这些初级产品的需要”。① 三是随着工业化的进展，由于农产品市场的扩张和农业生产技术的改进，农业生产的总产量和亩产量必然会增加，农业生产规模亦必然会有所扩大，但受土地总供给量固定不变、农产品需求收入弹性低及农产品生产受自然规律的制约等因素的影响，农业生产的增长速度必然较工业的增长速度低。因此尽管随着工业化的进展，农业生产在绝对数量上和在规模上是史无前例地不断扩张了，但农业生产总值在国民生产总值中所占的比例或比重是下降了。“农业原来在世界整个经济中所占的优越地位，就开始让给了制造业、运输业和商业”。②

关于工业化对农村劳动力的影响，他提出了以下几点：第一，当工业化进展到一定阶段，农业或农村的剩余劳动力就将受城市的吸引而转移到城市工业或其他行业。这种劳动力的转移有两方面力量的作用，一为城市工业或其他行业“拉”的作用，另一为农业或农村“推”的作用。前者主要是由于城市的货币工资高于农村，后者主要是农业的机械化造成机器代替农场劳动力。“‘拉’和‘推’这两种力量，总是在一起发生作用的。要区分哪些劳动者是被‘拉’到城市，哪些劳动

---

① 张培刚：《农业与工业化》(上卷)，华中科技大学出版社 2002 年版，第 139 页。

② 张培刚：《农业与工业化》(上卷)，华中科技大学出版社 2002 年版，第 155 页。

者是被‘推’到城市，那是很困难的”。① 第二，随着工业化的进展，最先被城市现代工业所吸收的劳动力，将是城市的手工业者或工场手工业者；然后能被城市吸收的将是乡村手工业者；最后能被城市吸收的才是农业劳动者。就大多数发达国家来说，农村剩余劳动力向城市的这种转移，是相当缓慢而艰辛的。第三，当工业化进行到比较高的阶段，农业的改进与农业的机械化过程就会相应发生。但在中国这样的农业国家，农村剩余劳动力数量庞大，农村劳动力价格远比机器为低，农耕操作历来以人力、畜力为主，因此即使工业化达到一定程度，农业机械化都难以发生。“由于中国农村人口之众多，使机器的引用在经济上无利可获；又由于农场面积过小，使机器的利用在技术上极为困难，因之可以预料，目前中国农业机械化实现的可能性是不大的”。②

张培刚能够在留学美国期间写出在经济思想史上不朽的经济学著作并非偶然。

首先，中国具有研究农业国工业化的深厚的思想文化土壤。鸦片战争以后中国就产生了发展近代工业的思想，到19世纪60年代洋务运动时期，中国已形成发展近代工业的思潮，到19世纪末中国已产生“以工立国”的经济思潮。20世纪20、30年代中国学术界还发生了“以农立国”还是“以工立国”的大讨论。张培刚作为“以工立国”派还发表了《第三

① 张培刚：《农业与工业化》（上卷），华中科技大学出版社2002年版，第182页。

② 张培刚：《农业与工业化》（上卷），华中科技大学出版社2002年版，第198～199页。

条路走得通吗》(载于《独立评论》杂志1935年2月第138号)的论文参与讨论，主张在中国既不要“以工立国”，又不要“以农立国”，而是要走第三条路——在农村发展乡村工业的思想。可见，虽然在当时西方经济学界研究农业国工业化的人极少，但在东方的中国研究农业国工业化已成为经济思想的主流，张培刚的博士论文是在中国当时经济学界有关问题讨论基础上的理论化、系统化。

其次，张培刚留学前对中国农业经济的深入的调查为他研究农业国工业化问题打下了深厚的学术基础。1941年留学美国以前，张培刚在中央研究院社会科学研究所从事了长达7年的扎实的农业经济的调查研究工作，足迹遍及河北、浙江、广西和湖北的一些乡村、城镇，相继撰成《清苑的农家》《广西粮食问题》《浙江省粮食之运销》等著作，由商务印书馆出版。可以说，留学美国以前的张培刚已经是一位成果丰硕、对农村社会有深入了解的农业经济问题专家，这是他的同代学者所不具备的优越条件。

最后，哈佛大学前沿的经济学理论为他提供了先进的分析方法。如果没有留学美国的机缘，张培刚只能成为中国农村经济问题的专家，不可能成为发展经济学的开拓者。他在《农业与工业化》中运用了当时国际上最前沿的经济理论，如熊彼特（Joseph A. Sohumpeter）的“创新理论”、张伯伦（Edward H. Chamberlin）的“垄断竞争理论”、哈伯勒（Gottfried Haberler）的工业化理论及里昂惕夫（Wassily W. Leontief）的“投入—产出”理论等分析农业与工业化，使该书对农业国工业化的一般规律的探讨极具理论色彩，从理论和历史两方面系统探讨农业工业化问题。

但是，张培刚的学术思想“像一颗流星，在20世纪中叶的天空划出一道炫目的亮光之后，便旋即泯灭了”。① 20世纪80年代当年逾古稀的张培刚先生有机会再续他开创的发展经济学研究时，这一学术领域早已硕果累累。

第四节 外籍人士视野下的中国“三农”问题 ——卜凯的“三农”思想

在中国，采用现代方法调查、研究农村经济开始于19世纪末，由外籍人士首开端绪。1899年，美国传教士明恩溥（A. H. Smith）写了《中国农村社会》（*Village Life in China*）一书。20世纪初，一些在华任教的外国学者，如狄特莫（C. G. Dittmer）、葛学溥（D. H. Kulp）、马伦（C. B. Malone）和戴乐仁（J. B. Taylor）等，运用现代方法，指导学生开展乡村调查。民国时期，外籍学者开展中国农村经济调查研究，影响最大、成就最突出的学者是美国人卜凯。

卜凯（John L. Buck，1890—1975）出生于美国纽约州的一个农家，青少年时代通过看父亲常常订阅的农业报刊而对农业问题产生兴趣，1914年毕业于以农科著称的美国常青藤大学之一的康奈尔大学农学院。大学期间，他对中国问题颇感兴趣，加入了芮思娄（J. H. Reisner）发起的中国研究俱乐部。大学毕业后，他拒绝了印度和美国农业部的邀请，于1915年来到中国的安徽宿州以传教士的身份从事农村改良试验和推广工作。1917年与江苏镇江长老教会牧师赛兆祥（Absalom

① 薛永应：《董辅礽评传》，武汉大学出版社2000年版，第20页。

Sydenstricker）之女赛珍珠（Pearl S. Buck）① 结婚。1920 年，他接受南京金陵大学农学院院长、康奈尔大学校友芮思娄的邀请，到金陵大学农学院任教，主讲农业经济、农村社会学、农场经营和农场工程等课程，并结合教学组织学生利用暑假开展农村调查。他 1924 年返回康奈尔大学攻读硕士学位，次年获得硕士学位后又回到金陵大学并担任农业经济系的首任主任，1933 年获康奈尔大学农业经济学博士学位，1935 年被派为美国财政部驻中国代表，同年与赛珍珠离婚，1940 年回到金陵大学，1944 年返回美国，1975 年 9 月 27 日逝世于美国纽约，其墓碑上刻着："两个世界——东方和西方"。

卜凯虽然是以传教士的身份来到中国，但他对于传教并不感兴趣，"他没有任何布道或劝人入教的实际愿望"，反而"对改善他们的物质生活更感兴趣"。② 他在中国近 30 年间致力于中国农业经济的教学和调查研究工作，发表了多部在国内外产生了重大影响的中国农村经济学著作。其中，《中国农家经济》和《中国土地利用》两书在 20 世纪 30 年代出版后，在学术界"不仅划时代地建立起了中国近代农业经济的一套最完善的调查资料，并且他对中国农业经济的看法一直影响着后来的学者"，卜凯本人也"广泛被尊为世界上关于中国农业经济最优秀、最权威的学者"。③

卜凯对民国时期中国"三农"问题研究的最突出的贡献

① 赛珍珠随卜凯在安徽农村生活，1931 年出版了反映中国农村生活的小说——《大地》，讲述中国农民王朗（Wang Lung）由苦工而变为地主的故事，并因此获得诺贝尔文学奖。

② 杨学新等：《卜凯问题研究》，《中国农史》，2009 年第 2 期。

③ 陈意新：《美国学者对中国近代农业经济的研究》，《中国经济史研究》，2001 年第 1 期。

有二：一是在“三农”研究方法上引入了西方最新的调查研究方法，使有关“三农”问题的调查科学化；二是在农业经济思想方面提出了关于中国农业经济发展的独到的理论见解。

一、农村经济调查方面的建树

1925—1935年间，中国形成了一股农村调查的热潮。在这股热潮中，既有以毛泽东为代表的运用马克思主义理论，偏重于从生产关系和上层建筑的角度分析农民问题，重点研究农村土地所有制的中国共产党对农村的调查；有以梁漱溟为代表的乡村建设派从文化本位出发，试图寻找不同于西方的农村现代化道路而开展的农村调查；也有南京国民政府及其附属机构（如农村复兴委员会、中央农业试验所）站在执政的角度，以巩固政权基础为主要价值取向所开展的农村调查。此外，外籍在华机关和人士也出于不同的目的，热衷于中国农村方面的调查。在外籍机构方面，最重要的是日本1907年在大连成立的“南满州铁路株式会社”。该机构主要是搜集中国的社会经济情报，为日本制定侵华政策提供依据。由于中国是一个农业国，该机构在调查中国经济社会情报方面将重点放在中国农村，主要调查方式是在全国不同地区抽样调查村庄，包括乡村的社会、政治、经济、文化和习俗等各个方面，内容极其丰富，虽然调查目的是为侵华，但也是研究20世纪上半叶中国农村问题的重要资料，其信息量之大，堪称当时所有调查之最。西方研究中国问题的著名学者马若孟（Ramon Myers）、黄宗智（Philip Huang）、杜赞奇（Prasenjit Duara）等利用南满州铁路株式会社的调查资料对近代华北农村经济做了研究。在外籍人士所开展的农村调查方面，以美国学者卜凯贡献最大，他所主持的中国农村调查，“其包括之广，其探讨之深，史无前例”。①

1921年，金陵大学农林科设立农业经济系，卜凯担任系主任。同年，卜凯制作农村调查表数种，由华伯雄在南京农村试行调查，开创了该系调查研究的传统。1921—1925年，他组织农业经济系教师和高年级学生，通过抽样调查的方法，对7省17县的2866户农家进行调查。调查内容包括土地利用、人口、食物消费等社会、经济信息。在广泛调查的基础上，卜凯于1930年出版了《中国农家经济》。1929年至1933年卜凯又得到太平洋国际学会的资助，主持中国土地利用方面的调查，他组织了对中国22省、168个地区、16786个农场和38256个农家的调查研究，主要内容包括土地食粮及人口、自然因素、人类对于土地之使用、运销及物价、人口、生活程度等方面，在此基础上卜凯主持编写了《中国土地利用》一书，于1937年出版。卜凯组织的农村调查是西方经济学家应用实证科学的方法对中国农村经济进行的实地考察，是民国时期历时最久、调查地域最广、调查项目最详、最富于科学性的农村调查，为研究民国时期中国的农业经济问题提供了真实、可靠的资料。

（一）运用调查方法研究中国农村问题的原因

卜凯为什么在研究中国农村问题时着眼于调查研究的方法呢？研究中国农村经济问题采取何种方法取决于研究者本身的学术素养和研究对象的特质。

卜凯毕业于美国大学，接受的是西方的学术教育，作为西方经济学家，卜凯在研究中国农村经济问题时会自觉或不自觉

---

① 张五常：《佃农理论——应用于亚洲的农业和台湾的土地改革》，商务印书馆2000年版，第21页。

地运用当时西方经济学流行的研究方法。而当时的西方经济学在研究方法上注重实证研究，往往通过社会调查方法取得实证研究的资料。可见，卜凯特别注重运用调查方法研究中国农村问题有其自身渊源。

从研究对象的特质看，中国农村经济特别是近代以来农村经济的以往研究非常薄弱，缺乏研究的基本的统计资料和文献资料，开展近代中国农村问题的学术研究首先遇到的是资料的缺乏问题。正如卜凯在《中国土地利用》一书中所指出的：“中国系一个土地庞大而又缺乏准确统计数字的国家，因自然条件上的限制，各地的农艺方式，农业经营，租佃制度以及农民生活等等都有着不少的差异。欲认识农村，实在也颇非易事。”① 因此研究中国农村问题“调查方法，实际上遂成为唯一的办法”，“用调查方法，来研究中国的田场经营，已经若干之试验证明，很为实用”。②

卜凯特别强调运用调查方法研究中国的农村问题能否取得良好的效果，关键在于“调查表的性质，调查员的能力，与农人的自身三者”，“前二者尤居首要”。关于调查表，卜凯认为关键在于“表格之编制，能否于田场经营上的各项紧要特质，予以适当之理解”；关于调查员，卜凯认为调查员必须具备专业素质，在进行农村调查询问农民时应该“善于诱导而询问之”，这样，“所需求的答案，自不难获得其真相”。③

---

① 卜凯：《中国土地利用》，金陵大学农学院农业经济系1941年版，第236页。

② 卜凯：《中国农家经济》，商务印书馆1936年版，第1～2页。

③ 卜凯：《中国农家经济》，商务印书馆1936年版，第1～2页。

（二）农村调查的目的

为什么要开展农村调查？卜凯在金陵大学农学院组织农业经济系学生和调查员开展农村调查，“最初的目的，原不过欲使本系学生藉得实地调查的经验，所得材料亦只希望用作例证学理之教材”。后来随着最初调查工作的告成，“结果之佳，出人意表”，这使卜凯进一步认识到农村调查“确有供作中外农学专家及社会学家参证之价值”。①

卜凯在主编的《中国土地利用》一书的序言中明确提出了中国土地调查的目的包括3个方面：“第一，训练学生谙习土地利用调查之法；第二，搜集中国农业知识，俾为改良农业之借鉴，及决定全国农业政策之根据；第三，俾世界各国关怀中国福利之人士，得知中国土地利用、食粮及人口之概况。”②

卜凯在金陵大学任教期间花了极大的精力指导中国学生开展农村调查。这些调查包括：1922年夏，农林科学生陶延桥在安徽芜湖对102户农户农家进行的调查；1923年夏，农科学生崔毓俊在河北盐山县3个村庄150户农家所作的经济和社会调查③；1921—1925年金陵大学学生和调查员对中国7个省17处2866个农家的经济调查④；1929—1934年受太平洋国际学会委托，卜凯主持的对中国22个省16786个农场，38256个农户所作的调查。

应该说，卜凯有关中国农村问题的调查确实达到了其目

① 卜凯：《中国农家经济》，商务印书馆1936年版，原序。

② 卜凯：《中国土地利用》，金陵大学农学院农业经济系1941年版，序言。

③ 该调查报告也成为卜凯在康奈尔大学获得硕士学位的硕士论文。

④ 该调查成果《中国农家经济》也是卜凯获得康奈尔大学博士学位的博士论文。

的。比如，卜凯在调查基础上撰成的《中国农家经济》和《中国土地利用》两书所获得的大量农村经济方面的数据反映出当时中国农业生产与农民生活的实际状况，为中外学者特别是卜凯的祖国美国学者研究民国时期中国的农村问题提供了非常珍贵的资料，许多著名的中外学者在他们的代表作中大量引用卜凯的调查材料作为论述传统农业和中国近代农村问题的佐证。如费正清主编的《剑桥中华民国史》，黄宗智所著的《华北小农经济与社会变迁》和《长江三角洲小农家庭与乡村发展》，西奥多·W. 舒尔茨所著《改造传统农业》，张五常的博士论文《佃农理论——应用于亚洲的农业和台湾的土地改革》，马若孟的《中国农民经济——河北和山东的农业发展，1890—1949》均大量采用了卜凯农村调查资料。在调查成果的实际应用方面也产生了显著的效果，南京国民政府要员宋子文“曾不止一次向卜凯咨询农业经济问题”，卜凯也曾向南京国民政府“提出了一整套、共108条改进农业经济的建议”。卜凯的观点“曾成为国民党政府制定农业政策的基础”。①

（三）农村调查的内容

卜凯所主持的两次大规模农村调查的内容基本相同。1921—1925年的调查内容包括10个方面：田场布置与土地利用、田场周年经营状况、大小最适宜的田场企业、耕地所有权与农佃问题、作物、家畜和保存地力、田场之劳力、农家家庭与人口、食物消费、生活程度。② 而1929—1933年的调查内容分为6个方面：土地食粮及人口、自然因素、人类对于土地之使用、运销及物价、人口、生活程度。

① 杨学新等：《卜凯问题研究》，《中国农史》，2009年第2期。

② 卜凯：《中国农家经济》，商务印书馆1936年版，目录。

从上可知，“调查的内容主要是农业经济问题，主要讨论了农场经营（主要指家庭农场经营）和土地利用两个大的方面，而对当时的社会结构、政治、文化则涉及较少”。① 与卜凯同时从事中国农村调查的人士往往将中国农村问题归因于土地制度的不公、税费的沉重，而卜凯的调查“对于农民与其他社会阶级之间的政治、经济及社会关系，及所谓农民状况，不冀详细评述”。② 这反映出作为经济学家的卜凯农村调查的专业化取向。

（四）农村调查的方法

卜凯所主持的农村调查大多采用抽样调查的方法。之所以采取这种方法，“缘中国版图辽阔，若按县而调查，绝非两三年内所可竣事，亦非少数之经费所能举办，更以农业情形不限于政治区域而有所异同”。③ 在抽样调查中，卜凯特别注意抽样的数量和代表性，如在进行土地利用方面的调查时，他所采取的方法是“各地农艺方式区域，选定一村（或临近数小村），以为代表，并以田场调查表格，详细调查田场 100 家。此外，又就本村或邻村取邻家 250 家以上，以进行人口调查。凡举行调查之地区，大都就中选农家二十家，举行食物消费调查。每地区之进行田场调查者，填地区调查表一份，每县之进

① 盛邦跃：《卜凯视野中的中国近代农业》，社会科学文献出版社 2008 年版，第 30 页。

② 卜凯：《中国土地利用》，金陵大学农学院农业经济系 1941 年版。参见盛邦跃《卜凯视野中的中国近代农业》，社会科学文献出版社 2008 年版，第 27 页。

③ 卜凯：《中国土地利用调查》，参见张静《太平洋国际学会与 1929—1937 年的中国农村问题研究——以金陵大学中国土地利用调查为中心》，《中国社会科学院近代史研究所青年学术论坛》(2006 年卷)。

行田场调查者，亦各填县调查表一份。农业概况调查表所列之问题，针对性质多少相同之一农业区域，其面积恒与一县相同，惟时或大小不一”。但在实际调查中，由于经费的不足，每地至少抽样一百家田场的标准并未完全落实。①

调查员分为自然调查员（调查主任）和地方调查员两类。自然调查员由金陵大学农业经济系教师和学生担任，主要负责填写县调查表和地区调查表并挑选、训练地方调查员；地方调查员是雇佣受过一定教育，具有普通农学知识的本村和本县熟悉地方情形，且无语言之隔阂的人员担任，负责填写农家、田场、人口等调查表。此外，还雇佣若干统计人员及其助理员。

卜凯对于抽样调查方法的准确性比较自信，他说：“因中国大多数农人，未受教育，能记账者，实属寥寥，现存记录，既非常缺乏，而调查方法，实际上遂成为唯一的办法。且多数农人，对于过去一年中经营上的各项细目，都能记忆清楚。盖因每一细目，大都要占农人日常生活之重要部分。假使所采的标准，确有代表性，偏见亦已避免或解明之，同时被调查的农家，为数甚多，则由调查方法所得的差误，比较上确甚微妙。此因农人之估计，过高与过低者，机会相等，如将其答案，一一平均，自与事实相近，且比较根据少数农家的账簿，其正确之程度，只有过之而无不及。”②

卜凯的农村调查搜集了大量真实反映了当时中国农业生产与农民生活实践情况的数据，他在此基础上编书办刊，为研究

---

① 张静：《太平洋国际学会与1929—1937年间的中国农村问题研究——以金陵大学中国土地利用调查为中心》，《中国社会科学院近代史研究所青年学术论坛》(2006年卷)。

② 卜凯：《中国农家经济》，商务印书馆1936年版，第1页。

中国近代农村经济问题提供了重要资料，具有非常重要的学术价值。当然，由于经费、人力等方面的限制，其农村调查也有一定的局限性，如调查点在各个村庄的取样比例差别甚大，有的村庄样本太少，不符合数理统计对样本的要求；农村调查主要通过金陵大学农业经济系学生假期回乡进行调查，同时也雇佣一些乡村中的上层分子当助手，能够进入金陵大学的一般家境较好，加上参与此项调查的农村上层分子的参与，在调查取样太少的情况下，调查人员多会采用他们所熟悉的农村上层家庭的数据材料，从而使农村调查的资料数据有高估农村经济发展水平的可能。

二、农业经济思想方面的见解

在农业经济思想方面，卜凯的观察视角是独特的，得出了许多新颖的结论。

民国时期，研究中国农村问题的各政治派别乃至大多数学者都把中国农村的问题看成是社会问题，并开展了中国农村社会性质问题的大论战。而卜凯严格遵守一个农业经济学家的职守，他认为社会问题需要通过政治和社会政策来解决，这不是农业经济学家的责任，而是中国政府的责任。因此，他不准备“从农民和其他社会阶级之间的政治、经济和社会关系来考虑所谓的土地问题”。① 20 世纪 30 年代以毛泽东为代表的中国共产党人（包括马克思主义理论工作者陈翰笙等）对中国农村的局部地区进行了一些调查，他们使用阶级分析的方法，得出的结论是中国农村最主要的问题是土地分配不均，因此解决

① 陈意新：《美国学者对中国近代农业经济的研究》，《中国经济史研究》，2001 年第 1 期。

的方案是重新分配土地和财产，这一思路可被称为“分配派”；而卜凯与之相反，认为中国近代农业的主要问题是经济问题，解决的方案是广义的技术进步，这一思路可被称为“技术派”。①

（一）农村土地制度与租佃关系论

卜凯并没有完全忽视中国农村的土地制度问题。他在《中国农家经济》一书中有“耕地所有权与农佃问题”一章专门讨论农村的土地制度与租佃关系。

卜凯将农村人口分为地主和农民两类。他把出租土地的称之为地主，把不出租或租入土地的称之为农民。然后，再按照农民耕种土地的产权不同，将农民进一步划分为三个层次：自耕农、半自耕农和佃农。所谓自耕农就是完全耕种自己田地的农民；半自耕农就是部分租种他人田地的农民；佃农则是完全租种他人田地的农民。这种划分，目的是要对不同阶层的农场进行生产经营方面的调查研究，寻找提高农场生产经营效率的方法与途径，以促进农村经济的发展。它与中国共产党人以农村土地所有权关系及各阶级之间的剥削关系为标准划分农村各阶层，以达到依靠贫农，联合中农，削弱富农，消灭地主，从而争取革命胜利的目的不同。

卜凯认为，中国农村的土地占有情况存在非常大的地区差异，“有些地方的农民，几乎完全系佃农，也有些地方的农民，几乎完全是自耕农”。具体而言，中国北方的自耕农数量要远远高于东南方，“在中国的北部，确有四分之三以上的农民是自耕农，而中东部的农民中，自耕农则不及半数”。从全

① 陈意新：《美国学者对中国近代农业经济的研究》，《中国经济史研究》，2001 年第 1 期。

国来看，他所调查的2866个田场中，“自耕农平均要占百分之六三”，“半自耕农占六分之一，佃农占五分之一”。① 在卜凯看来，中国农村是一个以小自耕农为主的社会，土地分配并没有特别的不均，中国农民中只有20%为完全佃农。而美国的完全佃农占农民总数的38%，英国的完全佃农占农民总数的89%，都大大高于中国，但英美都实现了农业现代化。因此，他认为佃农率高便会导致农业生产的停滞并没有必然的依据。

卜凯还分析了中国农村租佃关系。他认为，中国佃农向地主缴纳的租金分为分租制、租谷制和租金制三种，其中“最普通的，要算租谷制，就是佃农每年向地主缴纳一定数量的租谷，或将租谷折成相当的金钱”。② 卜凯对于地租，不是从剥削与被剥削的视野进行观察，而是从经济学上要素的收入角度加以剖析。他认为，公平的地租是等额要素取得等额报酬，即“将地主与佃农两方面所分配的田场总收入的多寡，按着他们两方总支出的多寡，而成正比例的分配”。③ 此外，要素收入也要考虑供求关系，“地主应由其投资中，得到若干利息，佃户应由其所出之劳力中，得到多少报酬，也仍是要看双方需求状况而定的。地主与佃户，对于租额的规定，犹如资本家与劳动者，对于工资多寡的磋商一样，其数量的多寡，当然是要看土地的需求高低，佃农人数的增加或减少，而时有变更的”。④ 卜凯通过计量分析，他认为中国当时“地主租给佃农与半自耕农的田场，可以得到年利八厘半的利润”。而当时农民借贷

① 卜凯：《中国农家经济》，商务印书馆1936年版，第195页。
② 卜凯：《中国农家经济》，商务印书馆1936年版，第197页。
③ 卜凯：《中国农家经济》，商务印书馆1936年版，第215页。
④ 卜凯：《中国农家经济》，商务印书馆1936年版，第217页。

的利率，“平常每月都要二三分，甚至还要比这高些。若拿地主投资得来的利息，和农人借贷的利率比较，地主的收入，真不算高”。① 从佃农方面看，卜凯通过计量分析认为佃农的收益“在田场总收入中少得6.4%”。从“公允租额起见”，卜凯提出了减租的建议，他通过计算，认为“地主应当减去上年租额22.1%”。②

（二）土地利用论

从上面的分析可以看出，卜凯认为中国土地占有制度并没有什么大的问题，农村的分配也没有根本的不合理之处。卜凯从农业生产效率的角度甚至认为佃农比自耕农的生产效率更高。因为佃农存在生存压力，较自耕农具有更强烈的责任意识和竞争意识，他们更善于或更勤于农业生产经营。在小农经济条件下，佃农的生产效率是最高的。

卜凯指出，中国农业经济直到15世纪以前还是世界上最先进的，到了19世纪和20世纪上半叶，欧洲和北美农业发展了，经历了农业革命和商业革命，而中国的农业生产出现停滞，根本的原因在于土地利用方面出现了问题，而非产权制度问题，他认为，解决中国近代农业问题的主要办法是改善农业经营的方式和提高农业生产技术水平。

卜凯从农场经营的角度来研究土地利用问题。他在调查分析中国土地经营问题时，认为中国近代农村土地基本上都是以家庭为经营主体，非家庭经营的农场十分有限。因此，他所研究的土地经营基本上都是家庭农场经营。在研究视角上，除了上面已经分析的按农民所耕种的土地的占有权将农场分为自耕

① 卜凯：《中国农家经济》，商务印书馆1936年版，第210页。
② 卜凯：《中国农家经济》，商务印书馆1936年版，第220页。

农、半自耕农和佃农外，他还按农场所经营的规模的大小，将农场分为若干组别，研究不同规模农场的经营绩效。

卜凯认为，衡量农场规模的计算方法很多，“如田场面积，作物面积，作物公顷面积，牲畜数目，人口多寡，工人等数，以及所成就的工作量等皆是”。① 他分别运用上述各种计算方法分析中国农场的经营规模状况并对某些方面作了国际比较。比如在作物面积方面，他所调查的2866个田场，“各处的作物面积，用中数平均，为2.13公顷，约合5.26英亩”。这个规模仅高于当时日本的1.08公顷，而大大低于美国的24.69公顷、丹麦的13.25公顷。② 在田场投资方面，中美两国也存在巨大差距，当时每公顷耕地的投资，美国在土地、房屋、牲畜、农具方面的投资分别为10774元、3356元、1389元、768元；而中国在土地、房屋、牲畜、农具方面的投资分别为1374元、250元、66元、46元。③ 可见，从土地经营的规模和集约化看，中国农业都是小生产、粗放式的。

为了说明田场经营规模与绩效的关系，卜凯提出了田场最佳规模——“大小最适宜的田场企业”的概念。他仔细研究了不同规模组别的田场在“田场赚款”、“场主工价”、“田场工作赚款”、“家庭赚款”、“每个工人等数的工作报酬”、“每一作物公顷的纯利”、“副业上的收入”等计算田场绩效的指标上的差异。他得出的结论是田场的规模与上述反映田场绩效的各项指标都出现正相关关系：田场的规模越大，绩效越高。

正是在扎实、缜密的调查研究的基础上，卜凯在《中国

① 卜凯：《中国农家经济》，商务印书馆1936年版，第47页。

② 卜凯：《中国农家经济》，商务印书馆1936年版，第55~56页。

③ 卜凯：《中国农家经济》，商务印书馆1936年版，第79页。

农家经济》一书中，诊断出中国农业经济发展的病因在于农业生产的规模太小。“无论从那（哪）方面观察，在本书中总可看出田场周年间的企业内容，确嫌过小，利润当然也因此很低。这种由于企业过小的低利润，当然能影响于农民生活的内容，而生活不得不因此艰窘，这就是中国几千万农民，弄成今日一般状况的主因”。①

但是，对于中国这样一个农业国，对于农业人口在找不到出口的情况下如何扩大农业的经营规模的关键问题，卜凯并没有进一步展开深入研究。他认为中国要大量增加耕地面积实属不易，只有提高土地利用率、实行集约化生产。可见，卜凯只是发现了中国农业生产经营规模过小的问题，而没有提出最终解决问题的完整方案。

作为来自先进国家的农业问题专家，卜凯对于中西农业科技方面的差距了然于胸。他将中国与德国、英国、意大利、美国、日本、印度和苏联等国家主要农作物的产量进行了比较分析，指出以集约农业著称的中国“小麦的平均产量，与素以粗放著名之美国的平均产量来比较，结果差不多毫无区别”。②其他作物除水稻外，基本上都比德、意、英、美等国的产量低。卜凯认为，中国要向西方学习，加强农业科学技术的研究和应用，通过改良种子、改善农作物保护、增用肥料、防治病虫害、改进灌溉排水系统、修造梯田及完善运输与交通设施等，提高中国农业生产力水平，增加农产品的产量，推进农业现代化。

卜凯关于中国“三农”问题的调查研究在西方世界获得

---

① 卜凯：《中国农家经济》，商务印书馆 1936 年版，第 132 页。
② 卜凯：《中国农家经济》，商务印书馆 1936 年版，第 289 页。

了广泛的赞誉，但在中国，他的有关成果一问世就受到当时对“三农”问题持阶级分析的中国马克思主义经济学家的猛烈批判。20世纪30年代，中国的马克思主义经济学家陈翰笙、钱俊瑞等在《中国农村》杂志上撰写《评卜凯教授所著〈中国农场经济〉》等论文，批评卜凯对中国农业的调查方法和结论。他们认为卜凯没有使用地主、富农、贫农这样一些概念去调查，无视中国的土地分配不均，没有看到中国的租佃剥削关系，因而对中国农村经济的认识以偏概全。卜凯对于马克思主义经济学家的批评没有进行回应，而是将其农村调查的工作进行到底。

对于卜凯关于中国近代农业发展道路的评析可以见仁见智，但我们对他作为一个来自异域的农业经济学家以现代经济理论为指导对中国近代农业经济所作的扎实的实证研究的学术价值应该予以尊重。他的从改善经营方式和提高农业技术促进农业发展的“技术学派”的农业经济发展思想对于当今致力于推进农业现代化的中国仍有许多值得借鉴之处。

结语：比较中的审视

中国是一个绝大多数人口在农村的农业大国，因此“三农”问题始终是中国革命和建设的根本问题。当前，“三农”问题是建设中国特色社会主义所必须解决的重要问题，也是构建社会主义和谐社会、建设社会主义新农村的难点和关键问题。近几年，党中央、国务院以科学发展观统领社会经济发展全局，切实加强“三农”工作，农业和农村发展出现了积极变化。但是，农业、农村、农民问题依然严重。改革开放以后，中国工业化、现代化发展得很快，但是由于户籍制度没有改革，所以在经济持续高速发展的同时，农民数量却在逐年增加①，这是世界工业化、现代化历史上绝无仅有的情况。面对当前农业基础设施薄弱、农村社会事业发展滞后、城乡居民收入差距扩大的现状，解决好“三农”问题仍然是工业化、城镇化进程中重大而艰巨的历史任务。“三农”问题具有历史传承性，深入比较并总结民国时期不同体系的“三农”思想可以为解决当今中国的“三农”问题提供有益的借鉴。

---

① 1978年中国农民有79014万人，到1999年农民增加到87017万人，21年时间增加了8003万。参见陆学艺:《“三农论”——当代中国农业、农村、农民研究》，社会科学文献出版社2002年版，前言第3页。

一、关于“三农”问题的重要性

南京国民政府、中国共产党、知识分子都非常重视“三农”问题，但他们关注“三农”的出发点和侧重点是有所区别的。

南京国民政府中虽然也有一些有识之士着眼于经济社会发展的需要研究“三农”问题，但由于民族“救亡”和政权“图存”的需要，国民政府在“三农”政策的关注点和政策落实方面存在局限性。中国自晚清启动现代化进程后，农业、农村和农民就一直在衰败和危机中挣扎。到20世纪二三十年代，中国农村更是处于破产边缘，中国农民生活日益贫困。其时，南京国民政府面对双重压力：对外承受着帝国主义，特别是日本帝国主义得寸进尺、步步紧逼的持续压力，不得不将主要精力放在国防方面；对内又面临着此起彼伏的农民革命，尤其是中国共产党成立后，广大农村地区一直处在持续的动荡之中。在双重压力之下，国民政府虽然认识到“三农”问题的严重性，农民负担问题的紧迫性，甚至成立了“农村复兴委员会”这样高规格的机构应对“三农”问题，也制定了一些减轻农民负担的政策措施，但是，南京国民政府推行国家现代化建设（包括国家权力轨道向农村延伸的政治体制改革）需要巨大的财政开支，应对日本帝国主义的外部入侵与内部的动荡更需要巨额的财政开支。当时作为农业国的中国财政收入主要来自农业和农村，中国不像先发的工业化国家那样可以通过向外扩展、殖民进行资本原始积累。因此，减轻农民负担在当时的历史条件下不完全是一个愿不愿意的问题，而主要是一个可不可行的问题。由于不能真正减轻农民负担，南京国民政府失去了占中国人口绝大多数的农民的支持，并最终失去了政权。南京国民政府的覆灭在一定程度上可以说是“三农”问题造成的。南京国民政府虽然早已退出了历史舞台，但也不能因为政权的消亡而否认其思想的某些合理性，必须把其“三农”思想与政策放在当时的历史环境下加以考察。

南京国民政府时期，农民负担问题没有得到根本解决固然有日本帝国主义入侵的外部因素，但也有国民政府在推进现代化进程中没有处理好农业与工商业、农村与城市、农民与城市居民的利益关系的内部原因。历史的经验表明，“三农”问题是发展中国家现代化的重要约束因素，必须统筹城乡发展、农业与工商业的发展，处理好各种利益集团特别是占人口绝大多数的农民的利益诉求。不解决好“三农”问题，工业化、城市化是难以单兵独进的。

中国共产党为了革命的需要，自成立伊始就一直重视“三农”问题，尤其肯定农民的重要性。国共第一次合作失败后，中国共产党更加意识到必须建立一支庞大的主力军，必须有自己的武装力量。在总结大革命失败的教训后，中国共产党把农民确定为革命的主力军，把革命重心由城市转向农村，高度重视农民问题和农村问题。1927—1949年间，中国共产党始终在农村奋斗，在土地改革、农村政权建设、发展农业经济以及动员广大农民参军参战方面积累了丰富的经验，形成了完整的理论、政策和办法，为夺取全国政权奠定了坚实的基础。中国共产党在近代高度重视“三农”问题的经验教训为解决当今的“三农”问题无疑大有帮助。但是作为执政党的中国共产党与作为革命党的中国共产党思考“三农”问题的角度、解决“三农”问题的路径有所不同。作为革命党的中国共产党主要是破坏一个旧世界，而作为执政党的中国共产党主要是建设一个新世界。因此，革命党时代的许多“三农”思想和政策并不完全适应执政党的时代。

民国时期以乡村建设派为代表的知识分子对中国农村问题高度重视，认为中国的国命“寄托在农业、寄托在乡村”，只有把握住农村，才能把握住中国。他们提出了“救国先救农村”、“知识分子下乡”等口号。他们很少出于政治动机研究“三农”问题，更多的是从学理的角度来关注、研究和解决“三农”问题，其最终目的是振兴中国农村经济、提高农民生活水平。无论是乡村建设派、华洋义赈会等实践群体，还是南开经济研究所、海外留学生及外籍学者所代表的学术研究机构，都很少从执政方面去考虑“三农”问题，他们以知识分子的忧国忧民之心，对广大农民寄予了深切的同情，怀着振兴农村、改造社会的良好愿望，从城市走到农村，关注社会、关注“三农”。民国时期知识分子抛弃城市优越的生活深入农村，躬身“三农”实践的探索精神，至今仍不失历史的光芒。在我们今天的社会主义新农村建设事业中，应该提供条件，更大更好地发挥知识分子的重要作用。中国的当代知识分子也要学习先辈知识分子立足乡村、献身“三农”学术研究的精神，为人类历史上最艰难、最壮丽的“三农”事业贡献自己的力量。

二、关于“三农”思想的理论来源与政策思路

南京国民政府、中国共产党、知识分子的“三农”思想有一个共同的理论来源，即中国的传统文化与思想。中国作为一个历史悠久的农业大国，“以农为本”、“重本抑末”的思想在漫长的封建社会中一直是政府发展经济的宗旨，历代统治者都在“农本”思想的指导下，采取各种措施发展农业生产。高度重视农业的传统经济思想遗产在工商文明时代虽然有其局

限性，但农业在任何时代都是基础产业，都是关系社会稳定的事业，重视农业的思想在任何时代都有其合理的因素。中国传统的重视农业的思想遗产成为南京国民政府、中国共产党、知识分子“三农”思想的一个共同的重要的思想来源，它在相当程度上对南京国民政府、中国共产党、知识分子高度重视“三农”问题产生了一定的影响。

但是，在中国传统农耕文明向近代工商业文明转型的历史巨变中，在西学东渐的时代大潮下，南京国民政府、中国共产党、知识分子都受到外来经济思潮的深刻影响，他们的“三农”思想的理论来源又具有根本的差异。作为马克思主义政党的中国共产党坚持以马克思主义理论为指导，其“三农”思想最重要的理论来源无疑是马克思主义思想。早在19世纪末20世纪初中国共产党成立以前，西方社会主义思想就开始通过各种渠道进入中国。中国共产党成立以后马克思主义作为一种新思潮在中国得到广泛传播，马克思主义的土地思想、农村经济思想、农民理论特别是苏联建设社会主义农业的实践与理论都深深地影响了近代的中国共产党。马克思主义的理论、苏俄社会主义实践的经验，都成为中国共产党“三农”思想的重要来源。

民国时期知识分子特别是在欧美留学过的知识分子的“三农”思想则较多地受到国外，尤其是西方发达国家资产阶级经济思想的影响。如南开经济研究所的方显廷、何廉等都是留美归国后从事农村经济研究工作的，而华洋义赈会本身就是由西方来华人士成立的。他们受西方经济思想的影响较大，在研究过程中也利用了西方经济学研究中的新方法新理论。至于民国时期留日、留苏的少数知识分子如薛慕桥等，则接受了马克思主义，他们在理论研究中更多地是以马克思主义的立场、观点观察、分析中国的“三农”问题。

南京国民政府的主要领导人和执政精英在走上政治舞台以前大多有到欧、美、日留学的经历。南京国民政府的立国指导思想是西方资产阶级的宪政思想，是以近代西方的资产阶级理论为国家的指导思想的。南京国民政府领导人的“三农”思想体系尽管存在不少的差异，但从根本上讲，他们的价值观是近代西方资产阶级的价值观，他们的“三农”思想是以西方经济思想占主导地位的。

“三农”指导思想与理论来源的根本差异决定了南京国民政府和中国共产党在“三农”思想与政策方面的泾渭分明和根本对立。以马克思主义经济思想为指导的中国共产党进行革命的最终目的就是要消灭私有制，其中自然也包括土地私有制。因此，中国共产党在领导中国革命的历史进程中一直特别重视土地问题。尽管基于革命形势和革命斗争的需要，他们在不同的历史时期所制定的具体的土地政策有所不同，但在逐步消灭土地私有制这一点上是始终一贯的。受西方经济思想支配的南京国民政府及其知识分子从私有产权神圣不可侵犯的立场出发，在制定土地政策中必然要保护农村土地的私有制度，他们所制定的土地制度只是针对封建土地制度不适合近代资本主义工商业发展的某些方面而加以改良，并不废除土地的私有制。正是这种根本对立决定了中国共产党与南京国民政府及其知识分子对于“三农”根本问题的歧见，中国共产党认为中国“三农”问题的症结是农村土地制度的不合理，只有废除农村土地私有制才能彻底解决中国的“三农”问题。南京国民政府则着眼于通过农民负担的减轻及合作组织的建立来解决中国的“三农”问题，反对在中国农村进行土地制度的根本变革。以卜凯为代表的少数知识分子则超然于农村土地制度变革之争，致力于从土地经营规模等纯农业发展的技术路线寻求中国“三农”问题的解决之道。

中国共产党的土地政策思想于新民主主义革命时期在动员广大农民参加革命、夺取政权方面发挥了极其重要的作用，成为中国共产党领导新民主主义革命胜利的最重要的法宝之一。但是，中国共产党在近代比较少地研究社会主义制度建立后的“三农”问题。中华人民共和国成立以后，在如何充分调动土地公有产权制度的制度潜力、发展农村经济、提高农民收入方面遭遇挫折，中国农业、农村发展长期停滞，农民生活水平持续贫困。南京国民政府败退台湾以后仍然循着保护土地私有产权的思路，于20世纪50年代在台湾进行了土地改革，取得了巨大的成功，曾被世界银行誉为发展中国家和地区土地改革的样板，向世界发展中国家和地区推荐。可见，如果从历史的长时段视角来重新审视民国时期中国的“三农”思想可以得到新的启迪，中国未来土地制度的具体形式也可以在与时俱进的“三农”实践中进行与时俱进的探索。

以卜凯为代表的少数知识分子基于西方经济学理论和美国农业发展的经验，认为中国农业发展的根本问题不在土地制度方面，而在生产规模方面，主张扩大农业生产规模，通过发展资本主义大农场来提高中国农业生产的效率。诚然，任何产业包括农业都存在规模效益问题，但是，中国是一个农村人口众多而耕地面积十分有限的国家，与美国地多人少的国情有根本的不同。在近代中国，劳动力的供给几乎是无限的，边际成本极小，而土地的供给十分有限，其边际成本极高，因此可以适度粗放式经营劳动力，集约式经营土地。农业生产规模的扩大固然可以集约经营劳动力，但也必然减少农业吸纳就业的能力，使本来严重的农村失业问题更加雪上加霜。因此农业生产的规模效益可能会被农村失业的成本所抵消，甚至超过失业的成本而得不偿失。大农场的经营方式是土地的粗放式、劳动力的集约式经营模式，不符合中国的国情。中国的特殊国情决定了在未来相当长一段时期内中国农业必须走精耕细作之路，而不能走大农场之路。可见，中国在借鉴现代经济理论和西方先进国家的“三农”方面的经验时也必须密切关注中国国情，立足于中国的“三农”实践，否则只会产生东施效颦的结果。

三、解决“三农”问题的成效与局限

中国“三农”问题贯穿于整个现代化过程中，直至今日仍然是关系国计民生的重大问题，仍然是社会各界广泛关注并致力解决的重大问题。可以说，中国的“三农”问题自近代产生以来就没有完全解决过，只是在不同的历史时期表现不同、侧重不同而已。事实上，“三农”问题产生于工业化和城市化的出现，它也必然消亡于工业化和城市化的彻底实现。在工业化和城市化的进程中“三农”问题，必然始终伴随着中国。

那么，民国时期社会各界的“三农”政策思想对于解决当时的“三农”问题都取得了怎样的成效，或是解决了哪些问题，又存在哪些不足呢？

在南京国民政府、中国共产党、知识分子的“三农”思想与政策中，很显然最有成效的是中国共产党的“三农”思想与政策。中国共产党结合当时中国的具体国情，从夺取政权的实际需要出发，因时因地调整“三农”政策，在不同的历史阶段采取不同的土地政策、农民政策及农村经济政策，最终推翻了压在中国人民身上的三座大山，建立了中华人民共和国。

南京国民政府为了执政的需要，也要发展农业、振兴农村经济，但是却忽略了广大农民的生活境况。虽然南京国民政府也采取了一些减轻农民负担的政策，如“二五减租”、废除苛捐杂税等，然而，这些政策没有得到有效的贯彻，农民的负担甚至越减越重。这一方面是因为战时政府需要通过农村增加财政收入，应付庞大的军费和现代化建设的开支，另一方面也由于南京国民政府没有很好地治理农村政治生态，农民在农村遭受土豪劣绅的层层盘剥。沉重的苛捐杂税最终使得南京国民政府失去了占中国人口最多的农民的支持。所谓“得民心者得天下”，国民政府失败的最主要的原因就在于此。

民国时期中国知识分子的“三农”思想与政策，在一定程度上缓解了部分“三农”问题，如乡村建设派通过开展多种模式的乡村建设活动，在农民教育、改良农业、流通金融、提倡合作及地方自治方面取得了一定的成效。特别是他们提出的发展农村教育，培养农业人才，提高农民的文化素质的主张和实践富有远见卓识，直到今天仍有现实意义。他们提出的在农村移风易俗的主张及采取的改良乡村风俗和卫生设施的实践，扫除了中国农村久已存在的一些歪风陋习，对于当代中国新农村建设中农村风俗习惯的改良也给予了启迪。但是，由于乡村建设者未能解决好中国农村的土地，不能从根本上减轻农民的负担，特别是日本帝国主义的入侵打断了他们的乡村建设的试验，所以其复兴农村经济的愿望没有成功。当然，知识分子的失败主要还是国民政府不予积极支持的结果，比如，乡村建设者认识到了中国农村土地分配不均的问题，提出了“照价纳税”和“照价收买”，将土地收归国有的办法，但是国民政府因代表地主及资产阶级的利益而不支持乡村建设者的土地政策，使得乡村建设运动结束之时，其实验区的土地问题都没有得到解决，土地集中甚至出现进一步加剧的趋势。

三种体系的“三农”思想与实践都存在一个共同的缺陷：没有完全站在农民的立场来解决“三农”问题。

南京国民政府和中国共产党都认识到在农村建立合作组织的必要性。但他们都试图通过自上而下的方式建立合作组织，赋予农村合作组织过多的政治功能和社会控制功能，使合作组织出现严重的“异化”现象。西方的合作组织被移植到中国后，无论是南京国民政府还是中国共产党都由政府计划一切，包办一切。而作为合作主体的农民却对成立合作组织意愿不高，处于被动服从状况。特别是中国共产党还试图在消灭土地私有制的基础上建立农村合作组织，这就必然违背西方合作组织开展的基本前提，即参与主体须是有自由个性的觉醒、经济理性的成熟、作为契约主体的独立人格（包括法人人格）的存在以及社会交换关系的发达。合作组织在近代西方农业、农村发展中起了十分重要的作用，直到今天仍然是西方发达国家农业生产与运销的重要组织形式。但在近代中国乃至中华人民共和国时期，合作组织对中国农业和农村发展所起的作用甚微，有时甚至还产生了严重的负面效果，以致不少上了年纪的中国农民至今还谈合作色变。造成这一现象的根本原因就在于近代以来中国农村的合作组织不是出自农民的自觉与自动，而是政府强加给农民的。相对来说，华洋义赈会在合作组织的建设方面颇具成效，他们对待合作社的态度是帮办而不代办，指导而不领导，自始至终采取的都是让农民自主选择、自主管理的方式。

乡村建设派不无改良中国农村社会、挽救中国农村的良好愿望，也从不同的侧面看到了中国农村所存在的病症，但是，他们没有真正站在农民的立场来观察中国农村社会。他们以所谓的愚、穷、弱、私及“文化失调”来掩盖帝国主义的侵略和封建制度所造成的农村衰败。他们开出的改良药方不能从根本上解决“三农”问题，也难以使农民产生共鸣。梁漱溟在山东搞了5年的乡村建设之后不得不感叹，“号称乡村运动”，结果却是“乡村不动”；“与政府应分而不分”，“与农民应合而合不来”，乡村建设运动“走上了一个站在政府一边来改造农民，而不是站在农民一边来改造政府的道路”。①

当今中国开展的新农村建设也存在严重的地方政府包办一切、农民参与不够的倾向，历史的教训必须引以为戒。

① 《梁漱溟全集》第二卷，山东人民出版社1990年版，第573～581页。

主要参考文献

一、著作、史料汇编类

[1] [美] 卜凯. 中国农家经济. 上海：商务印书馆，1936.
[2] [美] 卜凯. 中国土地利用. 南京：金陵大学农学院农业经济系，1941.
[3] [美] 杜赞奇. 文化、权力与国家：1900—1942 年的华北农村. 南京：江苏人民出版社，1995.
[4] [日] 川井悟. 华洋义赈会与中国农村. 日本同朋社，1983.
[5] [英] 弗兰克·艾利思. 农民经济学——农民家庭农业和农业发展. 上海：上海人民出版社，2006.
[6] [美] 费正清. 剑桥中华民国史. 上海：上海人民出版社，1991.
[7] [美] 费正清. 美国与中国. 北京：世界知识出版社，2003.
[8] [美] 费正清. 剑桥中国晚清史. 北京：中国社会科学出版社，1985.
[9] [美] 西奥多·W. 舒尔茨. 改造传统农业. 北京：商务印书馆，1999.

[10] 北京图书馆. 民国时期总书目——经济(1911—1949). 北京: 书目文献出版社, 1993.
[11] 北京图书馆. 民国时期总书目——社会科学总类部分(1911—1949). 北京: 书目文献出版社, 1995.
[12] 蔡尚思. 中国现代思想史资料简编. 杭州: 浙江人民出版社, 1986.
[13] 蔡志新. 孔祥熙经济思想研究. 太原: 山西人民出版社, 2007.
[14] 曹幸穗, 王利华, 张家炎. 民国时期的农业. 南京: 江苏文史资料出版社, 1993.
[15] 陈独秀. 陈独秀文集选编. 北京: 三联书店, 1984.
[16] 陈翰笙. 解放前的中国农村. 北京: 中国展望出版社, 1986.
[17] 陈争平. 中国经济学百年经典(1900—1949). 广州: 广东经济出版社, 2005.
[18] 第一次国内革命战争时期的农民运动资料. 北京: 人民出版社, 1983.
[19] 丁守和. 辛亥革命时期期刊介绍(第3册). 北京: 人民出版社, 1982.
[20] 杜润生. 中国农村改革决策纪事. 北京: 中央文献出版社, 1999.
[21] 方悴农. 农村建设实施记. 上海: 上海大华书局, 1935.
[22] 方显廷. 中国经济研究(上、下). 长沙: 商务印书馆, 1938.
[23] 方显廷. 方显廷回忆录: 一个中国经济学家的七十自述. 方露茜, 译. 北京: 商务印书馆, 2006.
[24] 费孝通. 江村经济. 北京: 商务印书馆, 2001.

[25] 冯和法．中国农村经济论．上海：上海黎明书局，1935.
[26] 冯和法．中国农村经济资料．台北：华世出版行，1978.
[27] 甘乃光．中山全书（上卷）．上海：新文化书社，1928.
[28] 中国社会科学院近代史研究所翻译室．共产国际有关中国革命的文献资料．北京：中国社会科学出版社，1981.
[29] 故宫博物院明清档案部．清末筹备立宪档案史料．北京：中华书局，1979.
[30] 顾龙生．毛泽东经济年谱．北京：中共中央党校出版社，1993.
[31] 关锐捷．半个世纪的中国农业．广州：南方日报出版社，1999.
[32] 郭蒸晨．梁漱溟在山东．北京：人民日报出版社，2002.
[33] 何廉．何廉回忆录，朱佑慈等，译．北京：中国文史出版社，1988.
[34] 胡显中．孙中山经济思想．上海：上海人民出版社，1985.
[35] 胡寄窗．中国近代经济思想史大纲．北京：中国社会科学出版社，1984.
[36] 胡寄窗．中国经济思想史简编．上海：立信会计出版社，1997.
[37] 华北解放区财政经济史资料选编（第1辑）．北京：中国财政经济出版社，1996.
[38] 黄道霞．中国农业合作化史料汇编．北京：中共党史出版社，1992.
[39] 黄明通，卢昌健．孙中山经济思想——中国建设前瞻者的思考．北京：社会科学文献出版社，2006.
[40] 黄仁宇．从大历史的角度读蒋介石日记．北京：九州出

版社，2008.
[41] 黄希源．中国近现代农业经济史．郑州：河南人民出版社，1986.
[42] 黄宗智．华北的小农经济与社会变迁．北京：中华书局，1986.
[43] 冀朝鼎．中国历史上的基本经济区与水利事业的发展．北京：中国社会科学出版社，1981.
[44] 金德群．民国时期农村土地问题．北京：红旗出版社，1994.
[45] 李翠莲．留美生与中国经济学．天津：南开大学出版社，2009.
[46] 李德芳．民国乡村自治问题研究．北京：人民出版社，2001.
[47] 李茂岚．中国农民负担问题研究．太原：山西经济出版社，1995.
[48] 李铁强．土地、国家与农民——基于湖北田赋问题的实证研究（1912—1949年）．北京：人民出版社，2009.
[49] 李铁强．中法近代重农思想比较——一种文化史的视角．北京：中国社会科学出版社，2009.
[50] 梁启超．饮冰室合集（第一卷）．北京：中华书局，1989.
[51] 列宁选集．北京：人民出版社，1960.
[52] 林家有．孙中山振兴中华思想研究．广州：广东人民出版社，1996.
[53] 凌耀伦等．卢作孚文集．北京：北京大学出版社，1999.
[54] 刘重来．卢作孚与民国乡村建设研究．北京：人民出版社，2007.

[55] 刘振东．孔庸之（祥熙）先生演讲集．台北：文海出版社，1972.
[56] 陆学艺．“三农论”——当代中国农业、农村、农民研究．北京：社会科学文献出版社，2002.
[57] 罗荣渠．从西化到现代化．北京：北京大学出版社，1990.
[58] 马罗立．饥荒的中国．上海：上海民智书局，1929.
[59] 马伯煌．中国近代经济思想史．上海：上海社会科学院出版社，1988.
[60] 毛泽东文集（第2卷）．北京：人民出版社，1996.
[61] 毛泽东选集（第1~4卷）．北京：人民出版社，1991.
[62] 毛泽东农村调查文集．北京：人民出版社，1982.
[63] 农业部农村经济研究中心当代农业史研究室．中国共产党“三农”思想研究．北京：中国农业出版社，2002.
[64] 彭明主编．中国现代史资料选编（第2册）．北京：中国人民大学出版社，1988.
[65] 彭南生．半工业化——近代中国乡村手工业的发展与社会变迁．北京：中华书局，2007.
[66] 彭湃．彭湃文集．北京：人民出版社，1981.
[67] 皮明庥，邹进文．武汉通史（晚清卷）．武汉：武汉出版社，2006.
[68] 千家驹．中国乡村建设批判．北京：新知书店，1936.
[69] 荣孟源．中国国民党历次代表大会及中央全会资料（上下册）．北京：光明日报出版社，1985.
[70] 荣兆梓，吴春梅．中国三农问题——历史现状未来．北京：社会科学文献出版社，2005.
[71] 申茂向．中国农村工业化发展战略与途径．中央文献出

版社，2006.
[72] 盛邦跃．卜凯视野中的中国近代农业．北京：社会科学文献出版社，2008.
[73] 孙大权．中国经济学的成长——中国经济学社研究（1923—1953）．上海：上海三联书店，2006.
[74] 孙文学．中国赋税思想史．北京：中国财政经济出版社，2006.
[75] 孙翊刚．中国农民负担简史．北京：中国财政经济出版社，1987.
[76] 孙中山．孙中山全集．北京：中华书局，1981.
[77] 孙智君．民国产业经济思想研究．武汉：武汉大学出版社，2007.
[78] 谭崇台主编．发展经济学．太原：山西经济出版社，2000.
[79] 谈敏．中国经济学图书目录（1900—1949）．北京：中国财经出版社，1995.
[80] 谈敏．回溯历史——马克思主义经济学说在中国的传播前史（上册）．上海：上海财经大学出版社，2008.
[81] 陶一桃．中国古代经济思想评述．北京：中国经济出版社，2000.
[82] 王熙，杨小佛主编．陈翰笙文集．上海：复旦大学出版社，1985.
[83] 王振中主编．中国农业、农村与农民．北京：社会科学文献出版社，2006.
[84] 巫宝三．中国近代经济思想与经济政策资料选集．北京：科学出版社，1959.
[85] 武力．解决三农问题之路——共产党的三农思想政策史．

北京：中国经济出版社，2004.
[86] 吴雁南，等．中国近代社会思潮（1~4卷）．长沙：湖南教育出版社，1998.
[87] 萧铮．中国地政研究所丛刊：民国二十年代中国大陆土地问题资料·总序．台北：成文出版社有限公司，1977.
[88] 夏炎德．中国近百年经济思想．上海：商务印书馆，1948.
[89] 许涤新，吴承明．新民主主义革命时期的中国资本主义．北京：人民出版社，1993.
[90] 徐浩．农民经济的历史变迁——中英乡村社会区域发展比较．北京：社会科学文献出版社，2002.
[91] 徐建生．民国时期经济政策的沿袭与变异：1912—1937．福州：福建人民出版社，2006.
[92] 许道夫．近代农业生产贸易统计资料．上海：上海人民出版社，1983.
[93] 许涤新．新民主主义的经济．北京：三联书店，1949.
[94] 薛福成．薛福成选集．上海：上海人民出版社，1987.
[95] 薛暮桥．中国农村经济常识．上海：新知书店，1936.
[96] 薛暮桥，冯和法．《中国农村》论文选．北京：人民出版社，1983.
[97] 薛永应．董辅礽评传．武汉：武汉大学出版社，2000.
[98] 薛毅．中国华洋义赈救灾总会研究．武汉：武汉大学出版社，2008.
[99] 叶振鹏．中国农民负担史（第二卷）．北京：中国财政经济出版社，1994.
[100] 余世诚．杨明斋．北京：中共党史资料出版社，1988.
[101] 张厚安，徐勇．中国农村政治稳定与发展．武汉：武汉

出版社，1995.
[102] 张家骧主编．马克思主义经济学说在中国的传播、运用与发展．郑州：河南人民出版社，1993.
[103] 张培刚．农业与工业化．武汉：华中科技大学出版社，2002.
[104] 张培刚．新发展经济学．郑州：河南人民出版社，1992.
[105] 张五常．佃农理论——应用于亚洲的农业和台湾的土地改革．北京：商务印书馆，2002.
[106] 张宪文．中华民国史纲．郑州：河南人民出版社，1985.
[107] 章有义．中国近代农业史资料．北京：三联书店，1957.
[108] 赵德馨主编．毛泽东的经济思想．武汉：湖北人民出版社，1993.
[109] 赵丰田．晚清五十年经济思想史．北京：哈佛燕京学社，1939.
[110] 赵靖．中国经济思想通史（1～4卷修订本）．北京：北京大学出版社，2006.
[111] 赵靖．中国经济思想通史述要．北京：北京大学出版社，1998.
[112] 赵靖，易梦虹．中国近代经济思想资料选辑．北京：中华书局，1982.
[113] 赵效民．中国土地改革史．北京：人民出版社，1990.
[114] 郑大华．民国思想史论．北京：社科文献出版社，2006.
[115] 郑大华．民国乡村建设运动．北京：社会科学文献出版

社，2000.
[116] 郑有贵．当代中国农业变革与发展研究．北京：中国农业出版社，1998.
[117] 郑有贵，李成贵．中国传统农业向现代农业转变的研究．北京：经济科学出版社，1997.
[118] 郑有贵．中国共产党“三农”思想研究．北京：中国农业出版社，2002.
[119] 郑有贵主编．中国土地改革研究．北京：中国农业出版社，2000.
[120] 中国年鉴．上海：商务印书馆，1924.
[121] 中国文化建设协会编．抗战十年前之中国．台北：文海出版社有限公司，1974.
[122] 中国文化书院学术委员会编．梁漱溟全集．济南：山东人民出版社，2005.
[123] 中国第二历史档案馆．中华民国史档案资料汇编．南京：江苏古籍出版社，1991.
[124] 中共中央关于农业和农村若干重大问题的决定．北京：人民出版社，1998.
[125] 中国国民党中央委员会党史委员会．总统　蒋公思想言论总集．台北，1984.
[126] 中国国民党中央委员会党史委员会．革命文献．台北，1980.
[127] 钟祥财．中国农业思想史．上海：上海社会科学出版社，1997.
[128] 钟祥财．20世纪中国经济思想述论．北京：东方出版中心，2006.
[129] 中央档案馆编．中国共产党第二次至第六次全国代表

大会文件汇编. 北京：人民出版社，1981.
[130] 周建波. 洋务运动与中国早期现代化思想. 济南：山东人民出版社，2001.
[131] 周开庆. 经济问题资料汇编. 台北：京华书局，1967.
[132] 周志强. 中国共产党与中国农业发展道路. 北京：中共党史史料出版社，2003.
[133] 朱汉国. 梁漱溟乡村建设研究. 太原：山西教育出版社，1996.
[134] 朱英. 晚清经济政策与改革措施. 武汉：华中师范大学出版社，1996.
[135] 邹进文. 民国财政思想史研究. 武汉：武汉大学出版社，2008.

二、论文类

[1] 包平，王利华. 略述中国近代农业教育体系的创立（1897—1937）. 中国农史，2002（4）.
[2] 曹天忠. 民国时期乡村建设的派分与联合. 社会科学战线，2008（2）。
[3] 蔡勤禹，侯德彤. 二三十年代华洋义赈会的信用合作实验. 中国农史，2005（1）。
[4] 陈意新. 农村合作运动与中国现代农业金融的困境——以华洋义赈会为中心的研究. 南京大学学报，2005（3）.
[5] 陈意新. 美国学者对中国近代农业经济的研究. 中国经济史研究，2001（1）.
[6] 常平凡，武英耀，冉维龙. 孔祥熙农业思想评说. 山西农业大学学报，2003（3）.
[7] 程霖. 论国民政府时期关于农业金融制度建设的四种模

式．中国经济史研究，2006（4）．

[8] 程霖．中国农村经济改造模式与发展路径——20世纪30年代学术界的探索．财经研究，2007（5）．

[9] 程霖．胡寄窗中国经济思想史研究的学术思想．财贸经济，2003（10）．

[10] 陈锡文．试析新阶段的农业、农村和农民问题．宏观经济研究，2001（11）．

[11] 崔军伟，王瑞香．对民国时期乡村建设运动的再思考．农村经济，2009（10）．

[12] 傅宏．论1927—1936年南京国民政府的农村合作运动．西南师范大学学报（人文社会科学版），2001（1）．

[13] 付海生，黄小军．阎锡山与搞战前夕山西近代农业发展．安徽文学，2008（7）．

[14] 方旭东．费孝通与《江村经济》．百年潮，2008（12）．

[15] 方齐云．《农业与工业化》的理论意义与现实意义．经济学家．1996（2）．

[16] 郭从杰．南京国民政府的农业推广政策（1927—1937）．硕士论文．

[17] 郭剑化．孙中山农业现代化思想研究．中国农史，1999（2）．

[18] 郭剑鸣．试论卢作孚在民国乡村建设运动中的历史地位——兼谈民国两类乡建模式的比较．四川大学学报，2003（5）．

[19] 苟翠屏．卢作孚、晏阳初乡村建设思想之比较．西南师范大学学报（人文社会科学版），2005（9）．

[20] 龚会莲．民国时期的农业问题及其启示．河海大学学报（哲学社会科学版），2007（3）．

[21] 韩长赋．解决“三农”问题是全面建设小康社会的重大任务．十六大报告辅导读本．北京：人民出版社，2002.
[22] 何莉萍．从“二五减租运动”看民国时期土地政策之实施．湖南社会科学，2006（2）．
[23] 何增科．马克思、恩格斯关于农业和农民问题的基本观点述要．马克思主义与现实，2005（5）．
[24] 何建华，于建嵘．近二十年来民国乡村建设运动研究综述．当代世界社会主义问题，2005（3）．
[25] 胡胜强．民国时期的农业问题与近代化探析．商业时代，2007（7）．
[26] 蒋乃华．农民收入的困境与“三农”问题的逻辑——江苏视角．农业经济问题，2009（6）．
[27] 江世民．辨晰历史，借鉴历史——古代处置“三农”问题综述．理论经纬，2003（11）．
[28] 江永红．基于科学发展观的百年“三农”问题再思考．农业经济问题，2005 年（10）．
[29] 李晔．民国时期留美知识分子探索中国乡村现代化模式的个案解析．前沿，2008（6）．
[30] 李向民．论中国发展经济学的世界地位．复旦学报，1994（2）．
[31] 李三谋，张鸿宾．阎锡山的“土地村公有”．古今农业，2006（3）．
[32] 李文珊．晏阳初梁漱溟乡村建设思想比较研究．学术论坛，2004（3）．
[33] 李昌平．回报农民尊重农民依靠农民．东方，2002（8）．
[34] 李丽娟．试论孙中山的三农思想．硕士论文，2008.

[35] 李润珍，武杰．阎锡山的经济思想对山西近代经济的影响．沧桑，1998（2）．
[36] 林光彬．社会等级制度与“三农”问题．读书，2002（2）．
[37] 林光彬．社会等级制度与乡村财政危机，社会科学战线，2003（1）．
[38] 林毅夫．三农问题与我国农村的未来发展．农业经济问题，2003（1）．
[39] 林毅夫，胡书东．中国经济学的百年回顾．中国招标（北京），2005（42）．
[40] 林凌．谁来代表农民的利益？．经济管理文摘，2004（4）．
[41] 刘军，陈有春．论梁漱溟乡村建设理论中的农业发展思想．上饶师范学院学报，2005（8）．
[42] 刘重来．民国时期乡村建设运动述略．重庆社会科学，2006（5）．
[43] 刘旺先．民国时期乡村建设的现代化意义．硕士论文，2003．
[44] 刘方健．民国时期的经济研究．经济学家，1994（4）．
[45] 刘剑飞．列宁新经济政策对我国解决“三农”问题的启示．安徽理工大学学报（社会科学版），2008（3）．
[46] 刘重来．论卢作孚“乡村现代化”思想．西南师范大学学报（人文社会科学版），2000（2）．
[47] 刘重来，陈晓华．论卢作孚的农村金融建设思想与实践．西南师范大学学报，2002（5）．
[48] 刘朝春．晏阳初的乡村建设思想及其对新农村建设的启示．云南行政学院学报，2007（5）．

[49] 刘五书. 论民国时期的以工代赈救荒. 史学月刊，1997（2）.
[50] 刘明宇. 分工抑制与农民的制度性贫困. 农业经济问题，2004（2）.
[51] 梁小民.《农业国工业化问题初探》对发展经济学的贡献. 江汉论坛.1991（1）.
[52] 罗国辉. 孙中山“三农”思想评述. 华中科技大学学报（社会科学版），2009（1）.
[53] 陆学艺. 走出城乡分制，一国两策的困境. 读书，2000（5）.
[54] 龙汉武. 卢作孚乡村现代化思想与实践评述. 武汉交通管理干部学院学报，2001（3）.
[55] 聂志红. 民国时期的农村工业化思想. 社科纵横，2008（8）.
[56] 马佩英. 民国时期中国工业界的强农思想. 首都师范大学学报（社会科学版），2005（4）.
[57] 马万明，王思明，李群. 论张謇科教兴农及倡导棉铁主义的实践. 南京农业大学学报，2002（1）.
[58] 彭智勇，王文龙. “三农”研究的理论变迁及其方法论探讨. 农业经济，2007（11）.
[59] 秦兴俊. 孙中山农业经济思想探析. 南京经济学院学报，2003（1）.
[60] 盛邦跃. 试论中国古代农业思想中的“民本意识”及启示. 南京农业大学学报（社会科学版），2001（1）.
[61] 史保金. 发达国家农村剩余劳动力转移模式及对我国的启示. 商业研究，2006（16）.
[62] 时群. 论列宁的农业合作社思想对我国“三农”问题的

启示．聊城大学学报，2007（2）．
[63] 苏少之．革命根据地新富农问题研究．近代史研究，2004（1）．
[64] 孙少柳．经验与启示：民国时期农村合作运动反思．湖南师范大学社会科学学报，2008（3）．
[65] 汤红兵．民国乡村建设运动对新农村建设的历史启示．内蒙古农业大学学报，2008（6）．
[66] 唐小兵．透视民国知识分子史热：新文化运动后再次启蒙．http：//news. sohu. com/20080503/n256629405. shtml.
[67] 陶然，刘明兴．农民负担、政府管制与财政体制改革．经济研究，2003（4）．
[68] 仵希亮，王征兵．民国时期合作运动的开展及其启示．台湾农业探索，2008（9）．
[69] 王国华．农村公共产品供给与农民收入问题研究．中央财经大学学报，2004（1）．
[70] 王安平．卢作孚的乡村建设理论与实践述论．社会科学研究，1997（5）．
[71] 王萍．北洋政府时期的农业政策．硕士论文，2005.
[72] 王勇红，梁四宝．阎锡山农业经济思想及其特点．太原师范学院学报（社会科学版），2004（6）．
[73] 温铁军．中国的问题根本上是农民问题．大家思考学习月刊，2007（1）．
[74] 温铁军．“三农问题”的症结在于两个基本矛盾．群言，2002（6）．
[75] 武力．中国共产党对“三农”问题的认识历程及其启示．http：//www.ce.cn/ztpd/xwzt/guonei/2004/jdzg/hywg/jdyk/200406/25/t20040625_1151468. shtml.

[76] 吴敬琏．农村剩余劳动力转移与“三农”问题．宏观经济研究，2002（6）．

[77] 伍福莲．试论南京国民政府的农村合作运动．四川大学学报（哲学社会科学版），2004（增刊）．

[78] 夏振坤．《农业国工业化问题初探》读后．江汉论坛，1986（8）．

[79] 徐畅．1927—1949年国共两党农村合作比较研究．社会科学辑刊，2004（6）．

[80] 许经勇，张一力．我国农业发展新阶段的“三农问题”透析．学术研究，2003（5）．

[81] 严清华，杜长征．孔祥熙经济思想初探．山西财经大学学报，2002（8）．

[82] 严清华，邹进文．民国经济思想史研究的意义与构想．河南师范大学学报，2005（1）．

[83] 阎晓静．民国时期山西的农民问题研究．山西广播电视大学学报，2007（1）．

[84] 杨学新等．卜凯问题研究．中国农史，2009（2）．

[85] 杨琪，徐林．试论华洋义赈会的工赈赈灾．北方论丛，2005（2）．

[86] 叶世昌，丁孝智．孔祥熙的经济思想．河北经贸大学学报，2006（11）．

[87] 叶世昌．中国发展经济学的形成．复旦学报，2000（4）．

[88] 叶世昌．建国前中国经济思想史研究述评．世界经济文汇，2002（6）．

[89] 赵德馨，邹进文．消除贫富分化的可贵历史遗产——孙中山“节富助贫”思想评述．湖北社会科学，1997（1）．

[90] 张秉福. 民国时期三大乡村建设模式之比较与借鉴. 长江论坛, 2006 (2).

[91] 张海荣. 论南京国民政府的农业科技改良. 邢台师范高专学报, 2001 (4).

[92] 张晓山, 崔红志. 三农问题根在扭曲的国民收入分配格局. 中国改革, 2001 (8).

[93] 张玉香. 关于马克思主义"三农"理论发展与实践的思考. 理论前沿, 2007 (15).

[94] 张霞, 邹进文. 乡镇财政的早期近代化: 立足于清末的考察. 中国经济史研究, 2009 (4).

[95] 张霞. 现代化思潮的经济思想回响: 近代中国三种立国思潮. 中南财经政法大学学报, 2008 (1).

[96] 张霞. 清末农业思想的近代转型: 以农业发展为中心. 江汉论坛, 2008 (5).

[97] 张霞. 孔祥熙"三农"思想研究. 山西农业大学学报, 2009 (10).

[98] 张霞. "三农"视野下的《农业与工业化》——张培刚三农经济思想研究. 三峡大学学报, 2009 (10).

[99] 张霞. 英美日农村剩余劳动力转移研究. 重庆科技学院学报, 2008 (12).

[100] 张霞. 从城乡关系看我国社会主义新农村建设. 民族论坛, 2006 (12).

[101] 张霞. 社会主义土地思想在近代中国的历史演变. 贵州财经学院学报, 2010 (1).

[102] 张秋雷. 中国农村土地经济思想研究概要. 财经研究, 2004 (7).

[103] 张守广. 拓展民国时期乡村建设研究视野的力作——

评刘重来教授《卢作孚与民国乡村建设研究》. 中国社会经济史研究，2008（4）.
[104] 张士杰，郭海儒. 蒋介石的农村合作经济思想. 民国档案，2004（4）.
[105] 张士杰，冯泓. 陈果夫的合作经济思想及其实践. 民国档案，2002（1）.
[106] 郑大华. 关于民国乡村建设运动的几个问题. 史学月刊，2006（2）.
[107] 郑大华. 中国近代思想史学科建设的几个理论问题. 天津社会科学，2009（5）.
[108] 郑君杰，朱鹏涛. 列宁在新经济时期的“三农”思想. 科技信息，2006（8）.
[109] 宗玉梅. 抗战前南京国民政府农业建设述评. 洛阳师专学报，1998（3）.
[110] 庄金锋. 清末的兴农思潮与民国时期的乡村建设运动. 清末新政与辛亥革命国际学术研讨会论文集，2007.
[111] 周批改. 二元体制与“三农三化”——关于中国三农发展的宏观思路. 湘潭大学社会科学学报，2002（4）.
[112] 邹进文. 论中国近代制度变迁的家族特色. 经济社会体制比较，1996（3）.
[113] 邹进文，王芸. 国民政府时期乡村经济建设思潮研究. 中南财经政法大学学报，2006（4）.
[114] 邹进文. 清末财政思想的近代转型：以预算和财政分权思想为中心. 中南财经政法大学学报，2005（4）.
[115] 邹进文. 从革命党到执政党的经济思想历程. 中南财经政法大学学报，2005（2）.

三、英文文献

[1] John E. Murray. Agricultural Labor Market Integration in The Antebellum Northeast: Evidence from Two New York Farms. Advances in Agricultural Economic History, 2003, 2: 145-161.

[2] Stephen R. Boucher, Aaron Smith. Impacts of Policy Reforms on the Supply of Mexican Labor to U. S. Farms: New Evidence from Mexico. Review of Agricultural Economics, 2006, 29: 4-16.

[3] Tung- Li Yuan. A Guide to Doctoral Dissertations by Chinese students in America 1905-1960. Washington D. C. , 1961.

[4] Tung-Li Yuan. Doctoral Dissertations by Chinese students in Great Britain and Northern Ireland, 1916-1961. Washington D. C. , 1964.

[5] Tung-Li Yuan. A Guide to Doctoral Dissertations by Chinese students in continental Europe, 1907-1962. Washington D. C. , 1964.

图书在版编目(CIP)数据

民国时期"三农"思想研究/张霞著.—武汉:武汉大学出版社,2010.12

民国经济思想研究丛书/严清华　邹进文主编

ISBN 978-7-307-08264-9

Ⅰ.民…　Ⅱ.张…　Ⅲ.①农业经济—经济思想史—研究—中国—民国　②农村经济—经济思想史—研究—中国—民国　③农民—问题—经济思想史—研究—中国—民国　Ⅳ.①F329.06 ②D693.9

中国版本图书馆 CIP 数据核字(2010)第 201923 号

责任编辑:王莉　柴艺　　责任校对:王建　　版式设计:詹锦玲

出版发行:武汉大学出版社　(430072　武昌　珞珈山)

(电子邮件:cbs22@whu.edu.cn 网址:www.wdp.com.cn)

印刷:湖北恒泰印务有限公司

开本:880×1230　1/32　印张:12.875　字数:299 千字　插页:1

版次:2010 年 12 月第 1 版　　2010 年 12 月第 1 次印刷

ISBN 978-7-307-08264-9/F·1425　　定价:25.00 元